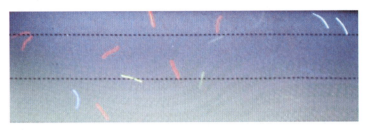

图 3-11　行驶证证芯材质

a) 重要提示　　　　　　b) 骑缝　　　　　　c) 登记证书编号

图 3-17　机动车登记证书荧光材料

a) 焊接痕迹　　　　　　　　b) 焊接生锈

图 3-23　挖补号码

a) 金属件漆层脱落　　　　　　b) 清漆层脱落

图 4-8　附着力差

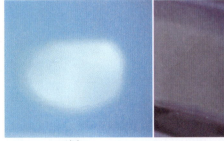 

a) 渗色　　　　　　　　　　b) 泛红

图 4-9　渗色、泛红

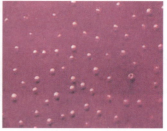

图 4-10　起泡

图 4-11　发白、起霜

图 4-12　粉化

图 4-13　龟裂

a) 剥落漆面断面　　　　b) 剥落漆面表面(碎石斑点)

图 4-14　剥落

a) 银粉起花　　　　　　　　　b) 日映

图 4-15　银粉起花、日映

 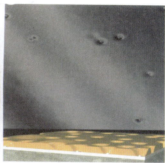

图 4-16　鱼眼

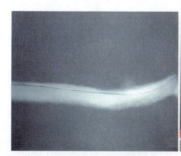 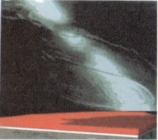

图 4-17　原子灰印

a) 咬起漆面断面　　　　　　　b) 咬起外观

图 4-21　咬起

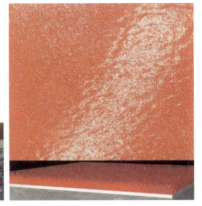

a) 桔皮漆面断面　　　　　　b) 桔皮外观

图 4-22　桔皮

a) 正常漆面　　　　　　b) 失光漆面

图 4-28　失光

图 4-30　遮掩痕迹

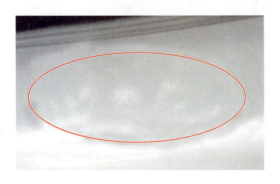
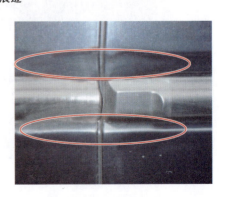

图 4-31　表面残留　　　　　图 4-37　饰条与压床线下研磨抛光无法到达的部位

扫描二维码观看教学视频

1. 二手车行业发展现状

2. 二手车业务基础

3. 证件检查

4. 车辆唯一性鉴定

5. 非法车辆的种类

6. 不良涂装的种类

7. 再涂装鉴定之经验法

8. 再涂装鉴定

9. 螺栓鉴定

10. 焊点鉴定

11. 胶线鉴定

12. 缝隙鉴定

13. 玻璃鉴定

14. 安全带和安全气囊鉴定

15. 轮胎鉴定

 16. 车体骨架组成部分

 17. 立柱鉴定

 18. 纵梁鉴定

 19. 泡水车鉴定基础

 20. 泡水车鉴定技巧

 21. 火烧车鉴定

 22. 调表车鉴定

 23. 二手车动态检查

 24. 整车性能鉴定

 25. 价格评估基础

 26. 重置成本法

 27. 现行市价法

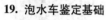 28. 二手车鉴定评估报告撰写规范

 29. 二手车鉴定评估报告撰写案例（上）

 30. 二手车鉴定评估报告撰写案例（下）

"十四五"职业教育国家规划教材

职业院校汽车专业创新立体化教材

二手车鉴定与评估实用技术

主 编 韩 东
副主编 徐晓月 赵雪铭

机械工业出版社

本书全面系统地介绍了二手车基础知识、二手车鉴定与评估的实用技能技巧和二手车鉴定评估报告的撰写方法。

全书共分9章，主要内容有二手车及二手车鉴定评估基础、二手车业务洽谈、二手车交易合法性鉴定、碰撞事故修复车鉴定、泡水车鉴定、二手车性能鉴定、二手车价格评估、事故车辆损伤评估及鉴定评估报告撰写。

为便于学生学习，特别制作了30个教学视频，视频均由长春汽车工业高等专科学院骨干教师讲解。扫描文前二维码即可观看。

本书理论与实践相结合，注重实操性，可作为大中专院校汽车相关专业的学习教材，也可作为二手车鉴定评估专业人员及有志于从事二手车流通领域人员的培训教材。

图书在版编目（CIP）数据

二手车鉴定与评估实用技术/韩东主编. —北京：机械工业出版社，2019.5（2025.2重印）

职业院校汽车专业创新立体化教材

ISBN 978-7-111-62538-4

Ⅰ.①二… Ⅱ.①韩… Ⅲ.①汽车–鉴定–高等职业教育–教材 ②汽车–价格评估–高等职业教育–教材 Ⅳ.①U472.9②F766

中国版本图书馆CIP数据核字（2019）第072558号

机械工业出版社（北京市百万庄大街22号　邮政编码100037）
策划编辑：母云红　责任编辑：母云红
责任校对：肖　琳　封面设计：张　静
责任印制：单爱军
保定市中画美凯印刷有限公司印刷
2025年2月第1版第12次印刷
184mm×260mm · 16.75印张 · 342千字
标准书号：ISBN 978-7-111-62538-4
定价：40.00元（含实训工单）

电话服务	网络服务
客服电话：010-88361066	机 工 官 网：www.cmpbook.com
010-88379833	机 工 官 博：weibo.com/cmp1952
010-68326294	金 书 网：www.golden-book.com
封底无防伪标均为盗版	机工教育服务网：www.cmpedu.com

关于"十四五"职业教育国家规划教材的出版说明

为贯彻落实《中共中央关于认真学习宣传贯彻党的二十大精神的决定》《习近平新时代中国特色社会主义思想进课程教材指南》《职业院校教材管理办法》等文件精神，机械工业出版社与教材编写团队一道，认真执行思政内容进教材、进课堂、进头脑要求，尊重教育规律，遵循学科特点，对教材内容进行了更新，着力落实以下要求：

1. 提升教材铸魂育人功能，培育、践行社会主义核心价值观，教育引导学生树立共产主义远大理想和中国特色社会主义共同理想，坚定"四个自信"，厚植爱国主义情怀，把爱国情、强国志、报国行自觉融入建设社会主义现代化强国、实现中华民族伟大复兴的奋斗之中。同时，弘扬中华优秀传统文化，深入开展宪法法治教育。

2. 注重科学思维方法训练和科学伦理教育，培养学生探索未知、追求真理、勇攀科学高峰的责任感和使命感；强化学生工程伦理教育，培养学生精益求精的大国工匠精神，激发学生科技报国的家国情怀和使命担当。加快构建中国特色哲学社会科学学科体系、学术体系、话语体系。帮助学生了解相关专业和行业领域的国家战略、法律法规和相关政策，引导学生深入社会实践、关注现实问题，培育学生经世济民、诚信服务、德法兼修的职业素养。

3. 教育引导学生深刻理解并自觉实践各行业的职业精神、职业规范，增强职业责任感，培养遵纪守法、爱岗敬业、无私奉献、诚实守信、公道办事、开拓创新的职业品格和行为习惯。

在此基础上，及时更新教材知识内容，体现产业发展的新技术、新工艺、新规范、新标准。加强教材数字化建设，丰富配套资源，形成可听、可视、可练、可互动的融媒体教材。

教材建设需要各方的共同努力，也欢迎相关教材使用院校的师生及时反馈意见和建议，我们将认真组织力量进行研究，在后续重印及再版时吸纳改进，不断推动高质量教材出版。

机械工业出版社

前言
PREFACE

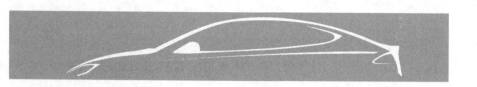

党的二十大报告指出：科技是第一生产力、人才是第一资源、创新是第一动力。要把技能人才作为第一资源来对待，特别是要将高技能人才纳入高层次人才进行统一部署。

近年来，我国工业自动化高速发展，对高技能人才的需求旺盛。全国总工会的统计数据表明，我国高技能人才数量从2016年底的4791万人增长到2021年底的6000万人，仍供不应求。截至2017年，我国产业工人有2亿左右，其中具有技术等级的仅占三成。以二十大报告的发布为契机，今后应进一步明确高技能人才资源的重要性。技能人才特别是高技能人才已成为中国式现代化建设的刚性需求。全体劳动者要形成职业技能共识：高技能培养、高技能就业、高技能成才、高技能报国。

随着我国汽车行业的不断发展，二手车交易占据汽车销售的半壁江山，目前二手车与新车销售量之比接近1∶1，而发达国家该值达到（2.5~3）∶1，说明我国二手车行业发展前景广阔。二手车与新车不同，"一车一况，一车一价"，急需大量专业二手车鉴定评估从业人员。

本书参编人员从事二手车鉴定与评估教学工作多年，同时多次接受企业二手车鉴定与评估技术培训，为满足高职、中职院校及社会从业人员对二手车鉴定与评估技能培训的需要，特编写本书。

本书具有以下特点。

（1）可操作性强。本书按照二手车鉴定与评估实际工作步骤设计章节，鉴定评估具体方法的介绍以及图片均来自实践。

（2）实用性强：本书参编教师大多长期参与长春汽车工业高等专科学校与奥迪汽车校企合作项目，所介绍的鉴定与评估方法来自奥迪公司多年实践，贴近现实，学即能用。

（3）数字化教学，使学更容易。为便于学生学习，特别制作了30个教学视频，视频均由长春汽车工业高等专科学校骨干教师讲解。使用手机、平板计算机等扫描文前二维码即可观看学习。

（5）配实训工单，单独成册，方便使用。

本书由长春汽车工业高等专科学校韩东任主编，徐晓月、赵雪铭任副主编。其中，第一章、第二章由韩东、薛鹏编写，第三章、第八章由韩东、张也编写，第四章、第九章由徐晓月编写，第五章、第六章由舒会编写，第七章由赵雪铭编写。

在编写过程中参考了大量资料和奥迪公司培训内容，在此一并表示感谢！书中难免有不足之处，恳请各位读者批评指正！

编　者

目 录
CONTENTS

前 言
第 1 章　二手车及二手车鉴定评估基础 / 1
 1.1　二手车及二手车鉴定评估概述 / 1
  1.1.1　二手车 / 1
  1.1.2　二手车鉴定与评估 / 2
 1.2　鉴定估价师（机动车鉴定评估师）考评规范 / 9
 课后练习 / 11

第 2 章　二手车业务洽谈 / 12
 2.1　前期准备 / 12
 2.2　签订二手车鉴定评估委托书 / 15
 2.3　拟订二手车价格评估方法 / 15
 课后练习 / 18

第 3 章　二手车交易合法性鉴定 / 19
 3.1　委托人身份合法性鉴定 / 19
 3.2　车辆合法性鉴定 / 21
  3.2.1　机动车行驶证鉴定 / 21
  3.2.2　机动车登记证书鉴定 / 27
  3.2.3　牌照鉴定 / 28
  3.2.4　VIN 码鉴定 / 30
  3.2.5　交强险查询 / 35
  3.2.6　交通违章查询 / 35
 课后练习 / 36

第 4 章　碰撞事故修复车鉴定 / 38
 4.1　车辆涂装修复鉴定 / 39
  4.1.1　新车涂装工艺 / 39
  4.1.2　修补涂装工艺 / 42
  4.1.3　二手车涂装修复鉴定 / 44
 4.2　车辆钣金修复鉴定 / 63
  4.2.1　新车焊装工艺 / 63
  4.2.2　汽车钣金修复方法 / 63
 4.3　车身缝隙鉴定 / 70
 4.4　胶线鉴定 / 74

4.5 车身玻璃鉴定 / 76
4.6 螺栓痕迹鉴定 / 82
4.7 车身鉴定 / 86
4.8 底盘鉴定 / 94
4.9 安全气囊鉴定 / 102
课后练习 / 104

第5章 泡水车鉴定 / 107

5.1 泡水车的危害 / 107
5.2 泡水车鉴定方法 / 109
  5.2.1 外观鉴定 / 109
  5.2.2 驾驶舱鉴定 / 110
  5.2.3 发动机舱鉴定 / 112
  5.2.4 行李舱鉴定 / 113
  5.2.5 底盘鉴定 / 113
5.3 案例分析 / 115
课后练习 / 118

第6章 二手车性能鉴定 / 119

6.1 内部使用功能鉴定 / 119
6.2 故障灯鉴定 / 126
6.3 行驶里程鉴定 / 128
6.4 车辆翻新鉴定 / 131
课后练习 / 136

第7章 二手车价格评估 / 138

7.1 二手车价格评估基础 / 138
  7.1.1 二手车价格评估的假设条件 / 138
  7.1.2 二手车价格评估计价标准 / 139
  7.1.3 二手车估价类型和估价方法 / 140
  7.1.4 二手车价格评估方法比较与选择 / 141
7.2 二手车成新率的计算方法 / 142
  7.2.1 使用年限法 / 143
  7.2.2 行驶里程法 / 144
  7.2.3 部件鉴定法 / 145
  7.2.4 整车观测法 / 146
  7.2.5 综合调整系数法 / 147
  7.2.6 综合成新率法 / 149
7.3 重置成本法评估二手车 / 151
  7.3.1 重置成本法的基本原理 / 151
  7.3.2 重置成本法的应用前提和适用范围 / 152

    7.3.3 重置成本法的优缺点 / 153
    7.3.4 重置成本法的评估模型和计算 / 153
    7.3.5 重置成本法评估实例 / 154
  7.4 现行市价法评估二手车 / 160
    7.4.1 现行市价法的基本原理 / 160
    7.4.2 现行市价法的应用前提和适用范围 / 161
    7.4.3 现行市价法的优缺点 / 162
    7.4.4 现行市价法的评估模型 / 163
    7.4.5 现行市价法的操作步骤 / 163
    7.4.6 现行市价法的评估实例 / 165
  7.5 收益现值法评估二手车 / 167
    7.5.1 收益现值法的基本原理 / 167
    7.5.2 收益现值法的应用前提和适用范围 / 168
    7.5.3 收益现值法的优缺点 / 168
    7.5.4 收益现值法的评估模型 / 168
    7.5.5 收益现值法的评估实例 / 169
  7.6 清算价格法评估二手车 / 170
    7.6.1 清算价格法的基本原理 / 170
    7.6.2 清算价格法的应用前提和适用范围 / 171
    7.6.3 清算价格法的评估模型 / 172
    7.6.4 清算价格法的评估实例 / 172
  课后练习 / 173

第8章 事故车辆损伤评估 / 176

  8.1 事故车辆损伤原理 / 176
  8.2 碰撞损伤的检验与测量 / 180
    8.2.1 碰撞损伤分区检验 / 180
    8.2.2 区域1（一次损伤区）的检验与测量 / 181
    8.2.3 区域2（二次损伤区）的检验与测量 / 181
    8.2.4 区域3（机械损伤区）的检验与测量 / 183
    8.2.5 区域4（乘员舱区）的检验与测量 / 183
    8.2.6 区域5（外饰和漆面区）的检验与测量 / 183
  8.3 主要零部件的损伤评估 / 183
    8.3.1 车身板件损伤评估 / 183
    8.3.2 机械零部件损伤评估 / 186
    8.3.3 汽车修理工时费的确定 / 187
  8.4 事故车碰撞贬值损失 / 187
  课后练习 / 191

第9章 鉴定评估报告撰写 / 193

  9.1 二手车鉴定评估报告的撰写 / 193

    9.1.1 二手车鉴定评估报告的基本制度 / 193
    9.1.2 二手车鉴定评估报告的概念及作用 / 195
    9.1.3 撰写二手车鉴定评估报告的基本要求 / 197
    9.1.4 二手车鉴定评估报告的基本内容 / 197
    9.1.5 撰写二手车鉴定评估报告的技术要点及
       注意事项 / 199
    9.1.6 二手车鉴定评估业务实例 / 200
  9.2 车辆损伤评估报告的撰写 / 208
  课后练习 / 210

附录A 奥迪品鉴二手车110项检测单 / 212

附录B 一汽-大众二手车133项质量检验表 / 214

参考文献 / 220

第1章 二手车及二手车鉴定评估基础

CHAPTER 1

【学习要点】

1. 掌握二手车概念，掌握二手车鉴定与评估的目的、要素，了解二手车鉴定评估依据、原则、流程。
2. 了解二手车鉴定评估师考评规范。

【章节导入】

二手车鉴定评估之前，我们有很多需要了解的基础知识。这些最基本的概念直接关系到二手车鉴定评估理论知识体系的建立。下面我们就从二手车的定义、二手车鉴定与评估的目的、二手车鉴定与评估的要素到二手车的交易流程等这些关键点来给大家介绍二手车及二手车鉴定评估的基础知识。

1.1 二手车及二手车鉴定评估概述

1.1.1 二手车

二手车，英文译为"Second Hand Vehicle"或"Used Car"，意为"第二手汽车"或"使用过的汽车"。2005年10月1日，由商务部、公安部、国家工商行政管理总局和国家税务总局联合发布的《二手车流通管理办法》正式实施。此办法总则的第二条对二手车定义为"是指从办理完注册登记手续到达到国家强制报废标准之前进行交易并转移所有权的汽车（包括三轮汽车、低速载货汽车，即原农用运输车）、挂车和摩托车。"

二手车有狭义和广义之分：狭义的二手车是指从公安部门注册登记到国家强制报废之间使用，通过二手车市场流通转让，发生产权变动的车辆；广义的二手车是指从汽车经销商开具发票到报废拆解之前，发生产权变动的以及没有发生产权变动的一切车辆，包括汽车厂商库存积压的商品车辆、司法机关涉案的车辆、海关罚没的车辆等。

1.1.2　二手车鉴定与评估

二手车鉴定评估是指二手车鉴定评估机构对二手车技术状况及其价格进行鉴定评估的经营活动。

随着我国汽车保有量的增加、市场经济的不断完善以及国民经济的发展，每年需要鉴定估价的二手车辆越来越多，涉及面也越来越广。通过二手车鉴定评估，可让消费者了解二手车的技术状况、价格、行驶里程、修复经历等信息，从而提高用户对二手车的信任度，有利于二手车流通市场的发展。

据中国汽车流通协会统计，2018年全年全国二手车交易量超过1382万辆，其中的二手车鉴定评估业务量自然也随之迅猛增长。

1. 二手车鉴定与评估的目的

二手车鉴定与评估的目的是正确反映二手车的价值量及其变动，为将要发生的经济行为提供公平的价格尺度。一般而言，二手车鉴定与评估的主要目的是通过市场交易或拍卖实现所有权转让，或为清产核资、抵押贷款、法律诉讼提供咨询服务等。

二手车鉴定的主要目的可分为两大类：一类为变动汽车产权；另一类为不变动汽车产权。

（1）变动二手车产权

变动二手车产权是指车辆所有权发生转移的经济行为。它包括二手车的交易、置换、转让、并购、拍卖、投资、抵债、捐赠等。

1）车辆的交易转让。二手车在交易市场上进行买卖时，买卖双方对二手车交易价格的期望是不同的，甚至相差甚远。因此，需要鉴定评估人员对被交易的二手车进行鉴定评估，并将评估价格作为买卖双方成交的参考底价。

2）车辆置换。置换的概念源于海外。它强调的是旧物品（或次等的、较差的）与新物品（或较好的）进行交换。这种交换是不等价的，由置换方给予差额补贴。置换业务有两种情况：一种是以旧换新业务；另一种是以旧换旧业务。两种情况都会涉及对置换车辆的鉴定评估。二手车鉴定评估水平直接关系到置换双方的利益。车辆的置换业务，尤其是以旧换新业务，在我国二手车市场是一个主营业务，有着广阔的市场前景。

3）车辆拍卖。拍卖是指以公开竞价的形式，将特定物品或财产权利转让给最高应价者的买卖方式。对于公务车辆、执法机关罚没车辆、抵押车辆、企业清算车辆，以及海关获得的抵税、放弃车辆和私家车辆等，都需要进行鉴定评估，为拍卖车辆提供拍卖底价。

4）其他。其他经济行为，如在企业发生联营、兼并、出售、股份经营或破产清算时，也需要对企业所拥有的二手车进行鉴定评估，以充分保证企业的资产权益。

（2）不变动二手车产权

不变动二手车产权是指车辆所有权未发生转移的经济行为。它包括二手车的车辆保险、抵押贷款、担保、典当、司法鉴定（海关罚没、盗抢、财产纠纷等）等。

1）车辆保险。在对车辆进行投保时，所缴纳的保险费高低直接与车辆成本的价值大小相关。同样，当被保险车辆发生保险事故时，保险公司需要对事故进行理赔。为了保障双方的利益，也需要对核保理赔的车辆进行公平的鉴定评估。除一般的车损评估外，还包括火烧车和浸水车的鉴定评估。

2）抵押贷款。银行为了确保放贷安全，要求贷款人以机动车作为贷款抵押。此时，要对二手车进行鉴定评估，而这种贷款安全性的高低在一定程度上取决于对抵押车辆评估的准确性。一般情况下，要比市价略低。

3）担保。担保是指车辆所有单位或所有人，以其拥有的二手车为其他单位或个人的经济行为提供担保，并承担连带责任的行为。

4）典当。当典当双方对当物车辆的价值认定有较大的悬殊时，为了保障典当业务的正常进行，可以委托二手车鉴定评估人员对当物车辆的价值进行评估，而典当行以此作为放款的依据。当当物车辆发生绝当时，对绝当车辆的处理同样也需要委托二手车鉴定评估人员为其提供鉴定评估服务。

5）司法鉴定。经由司法鉴定的车辆按性质的不同可分为涉及刑事案件的车辆和涉及民事案件的车辆。

① 涉及刑事案件的车辆一般是指盗抢车辆、走私车辆、受贿车辆等。其委托方一般是指国家司法机关和行政机关，而其委托目的是为取证。

② 涉及民事案件的车辆是指法院执行阶段的各种车辆。其委托方一般是人民法院，而委托目的是案件执行需要进行抵债变现。

上述两种情况都要求鉴定评估人员对车辆进行鉴定与评估，有助于把握事实的真相，确保司法公正，因此要求极高。

在接受车辆评估委托时，明确车辆的评估目的十分重要。对车辆的鉴定评估是一种市场价格的评估，所以针对不同的委托目的，应采用不同的评估方法。对于同一辆车，由于不同的评估目的，评估出来的结果会有所不同。

2. 二手车鉴定与评估的要素

二手车评估属于资产评估，因此汽车鉴定评估的理论和方法以资产评估学为基础。评估主要由六个要素构成，包括评估的主体、评估的客体、评估的目的、评估的流程、评估的标准和评估的方法。

1）评估主体。二手车鉴定评估的主体是指二手车鉴定评估业务的承担者，即从事二手车鉴定评估的机构和人员，是二手车鉴定评估工作中的主导者。在二手车鉴定评估业务中，对二手车鉴定评估的主体资格有严格的限制条件，如鉴定评估人员必须取得二手车鉴定评估职业资格证书，才有资格出具评估报告书。

2）评估客体。二手车鉴定评估的客体是指被评估的车辆。被评估车辆可以按照不同标准分为汽车、三轮汽车、摩托车、农用运输车、拖拉机和挂车等几类。按照车辆的使用用途，可以将被评估车辆分为营运车辆、非营运车辆和特种车辆，其中营运车辆又可以分为公路客运、公交客运、出租客运、旅游客运、货运和租赁几种类型；特种车辆又可以分为警用、消防、救护和工程抢险等若干种车型。合理科学地对被评估车辆进行分类，有利于在评估过程中进行信息资料地搜集和应用。如同一种车型，由于其使用用途不同，车辆在用状态所需要的税费可能就会有较大的差别，其重置成本的构成也往往差异较大。

3）评估目的。二手车鉴定评估的目的是指二手车发生经济行为的性质，是指车辆在鉴定评估中所要履行的经济行为是什么。车辆鉴定评估的目的往往影响车辆的评估方法及方法选择。

4）评估流程。评估流程是指二手车鉴定评估工作从开始到结束的工作程序。

5）评估标准。二手车鉴定评估标准是对鉴定评估采用的计价标准。根据我国资产评估管理方面的要求，二手车评估遵守四种类型的标准，即重置成本标准、现行市价标准、收益现值标准和清算价格标准。

6）评估方法。二手车鉴定评估的方法是指确定二手车评估值的手段和途径，是指二手车鉴定评估所运用的特定技术。

以上六种要素构成了二手车鉴定评估活动的有机整体。它们之间相互依托，是保证二手车鉴定评估工作正常进行和评估价值科学性的重要因素。

3. 二手车鉴定与评估的依据

二手车鉴定与评估实质上属于资产评估的范畴，因此其理论依据是资产评估学的有关理论和方法，在操作中应遵守我国有关资产评估和管理的有关政策法规，具体涉及二手车鉴定与评估的主要有《国有资产评估管理办法》《国有资产评估管理办法施行细则》《机动车强制报废标准规定》（以下简称《机动车报废标准》）及其他有关的政策法规。另外，二手车评估中的价格依据主要有历史依据和现实依据。前者主要是二手车的账面原值、净值等资料，它具有一定的客观性，但不能作为估价的直接依据；后者在评估价值时以评估基准日为准，即现时价格、现时车辆功能状态等为准。

现实依据是二手车鉴定评估依据的重点内容。二手车鉴定评估人员现场查勘鉴定二手车现时技术状况，其目的是公正、科学地确定委托评估车辆的技术现状及价值。这项工作完成后，鉴定评估人员应客观地给出鉴定评估过程的描述和评估结论。现场查勘主要进行静态检查，条件许可时，应进行路试检查，以全面了解被评估车辆的基本情况，并对被评估车辆的技术状况做出合理的判断。

4. 二手车鉴定与评估的原则

二手车鉴定评估的基本原则是对汽车鉴定评估行为的规范。它分为两大类：工作原则和经济原则。

（1）工作原则

二手车鉴定评估的工作原则是评估机构与评估工作人员在评估工作中应遵循的基本原则，主要包括合法性原则、公平性原则、独立性原则、客观性原则、科学性原则、专业性原则等。

1）合法性原则。二手车鉴定评估行为必须符合国家法律、法规，必须遵循国家对机动车户籍管理、报废标准、税费征收等政策要求，这是开展二手车鉴定评估的前提。

2）公平性原则。评估人员必须不偏不倚处于中立的立场上对车辆进行评估。公平、公正、公开是鉴定估价人员应遵守的一项最基本的道德规范。目前在不规范的二手车市场中，时有鉴定估价人员和二手车经销经纪人员互相勾结损害消费者利益，或私卖公高估而公卖私则低估的现象，这是严重违反职业道德的行为。

3）独立性原则。独立性原则要求二手车评估师依据国家的有关法律和规章制度及可靠的资料数据对被评估的车辆独立地做出评定。坚持独立性原则是保证评定结果具有客观性的基础。要坚持独立性原则，首先评估机构必须具有独立性，评估机构不应从属于和交易结果有利益关系的二手车市场，目前已不允许二手车市场建立自己的评估机构。

4）客观性原则。客观性原则是指评估结果应以充分的事实为依据。评估工作应尊重客观实际，反映被评估车辆的真实情况，所收集的与被评估车辆相关的统计数据准确；

它要求车辆技术状况的鉴定结果必须翔实可靠,只有这样才能实现对被评估车辆现值的客观评估。

5)科学性原则。科学性原则是指在二手车的评估过程中,必须依据评估的目的,选用合理的评估标准和评估方法,使评估结果准确合理,如拍卖、抵押等适用清算价格标准计算,而一般的车辆交易则选用重置成本标准或现行市价标准。

6)专业性原则。专业性原则要求鉴定评估人员接受国家专门的职业培训,获得国家颁发的统一职业资格证书才能上岗。

7)可行性原则。要求有可以利用的汽车检测设备;能获得评估所需的数据资料,而且这些数据资料是真实可靠的;评估的程序和方法是合法的、科学的。

(2)经济原则

二手车鉴定评估的经济原则指的是在汽车鉴定评估过程中,进行具体技术处理的原则。它是在总结汽车鉴定评估经验的基础上形成的,是二手车鉴定评估的具体表现,主要包括替代原则、预期收益原则和最佳效用原则。

1)替代原则。替代原则是商品交换的普遍规律,即价格最低的同质商品对其他同质商品具有替代性。据此原则,二手车鉴定评估的替代原则是指在评估中,面对几个相同或相似车辆的不同价格时,应取较低者为评估值,或者说评估值不应高于替代物的价格。这一原则要求评估人员从购买者角度进行二手车鉴定评估,因为评估值应是车辆潜在购买者愿意支付的价格。

2)预期收益原则。预期收益原则是指在对营运车辆评估时,车辆的价值可以不根据其过去形成的成本或购置价格来决定,但必须充分考虑它在未来可能为投资者带来的经济效益。车辆的市场价格主要取决于其未来的有用性或获利能力。未来效用越大,评估值越高。预期收益原则要求在进行评估时,必须合理预测车辆的未来获利能力及取得获利能力的有效期限。

3)最佳效用原则。最佳效用原则是指若一辆二手车同时具有多种用途,在公开市场条件下进行评估时,应按照其最佳用途来评估车辆价值。这样既可保证车辆出售方的利益,又有利于车辆的合理使用。

5. 二手车鉴定与评估的特点

由于汽车是高科技产品,二手车流通又属特殊商品流通,与其他资产评估相比,二手车鉴定评估具有以下特点。

(1)知识面广

二手车鉴定评估理论和方法以资产评估学为基础,涉及经济管理、市场营销、金融、价格、财务、机械原理及汽车构造等多方面知识,技术含量高,对汽车技术鉴定的依赖性较强。

(2)政策性强

鉴定评估人员既要熟知《拍卖法》《国有资产评估管理办法》《机动车报废标准》《二手车流通管理办法》等政策法规,还要掌握车辆管理有关规定及各地相关的配套措施。

(3)实践和技能水平要求高

二手车鉴定评估人员不仅要会驾驶汽车,还能使用检测仪器和设备,并且通过目测、耳听、手摸等方法判断二手车外观、总成的基本状况,能够通过路试判断发动机、传动系统、转向系统、制动系统、电路、油路等工作情况，甚至对汽车主要部件功能和更换也要有一定的了解。评估过程是以人的智力活动为中心开展的，评估质量的高低取决于评估人员掌握的信息、知识结构和经验，体现评估人员的主体性。

（4）动态特征明显

目前汽车产品更新换代快，结构升级、技术创新层出不穷，加之市场经济条件下市场行情的多变难测，使二手车鉴定估价工作具有极强的动态性、时效性。这要求从业人员在具体工作中不仅要掌握有关的账面原值、净值、手续历史依据，更要结合评估基准日这一时点的现实价格和行情，才能准确做出评估结果。另外，由于被评估对象的类似性和重复性，要求评估机构在评估过程中加强自律，克服随意性；汽车产品在不同环节的价值属性比较复杂，这决定了二手车鉴定评估的多样性。

6. 二手车鉴定与评估的流程

二手车鉴定评估工作流程，也称为二手车鉴定评估工作程序或操作程序，是指二手车鉴定评估机构在承接具体的车辆评估业务时，从接受立项、受理委托、完成评估任务到出具鉴定评估报告全过程的具体步骤和工作环节。二手车鉴定评估工作程序如图1-1所示。

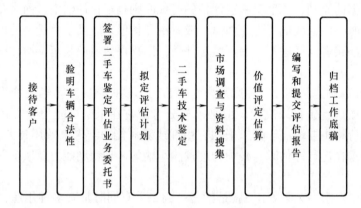

图1-1　二手车鉴定评估工作程序

二手车鉴定评估作为一个重要的专业领域，情况复杂，作业量大。在进行二手车鉴定评估时，应分步骤、分阶段地开展相应的工作。

（1）接待客户，明确评估业务基本事项

接待客户应该了解的具体内容包括：

1）客户基本情况，包括车辆权属和权属性质。

2）客户要求，如客户要求评估的目的和完成评估的时间。

3）车辆使用性质，如了解车辆是生产营运车辆，还是生活消费车辆。

4）车辆基本情况，包括车辆类别、名称、型号、生产厂家、初次登记日期、行驶里程数、所有权变动或流通次数、落籍地、技术状态等。

（2）验明车辆合法性

查验机动车登记证书、行驶证、有效机动车安全技术检验合格标志、车辆购置完税证明、车船使用税缴付凭证、车辆保险单等法定证明、凭证是否齐全，并按照表1-1检查所列项目是否全部判定为"Y"。

第1章 二手车及二手车鉴定评估基础

如发现上述法定证明、凭证不全,或表1-1检查项目任意一项判别为"N"的车辆,应告知委托方,不需继续进行技术鉴定和价值评估(司法机关委托等特殊要求的除外)。发现法定证明、凭证不全,或者表1-1中第1项及第4~8项中任意一项判断为"N"的车辆应及时报告公安机关等执法部门。

表1-1 可交易车辆判别表

序号	检查项目	判别
1	是否达到国家强制报废标准	Y 否 N 是
2	是否处于抵押期间或者海关监管期间	Y 否 N 是
3	是否为人民法院、检察院、行政执法等部门依法查封、扣押的车辆	Y 否 N 是
4	是否为通过盗窃、抢劫、诈骗等违法犯罪手段获得的车辆	Y 否 N 是
5	发动机号与机动车登记证书登记号码是否不一致,且有凿改痕迹	Y 否 N 是
6	车辆识别代码或车架号码与机动车登记证书登记号码是否不一致,且有凿改痕迹	Y 否 N 是
7	是否为走私、非法拼装车辆	Y 否 N 是
8	是否为法律法规禁止经营的车辆	Y 否 N 是

验明车辆合法性应该主要核查以下内容:
1)来历和处置的合法性。查看机动车登记证书或资产处置证明。
2)使用和行驶的合法性。检查手续是否齐全、真实、有效,是否年检;检查机动车行驶证登记的事项与行驶牌照和实物是否相符。
(3)签署二手车鉴定评估业务委托书
对相关证照齐全、表1-1检查项目全部判别为"Y"或者司法机关委托鉴定等有特殊要求的车辆,应签署二手车鉴定评估委托书。

了解委托方及其车辆的基本情况,明确委托方要求,主要包括委托方要求的评估目的、评估基准日、期望完成评估的时间等。《二手车鉴定评估业务委托书》是鉴定评估机构与委托方对各自权利、责任和义务的约定,是一种经济合同性质的契约。

1)二手车鉴定评估委托书应写明委托方和评估机构的名称、住所、工商登记注册号、上级单位名称、鉴定评估资格类型及证书编号,评估目的、评估范围、被评估车辆的类型和数量、评估工作起止时间、评估机构的其他具体工作任务,委托方须做好的基础工作和配合工作,评估收费方式和金额,反映评估业务委托方和评估机构各自的责任、权利、义务以及违约责任的其他具体内容。

2)二手车鉴定评估委托书必须符合国家法律法规和二手车鉴定评估行业管理规定,并做到内容全面、具体,含义清晰准确。

3)涉及国有资产占有单位的二手车鉴定评估项目,应由委托方按规定办妥有关手续后再进行评估业务委托。

(4)拟订评估计划,合理安排评估人员及评估助手
二手车鉴定评估机构要根据评估项目的规模大小、复杂程度、评估目的做出评估计划。
1)二手车鉴定评估人员应该按照鉴定评估机构编制的评估计划开展鉴定评估业务,以便对工作做出合理安排并保证在预计时间内完成评估项目。
2)二手车鉴定评估人员应当重点考虑以下因素:

① 被评估车辆和评估目的。
② 评估风险、评估业务的规模以及复杂程度。
③ 相关法律、法规及宏观经济近期发展变化对评估对象的影响。
④ 被评估车辆的结构、类别、数量和分布。
⑤ 与评估有关资料的齐备情况及变现的难易程度。
⑥ 评估小组成员的业务能力、评估经验及其优化组合。
⑦ 对专家及其他评估人员的合理使用。

(5) 二手车技术鉴定

技术鉴定的基本事项如下：

1) 识别伪造、拼装、组装、盗抢、走私车辆。
2) 鉴别手续牌证的真伪。
3) 鉴别由事故造成的严重损伤。
4) 鉴别由自然灾害（水淹、火烧）造成的严重损伤。
5) 鉴别车辆内部和外部技术状况。

(6) 市场调查与资料搜集

进行市场调查与资料搜集的目的是确定被评估车辆的现行市场价格。进行市场询价时，应重点做好以下工作：

1) 确定被评估车辆的基本情况（车辆类型、厂牌型号、生产厂家、主要技术参数等）。
2) 确定询价参照对象及询价单位（询价单位名称、询价单位地址、询价方式、联系电话、询价单位接待人员姓名等），并将询价参照对象情况与被评估车辆基本情况进行比较。只有在两者相一致的情况下，询到的市场价格才是可比的、可行的。
3) 确定询价结果。市场调查和询价资料经过整理，就可以编制成车辆询价表。车辆询价表是二手车鉴定评估主要工作之一。

(7) 价值评定估算

1) 确定估算方法。

① 根据车辆有关情况，确立估值方法，并对车辆价值进行估算。
② 估值方法选用原则：一般情况下，推荐选用现行市价法；在无参照物，无法使用现行市价法的情况下，选用重置成本法。

2) 注意事项。

① 二手车鉴定评估人员应熟知、理解并正确运用市价法、收益法、成本法、清算价格法以及这些评估方法的综合运用。
② 对同一被评估车辆宜选用两种以上的评估方法进行评估。
③ 有条件选用现行市价法进行评估的，应以现行市价法为主要的评估方法。
④ 营运车辆的评估在评估资料可查并齐全的情况下，可选用收益法为其中的一种评估方法。
⑤ 二手车鉴定评估一般适宜采用现行市价法和重置成本法进行评估。

3) 评价评估结果。

① 对不同评估方法估算出的结果，应进行比较分析。当这些结果差异较大时，应寻找并排除出现的原因。
② 对不同评估方法估算出的结果应做复查。

③ 在确认所选用的评估方法估算出的结果无误之后，应根据具体情况计算求出一个综合结果。

④ 在计算求出一个综合结果的基础上，应考虑一些不可量化的价格影响因素，对结果进行适当的调整，或取用，或认定该结果作为最终的评估结果。

⑤ 当有调整时，应在评估报告中明确阐述理由。

（8）编写和提交评估报告

根据车辆技术状况鉴定和价值评估结果等情况，撰写二手车鉴定评估报告，做到内容完整、客观、准确，书写工整。

根据委托书要求及时向客户出具《二手车鉴定评估报告》，并由鉴定评估人与复核人签章，鉴定评估机构加盖公章。

1）编写二手车鉴定评估报告。编写二手车鉴定评估报告书分为以下两个步骤。

第一步，在完成二手车鉴定评估数据分析和讨论的基础上，对有关部分的数据进行调整。由具体参加评估的二手车鉴定评估人员草拟出二手车鉴定评估报告书。

第二步，将鉴定评估的基本情况和评估报告书初稿的初步结论与委托方交换意见，听取委托方的反馈意见后，在坚持独立、客观、公正的前提下，认真分析委托方提出的问题和建议，考虑是否应该修改评估报告书，对报告书中存在的疏忽、遗漏和错误之处进行修正，待修改完毕即可撰写出正式的二手车鉴定评估报告书。

2）提交二手车鉴定评估报告。二手车鉴定评估机构撰写出正式的鉴定评估报告书以后，经过审核无误，按以下程序进行签名盖章：先由负责该项目的二手车鉴定评估人员签章，再送复核人审核签章，最后送评估机构负责人审定签章并加盖机构公章。二手车鉴定评估报告书签发盖章后即可连同作业表等送交委托方。

（9）归档工作底稿

将《二手车鉴定评估报告》及其附件与工作底稿独立汇编成册，存档备查。档案保存期限一般不少于5年；鉴定评估目的涉及财产纠纷的，其档案至少应当保存10年；法律法规另有规定的，从其规定。

1.2　鉴定估价师（机动车鉴定评估师）考评规范

根据2021年国家职业技能标准，鉴定估价师（机动车鉴定评估师）是指从事机动车技术状况鉴定和价值评估、机动车质量与技术鉴定等工作的人员，共设四个等级，分别为四级/中级工、三级/高级工、二级/技师、一级/高级技师。

1. 申报条件

申报条件：持有C1（含）以上机动车驾驶证，并具备以下条件之一者，可申报四级/中级工。

1）取得相关职业五级/初级工职业资格证书（技能等级证书）后，累计从事本职业工作3年（含）或相关职业工作4年（含）以上。

2）累计从事本职业工作5年（含）或相关职业工作6年（含）以上。

3）取得技工学校相关专业毕业证书（含尚未取得毕业证书的在校应届毕业生）；或取得经评估论证、以中级技能为培养目标的中等及以上职业学校相关专业毕业证书（含尚未取得毕业证书的在校应届毕业生）。

4）取得大专及以上相关专业毕业证书（含尚未取得毕业证书的在校应届毕业生）；或取得大专及以上非相关专业毕业证书，累计从事本职业工作1年（含）或相关职业工作2年（含）以上。

持有C1（含）以上机动车驾驶证，并具备以下条件之一者，可申报三级/高级工。

1）取得本职业或相关职业四级/中级工职业资格证书（技能等级证书）后，累计从事本职业工作4年（含）或相关职业工作5年（含）以上。

2）取得本职业或相关职业四级/中级工职业资格证书（技能等级证书），并具有高级技工学校、技师学院毕业证书（含尚未取得毕业证书的在校应届毕业生）；或取得本职业或相关职业四级/中级工职业资格证书（技能等级证书），并具有经评估论证、以高级技能为培养目标的高等职业学校相关专业毕业证书（含尚未取得毕业证书的在校应届毕业生）。

3）具有大专及以上相关专业毕业证书，并取得本职业或相关职业四级/中级工职业资格证书（技能等级证书）后，累计从事本职业工作1年（含）或相关职业工作2年（含）以上；或具有大专及以上非相关专业毕业证书，并取得本职业或相关职业四级/中级工职业资格证书（技能等级证书）后，累计从事本职业工作2年（含）或相关职业工作3年（含）以上。

持有C1（含）以上机动车驾驶证，并具备以下条件之一者，可申报二级/技师。

1）取得本职业或相关职业三级/高级工职业资格证书（技能等级证书）后，累计从事本职业工作3年（含）或相关职业工作4年（含）以上。

2）取得本职业或相关职业三级/高级工职业资格证书（技能等级证书）的高级技工学校、技师学院毕业生，累计从事本职业工作2年（含）或相关职业工作3年（含）以上；或取得相关职业预备技师证书的技师学院毕业生，累计从事本职业工作1年（含）或相关职业工作2年（含）以上。

3）取得本职业或相关职业三级/高级工职业资格证书（技能等级证书）的大专及以上相关专业毕业生，累计从事本职业工作2年（含）或相关职业工作3年（含）以上。

持有C1（含）以上机动车驾驶证，并具备以下条件之一者，可申报一级/高级技师。

1）取得本职业或相关职业二级/技师职业资格证书（技能等级证书）后，累计从事本职业工作4年（含）以上。

2）取得本职业三级/高级工职业资格证书后，累计从事本职业工作8年（含）以上。

2. 鉴定方式

分为理论知识考试、技能考核以及综合评审。理论知识考试以笔试、机考等方式为主，主要考核从业人员从事本职业应掌握的基本要求和相关知识要求；技能考核主要采用现场操作、模拟操作等方式进行，主要考核从业人员从事本职业应具备的技能水平；综合评审主要针对技师和高级技师，通常采取审阅申报材料、答辩等方式进行全面评议和审查。理论知识考试、技能考核和综合评审均实行百分制，成绩皆达60分（含）以上者为合格。

3. 鉴定时间

理论知识考试时间不少于90min；技能考核时间：四级/中级工、三级/高级工不少于90min，二级/技师、一级/高级技师不少于120min；综合评审时间不少于30min。

4. 鉴定场所设备

理论知识考试在标准教室、计算机教室进行。技能考核应在光线充足、通风条件良好、安全措施完善并具有监控设备的厂房或场地进行，以真实生产设备为主的考场，人均使用面积不低于 $8m^2$（不含设备占地）；以模拟仿真设备为主的考场，人均使用面积不低于 $4m^2$（不含设备占地）；鉴定设备、工具、量具等须满足不少于 4 人同时进行考核。

【课后练习】

一、单选题

1. 目前，我国二手车的交易量是新车销量的（　　）倍。
A. 3　　　　　B. 2.5　　　　　C. 1.5　　　　　D. 0.5

2. 目前我国二手车经营主体不包括（　　）。
A. 品牌店　　　　　　　　B. 二手车交易市场
C. 二手车电商平台　　　　D. 二手车超市

3. 二手车鉴定评估的主体是（　　）。
A. 车辆　　　B. 销售顾问　　　C. 二手车评估师　　　D. 车主

4. 下列不属于变动二手车产权的是（　　）。
A. 二手车置换　　　B. 拍卖　　　C. 抵押贷款　　　D. 转让

5. 我国于（　　）年发布《关于促进二手车便利交易的若干意见》，被业界称为"国八条"。
A. 2015　　　　　B. 2016　　　　　C. 2017　　　　　D. 2018

二、判断题

1. 作为二手车行业从业人员，应该具备诚信、敬业的职业精神，对客户、企业及我们个人负责。（　　）

2. 二手车交易可以是以旧换新，也可以是以旧换旧。（　　）

三、简答题

1. 二手车是如何定义的？
2. 二手车鉴定评估的主体和客体是什么？
3. 二手车鉴定评估的目的有哪些？
4. 二手车鉴定评估的依据、原则、流程有哪些？

第 2 章

CHAPTER 2

二手车业务洽谈

【学习要点】

1. 掌握二手车业务洽谈前期准备工作。
2. 掌握二手车鉴定评估委托书的填写方法，会填写二手车鉴定评估委托书。
3. 掌握拟订二手车价格评估的方法。

【章节导入】

在客户购买二手车时，作为二手车业务工作人员，你知道业务的相关工作过程吗？我们现在来学习一下二手车业务洽谈前期准备工作、二手车鉴定评估委托书的填写方法以及拟定二手车价格评估的方法。

2.1 前期准备

鉴定评估的前期准备工作是指进行二手车鉴定评估前需要做的一系列工作，主要包括业务洽谈、实地考察、签订二手车鉴定评估委托书和拟订鉴定评估作业方案等。

1. 业务洽谈

业务洽谈是承接评估业务的第一步。与客户洽谈的主要内容有：车主基本情况、车辆情况、委托评估的意向和时间要求等。

（1）车主基本情况

车主即二手车所有人，指拥有车辆所有权的单位或个人。接受委托前应了解委托者是车主还是委托人，是车主的即有车辆处置权；否则，无车辆处置权；同时还应了解车主单位（或个人）名称、隶属关系和所在地等。

（2）车主要求评估的目的

评估目的是评估服务经济行为的具体类型，常见的评估目的有车辆交易、转籍、拍卖、置换、抵押、咨询、司法裁决、担保等多种形式。根据评估目的，选择计价标准和评估方法。一般来说，委托二手车交易市场评估的大多数属于交易类业务，车主要求评估价格的目的大都是作为买卖双方成交的参考底价。

（3）估价对象及其基本情况

1）二手车类别：是乘用车还是商用车等。

2）二手车名称、型号、生产厂家和出厂日期。

3）二手车初次注册登记日期和行驶里程。

4）新车来历：是市场上购买，还是走私罚没处理，或是捐赠免税车。

5）车籍：指车辆牌证发放地。

6）使用性质：是公务用车、商用车，还是专业运输车或是出租营运车。

7）手续是否齐全，是否年检。

对上述基本情况了解清楚以后，就可以做出是否接受委托的决定。如果接受委托，就要签订二手车鉴定评估委托书。

2. 实地考察

对于评估数量较多的业务，在签订二手车鉴定评估委托书之前，应安排实地考察评估对象的情况。实地考察的目的是了解鉴定估价的工作量、工作难易程度和车辆现时状态（在用、已停放很久不用、在修或停驶待修等）。

3. 拟订鉴定评估作业方案

鉴定评估作业方案是二手车鉴定评估机构根据二手车鉴定评估委托书的要求而制定的规划和安排。其主要内容包括：评估目的、评估对象和范围、评估基准日、安排具有鉴定评估资格的评估人员及协助评估人员工作的其他人员、现场工作计划、评估程序、评估具体工作和时间安排、拟采用的评估方法及其具体步骤等。

确定鉴定评估方案后，下发二手车鉴定评估作业表（表2-1），进行鉴定评估工作。

表2-1 二手车鉴定评估作业表

评估基准日： 年 月 日

车主		所有权性质	□公 □私	联系电话	
住址				经办人	
原始情况	厂牌型号		号牌号码		车辆类型
	车辆识别代号（VIN）			车身颜色	
	发动机号		车架号		
	载重量/座位/排量			燃料种类	
	初次登记日期		车辆出厂日期		
	已使用年限	累计行驶里程		使用用途	

（续）

检查核对交易证件	证件	□原始发票　□机动车登记证书　□机动车行驶证 □法人代码证或身份证　□其他
	税费	□购置附加税　□养路费 □车船使用税　□其他

结构特点	
现时技术状况	

维护保养情况		现时状态	
价值反映	账面原值/元		车主报价/元	
	重置成本/元	成新率（%）		评估价格/元	

鉴定评估目的：□交易　□转籍　□拍卖　□置换　□抵押　□咨询　□司法裁决　□担保

鉴定评估说明	

注册二手车鉴定评估师（签名）：　　　　　　　　　　　复核人（签名）：
　　　　　　年　月　日　　　　　　　　　　　　　　　　　　年　月　日

填表说明：

1）现时技术状况：必须如实填写对车辆进行技术鉴定的结果，客观真实地反映出二手车主要部分（含车身、底盘、发动机、电器、内饰等）以及整车的现时技术状况。

2）鉴定评估说明：应详细说明重置成本的计算方法、成新率的计算方法以及评估价格的计算方法。

第 2 章 二手车业务洽谈

2.2　签订二手车鉴定评估委托书

二手车鉴定评估委托书必须符合国家法律、法规和资产评估业的管理规定。涉及国有资产占有单位要求申请立项的二手车鉴定评估业务，应由委托方提供国有资产管理部门关于评估立项申请的批复文件，经核实后，方能接受委托、签署委托书（表2-2）。

表 2-2　二手车评估委托书

委托书编号：_____

机动车鉴定评估机构：_____

因 □交易 □转籍 □拍卖 □置换 □抵押 □担保 □咨询 □司法裁决需要，特委托你单位对车辆（号牌号码_____ 车辆类型_____ 发动机号_____ 车架号_____）进行技术状况鉴定并出具评估报告书。

附：委托车辆评估基本信息

车主		身份证号码/法人代码		联系电话	
住址				邮政编码	
经办人				联系电话	
住址		身份证号码		邮政编码	
车辆情况	厂牌型号			使用用途	
	载重量/座位/排量			燃料种类	
	初次登记日期	年　月　日		车身颜色	
	已使用年限	年　个月	累计行驶里程/万 km		
	大修次数	发动机/次		整车/次	
	维修情况				
	事故情况				
价值反映	购置日期	年　月　日	原始价格/元		
	车主报价/元				
备注					

填表说明：

1. 若被评估车辆使用用途曾经为营运车辆，须在备注栏中予以说明。
2. 委托方必须对车辆信息的真实性负责，不得隐瞒任何情节。凡由此引起的法律责任及赔偿责任由委托方负责。
3. 本委托书一式二份，委托方、受托方各一份。

委托方（签字、盖章）：　　　　　　　　　　　经办人（签字、盖章）：
　　年　月　日　　　　　　　　　　　　　　　　年　月　日

2.3　拟订二手车价格评估方法

评定估算工作就是对被评估车辆所收集的数据资料、技术鉴定资料进行整理，根据评估目的选择适用的估价标准和评估方法，本着客观、公正的原则对车辆进行评定估算，确定评估结果。

重置成本法、现行市价法、收益现值法、清算价格法和折旧法五种估价方法是二手车价格估算的基本方法。如何拟订评估方法，每种方法的特点及适用条件是其主要参考依据。

1. 重置成本法的适用条件

重置成本法比较充分地考虑了车辆的各方面损耗，反映了车辆市场价格的变化，评估结果更趋公平合理，在不易估算车辆未来收益，或难以在市场上找到可类比对象的情况下可广泛应用。在确定成新率的各种方法中，综合分析法将车况、配置以及车辆使用情况用适当的调整系数表征出来，比较清晰地解析了车辆残值的构成，使整个评估过程显得有理有据，有助于提高委托方对评估结果的信任程度，适用于价值较高的中高档车辆评估。

重置成本法的应用前提：从重置成本法涉及的要素含义可知，重置成本法的应用是建立在现时和历史资料基础上的。比如实体性贬值的确定依据的是被评估二手车已使用的年限和使用强度；而功能性贬值是由被评估二手车的技术相对落后造成的，需要将该车与功能相同但性能更好的新车相比较来确定贬值额。因此，重置成本法应用必须满足以下前提条件：

1）二手车相关资料和经济环境资料可获得。
2）二手车能继续使用。
3）该车型市场上还有销售或可以复原制造。停产多年、不能再生产的二手车不能用重置成本法。

重置成本法适用范围：适用于继续使用假设条件下的以产权转让、资产重置、补偿为目的的二手车评估业务，如二手车交易、抵押、保险与赔偿，以及企业的清产核资工作。

2. 现行市价法的适用条件

现行市价法要求评估方在当地或周边地区能找到一个发育成熟、活跃、交易量大、车型丰富的二手车交易市场，容易找到可类比的参照车辆，并且参照车辆是近期的、可比较的。

现行市价法的应用前提：由于现行市价法是以同类二手车销售价格相比较的方式来确定被评估二手车价值的，因此，运用这一方法时一般应具备三个基本的前提条件。

1）要有一个有效、公平的二手车交易市场。有效是指交易市场提供的信息是真实可靠的，参照车辆在市场上的交易是活跃的；公平是指交易市场应该具备公平交易的所有条件，买卖双方没有垄断和强制，双方的交易行为都是在自愿和充分掌握信息的基础上做出的，并且假定价格不受不适当刺激的影响。

2）市场上经常有与被评估车辆相同或类似的参照车辆交易，能够形成市场行情。在市场上，参照车辆交易越活跃、参照车辆可选取数量越大，参考价格越容易形成，这是应用现行市价法评估二手车的关键。

3）市场上参照车辆与被评估二手车有可比较的指标，并且这些指标的技术参数等资料是可收集到的，并且价值影响因素明确，可以量化。

运用现行市价法，重要的是要在交易市场上能够找到与被评估二手车相同或相类似的已成交过的参照车辆，并且参照车辆是近期的、可比较的。所谓近期，是指参照车辆交易时间与被评估二手车鉴定评估基准日时间相近，一般在一个季度之内；所谓可比较，是指参照车辆在规格、型号、功能、性能、配置、内部结构、新旧程度及交易条件等方面与被评估二手车具有可比性。

此外，现行市价法选取的参照车辆最好是在同一市场或同一地区经常出现的交易车辆，只有在这一条件下获得的信息才有更好的可比性；相距较远的区域市场的参照车辆信息可比性相对较弱。目前，我国各地二手车交易市场完善程度、交易规模差异很大，有些地区的汽车保有量少、车型数少，二手车交易量少，寻找参照车辆较为困难。因此，现行市价法的实际运用在我国目前的二手车交易市场条件下将受到一定的限制。

现行市价法的适用范围：现行市价法是从卖方的角度来考虑被评估二手车的变现值的，二手车评估价值的大小直接受市场的制约。因此，它特别适用于畅销车型的评估，如二手车收购（尤其是成批收购）和典当等业务。如畅销车型的数据充分可靠、市场交易活跃、评估人员熟悉其市场交易情况，则采用现行市价法评估二手车的时间会很短。

3. 收益现值法的适用条件

收益现值法是从被评估二手车在剩余经济使用寿命内能够带来预期利润的前提下进行评估的，因此比较适用于投资营运车辆的评估。

收益现值法的应用前提：

1) 被评估二手车必须是经营性车辆，且具有继续经营和获利的能力。
2) 继续经营的预期收益可以预测，而且必须能够用货币金额来表示。
3) 二手车购买者获得预期收益所承担的风险也可以预测并可以用货币衡量。
4) 被评估二手车预期获利年限可以预测。

由以上应用的前提条件可见，运用收益现值法进行评估时，是以车辆投入使用后连续获利为基础的。在二手车交易中，人们购买营运性质的二手车的目的往往不是在于车辆本身，而是车辆获利的能力。

4. 清算价格法的适用条件

清算价格法是从车辆资产债权人的角度出发，以车辆快速变现为目的进行评估的，因此，适用于企业破产、资产抵押、停业清理等急于出售变现的车辆评估，如法院、海关委托评估的涉案车辆。

以清算价格法评估车辆价格的前提条件有以下三点：

1) 以具有法律效力的破产处理文件或抵押合同及其他有效文件为依据。
2) 车辆在市场上可以快速出售变现。
3) 所卖收入足以补偿出售车辆的附加支出总额。

5. 折旧法的适用条件

折旧法是从二手车使用产生价值转移后剩余价值的角度估算二手车价格的。此法计算二手车价值转移可采用加速折旧法计算，使二手车剩余价值相对较小，这对二手车收购方来说是比较有利的。因此，折旧法适用于二手车的收购估价。

二手车折旧法是重置成本法的一个具体应用。

多种估价方法为鉴定评估人员提供了选择评估作业的途径。选择估价方法时应考虑以下因素：

1) 必须严格与二手车评估的计价标准相适应。
2) 要受收集数据和信息资料的制约。
3) 要充分考虑二手车鉴定评估工作的效率，选择简单易行的方法。

鉴于上述因素，在五种估价方法中，只有重置成本法、现行市价法、收益现值法和清算价格法适用于鉴定评估。

重置成本法具有收集资料信息便捷、操作简单易行、评估结果有依有据、可信度高等优点。因而这种方法成为鉴定评估中应用最广的一种评估方法。

在拟定二手车价格评估方法时，应根据车辆的基本状况、车主交易的目的以及五种常见估算方法的适用范围等因素确定最佳的估算方法。

【课后练习】

一、多选题

1. 签订二手车评估委托书时，需要填写的信息包括的（　　）。
   A. 车辆 VIN 码　　B. 委托人签字　　C. 车辆行驶里程　　D. 经办人签字
2. 常见的二手车价格估算方法包括（　　）。
   A. 重置成本法　　B. 对比法　　C. 现行市价法　　D. 清算价格法
3. 常见的评估目的包括（　　）。
   A. 拍卖　　B. 置换　　C. 抵押　　D. 司法裁决

二、判断题

1. 在对车辆进行鉴定评估之前，要判断车辆是否为抵押车辆。（　　）
2. 在查验车辆基本信息时，要记录车辆的出厂日期、行驶里程等，而车辆性质不需要关注。（　　）

三、简答题

1. 二手车鉴定评估的前期准备工作有哪些？
2. 重置成本法、现行市价法、收益现值法、清算价格法和折旧法五种估价方法的适用条件分别是什么？

第 3 章
CHAPTER 3

二手车交易合法性鉴定

【学习要点】

1. 了解二手车市场中存在哪些非法车辆。
2. 熟悉二手车交易过程中的合法证件。
3. 掌握二手车合法证件的鉴定方法。
4. 能够判断二手车合法证件的真伪。

【章节导入】

二手车交易前,首先要检查卖方的证件、单据是否齐全。如果交易二手车必备的证件和单据不齐全,车辆的合法性没有完成鉴定,接下来的外观检查、鉴定估值也就没有了必要,因为手续不齐全的二手车是绝对不能轻易交易的。下面我们来学习一下二手车的合法性鉴定。

如何鉴定哪些二手车是非法车辆,对消费者和从事二手车行业的人员来说是非常重要的。非法二手车不能过户交易。

非法车辆的种类有很多种,如套牌车、走私车、盗抢车、拼装车等。

套牌车:是指参照真实牌照,将号码相同的假牌套在其他车上。

走私车:是指没有通过国家正常进口渠道进口的、未完税的车辆。

盗抢车:是指在公安车管部门已登记上牌的,在使用期内被不法分子盗抢的,并在公安部门已报案的车辆。

拼装车:是指违反国家关于生产汽车方面的有关规定,私自拼凑零部件装配的汽车。

下面从委托人身份合法性及车辆合法性来鉴定车辆是否可以合法交易。

3.1 委托人身份合法性鉴定

车主:车辆所有者,具有车辆处置权,从机动车登记证书及机动车行驶证书中可看出。

代理人/委托人：指自然人根据代理契约、授权书或口头约定，向被代理者收取一定佣金（或者免费），全权或在一定的授权范围内，代表被代理人或者授权单位，在代理期限内行使被代理者的权力，完成相关的使命或者任务。

二手车交易过程中，委托人的种类有：车主委托亲戚朋友或二手车经纪公司等机构进行车辆交易；单位名下的车辆指派某人代理车辆的交易及过户。

鉴定身份的合法性分为以下两部分。

1. 车主本人鉴定

车主本人进行交易时，需要注意的是车辆的行驶证和登记证与车主的身份证应相符，然后确定身份证的照片与交易人是否一致，来判断是否是车主本人进行交易。

在二手车的交易过程中，总会有不法分子伪造证件，可通过如下方法来判断身份证的真伪：在一般的光线下，平视第二代身份证表面时，表面上的物理防伪膜是无色透明的；适当上下倾斜二代身份证，便会观察到证件的左上方有一个变色的长城图案，呈橙绿色；用左眼和右眼分别观察，身份证上的长城图案颜色将会变化；将身份证旋转90°（垂直方向），观察到的长城图案呈蓝紫色。

2. 委托人鉴定

在二手车交易中，由于某种原因车主不能亲自进行交易时，就需要委托他人代理。委托人代理交易时需要检查的内容有：委托书；车主为个人时，需要出示身份证复印件，车主为组织机构时，需要提供组织机构代码证复印件及资产处置证明；委托人身份证。

委托书是委托他人代表自己行使自己的合法权益，被委托人在行使权力时需出具委托人的法律文书。委托书需要说明车主身份信息及委托缘由、被委托人的身份信息，双方须签字。

范文1：个人委托
委托书

委托人：张三，身份证号码：

被委托人：李四，身份证号码：

本人张三因工作繁忙，不能亲自办理车辆过户手续。特委托李四作为我的代理人，全权代表我办理相关事项，对被委托人在办理上述事项过程中所签署的相关文件及事项，我均予以认可，并愿承担相应的法律责任。

委托期限：自签字之日起至上述事项办理完毕止。

委托人：张三　××年××月××日
被委托人：李四　××年××月××日

范文2：公司委托
委托书

××市车辆管理所（受理单位名称）：

我公司需办理车辆过户业务，现授权委托我公司员工×××，性别男（或女），身份证号码××××××××××，前往贵处办理，望贵处给予接洽。

法人代表（签字）：×××
单位名称（盖章）：××××××
××年××月××日

在鉴定时，应核对委托书中委托人身份与身份证是否一致（身份证号码），被委托人是否与委托书信息一致（检验身份证），办理业务的是否是被委托人本人，被委托人身份证照片与本人是否一致。

组织机构代码是对中华人民共和国境内依法注册、依法登记的机关，企、事业单位，社会团体和民办非企业单位颁发的在全国范围内唯一的、始终不变的代码标识，覆盖所有单位（包括法人和非法人以及内设机构），是连接政府各职能部门之间的信息管理系统的桥梁和不可替代的信息传输纽带。组织机构代码证是各类组织机构在社会经济活动中的通行证。代码是"组织机构代码"的简称。

3.2 车辆合法性鉴定

下面从车辆行驶证、车辆登记证以及车辆识别代号（Vehicle Identification Number，VIN）、保险与交通违章查询来进行车辆的合法性鉴定。

3.2.1 机动车行驶证鉴定

机动车行驶证是由公安机关车辆管理部门核发的，记载机动车基本情况，准予其在我国境内道路上行驶的法定证件。

机动车行驶证由证夹、主页、副页三部分组成。其中主页正面是已签注的证芯，背面是机动车相片，并用塑封套塑封，副页是已签注的证芯（图3-1）。

图3-1 机动车行驶证

1. 整体检查

（1）检查外观

证夹外表手感柔软，外形规整挺括，折叠后不错位，外表无气泡，颜色均匀，压印字清晰无边刺，证夹外皮为蓝色人造革。

（2）检查内插

插页和内皮透明无裂纹，内外皮封口牢固、均匀、无错位，证卡应能轻松地插入和取出。证夹在温度 −50~60℃ 的环境下无开裂、脆化、软化等现象，插页及内皮为透明无色塑料。

（3）检查文字

正面压字"中华人民共和国机动车行驶证"，其中"中华人民共和国"字体为16pt 宋体，"机动车行驶证"字体为34pt 长宋体。

(4) 检查规格

折叠后长度为（102±1）mm，宽度为（73±1）mm，圆角半径为（4±0.1）mm。

(5) 检查照片

正常情况下行驶证的照片都是在指定地点拍摄，照片清晰，效果较好。若发现照片模糊、拍摄地点和方向有所出入时，须引起注意。

行驶证主页正反面、副页正反面如图3-2所示。

图3-2 行驶证主页、副页正反面

行驶证证芯如图3-3所示。

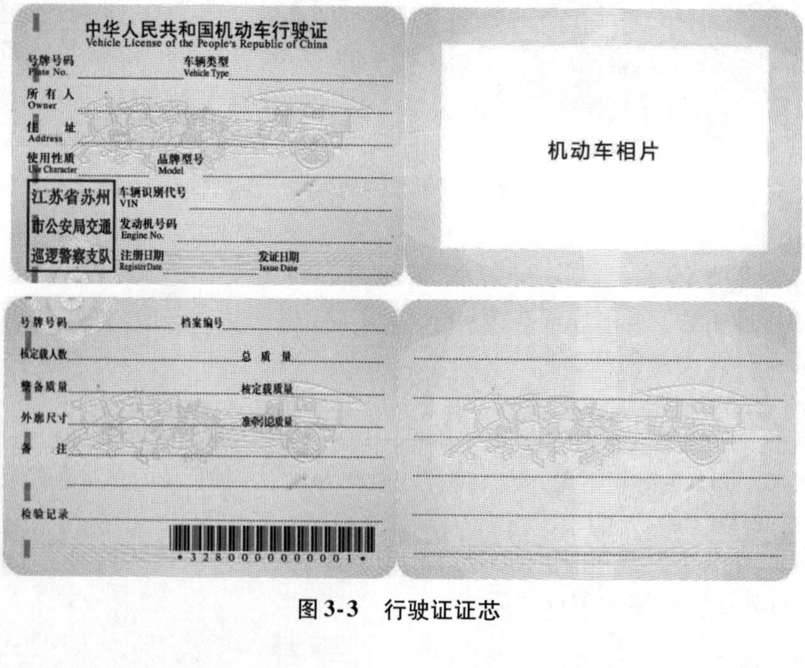

图3-3 行驶证证芯

证芯主页正面文字颜色为黑色。"中华人民共和国机动车行驶证"字体为12pt黑体,位置居中;上有"号牌号码""车辆类型""所有人""住址""使用性质""品牌型号""发动机号码""车辆识别代号""注册日期""发证日期"等文字。

副页正面文字颜色为黑色。上有"号牌号码""档案编号""核定载人数""总质量""整备质量""核定载质量""外廓尺寸""准牵引总质量""备注""检验记录"等文字。

2. 防伪检查

(1) 序列号

行驶证证芯序列号如图3-4所示。

① 证芯序列号由13位阿拉伯数字组成,用一维条码表示。
② 它是证芯唯一性的编号,区分有效证件。
③ 根据编号建立数字化核查系统,精确管理。

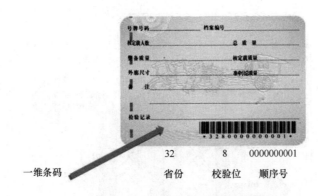

图3-4 行驶证证芯序列号

(2) 塑封套

塑封套由A、B两页沿短边一侧热封而成。长度为(95±0.5)mm,宽度为(66±0.5)mm,圆角半径为(4±0.1)mm。A页和B页基材使用厚度为(0.10±0.01)mm的PET透明聚酯膜。涂层与基材之间没有脱胶现象。涂层均匀,无气泡、灰层、油污和脏物。A页和B页厚度均为(0.16±0.01)mm。

机动车行驶证塑封套A页有全息图文(图3-5)。图文由平安结、指路标志、机动车等图案和"中国 CHINA"和"行驶证 VEHICLE LICENSE"等字样构成。平安结中心几何图形颜色在蓝紫色和草绿色之间交互变化;平安结中间的正方形和菱形,沿水平轴上下转动行驶证到45°位置,观察行驶证的光线反射,平安结中间方形图案的颜色为草绿色、菱形图案的颜色为蓝紫色;当证件旋转90°后,平安结图案中间正方形变为蓝紫色,菱形变为黄绿色。

平安结上下、左右位置居中,定位中心偏差应小于1.5mm。指路标志内在不同角度出现不同的车型和车型轮廓,左侧转向箭头内是公交车;右侧转向箭头内共有两个车辆防伪标识,上方为货车、下方为轿车(图3-6)。

塑封套下方有一排红绿灯,共17个,其中第4、9、14个分别为行、驶、证字样,其他红绿灯上下翻动时会产生镭射颜色变化。

在行驶证的左上角上,随着行驶证的左右转动,依次出现"中国""行驶证"和"CHI-

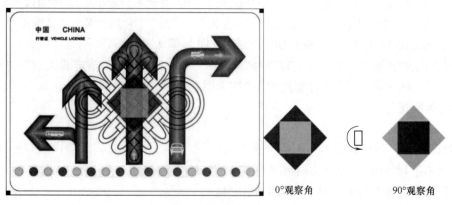

图 3-5　行驶证塑封套 1

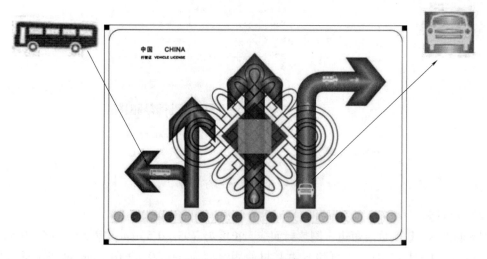

图 3-6　行驶证塑封套 2

NA""VEHICLE LICENSE";"中国 CHINA"和"行驶证　VEHICLE LICENSE"为动态景深文字，不同角度会出现不同效果（图 3-7）。

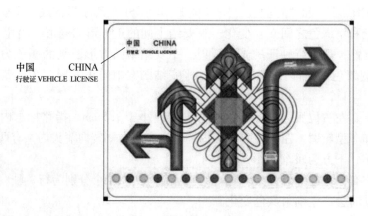

图 3-7　行驶证塑封套 3

机动车行驶证塑封套有荧光印刷图文。图文没有重影，不影响机动车行驶证的复印效果（图3-8）。自然光下依稀可见，整个表面直径（0.3～1.0）mm 的荧光斑点不超过10个，没有明显的大斑点。紫外线灯光照射下，图案清晰，有完整的图案。马车图案呈黄绿色荧光，波浪线、"机动车行驶证 VEHICLE LICENSE"呈红色荧光。

（3）安全线

和人民币一样，行驶证正页和副页正面有彩色开窗安全线（图3-9），蓝底镭射字母"XSZ"和"机动车行驶证"，每个方块都有。

图3-8 行驶证荧光图文

图3-9 行驶证安全线

机动车行驶证证芯使用（230±5）g/m² 的专用纸张，有开窗式彩色金属线和荧光纤维。

（4）印章

印章文字自左向右横向多排排列，内容是：省（自治区、直辖市）刊"××省（自治区、直辖市）公安厅（局）交通巡逻警察总队（交通管理局）"，市（地、州、盟）刊"××省（自治区）××市（地、州、盟）公安局交通巡逻警察支队（交通管理局）"。

规格：证件专用章为正方形，规格为20mm×20mm，框线宽为0.5mm。

证件专用章使用的汉字为国务院公布的简化汉字，字体为10.5pt 宋体。民族自治地方可以根据本地区实际情况附加使用本民族的文字。

颜色：证件专用章为红色，使用红色紫外荧光防伪油墨印刷。

行驶证印章字符如图3-10 所示。

注意：证件专用章特殊字体字符及专用章边框位置微缩文字。

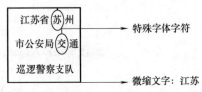

图3-10 行驶证印章

(5) 证芯材质

紫外线灯光照射下，证芯材质中会有红、绿、蓝三色荧光纤维出现（图3-11，见彩图）。

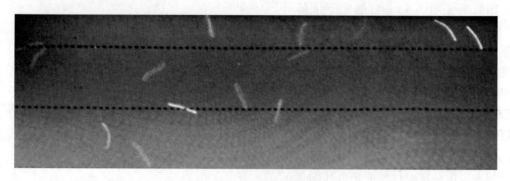

图3-11 行驶证证芯材质

(6) 证芯底纹

证芯主页和副页正面左右两侧底纹颜色为蓝色，中间底纹颜色为渐变红色。证芯主页和副页背面底纹颜色为蓝色（图3-12）。

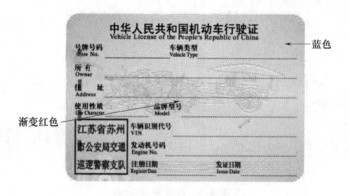

图3-12 行驶证证芯底纹

证芯中部底纹是浮雕马车的图案。证芯下部横条纹使用8倍以上放大镜观察，可发现横条纹是由微缩文字"VEHICLELICENSEOFTHEPEOPLE'SREPUBLICOFCHINA"组成（图3-13）。

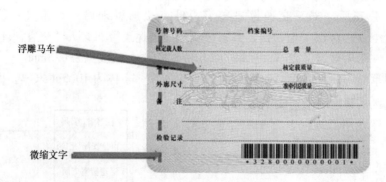

图3-13 行驶证证芯中部底纹

通过以上方法可以有效鉴别行驶证的真伪。在实际检查过程中还需要审核的注意事项：
① 核对车主姓名与车主身份证姓名是否一致。
② 核对车辆号牌号码与机动车行驶证是否一致。
③ 注意机动车行驶证上的年审日期，如果年审已过期，必须年审后才能过户。
④ 在查违章的同时可以查到年审到期日，要核对和机动车行驶证的到期日是否一致，有可能是委托外地年审的车辆或是没办完验车手续的车辆。

3.2.2 机动车登记证书鉴定

《机动车登记证书》是由公安车辆管理部门核发和管理的，是机动车的"户口本"和所有权证明，具有产权证明的性质。登记证书由车辆所有人保管，不随车携带，此后办理转籍、过户等任何车辆登记时都要求出具，并在其上记录车辆的有关情况，也称为"大本"或"绿本"，如图3-14所示。

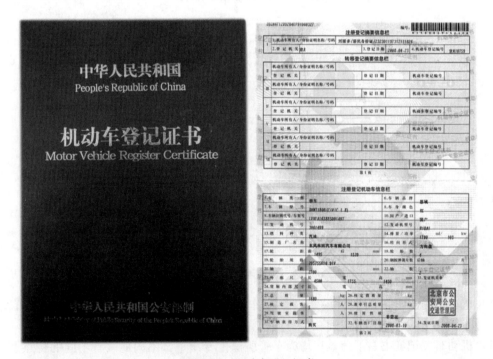

图3-14 机动车登记证书

《机动车登记证书》好比人的户口本，是车辆身份的有效证件之一，在二手车鉴定中必须严查该项。

1)《机动车登记证书》纸张表面光滑、纸张质量好，印刷清晰、墨色均匀，数字均使用专用公安部加密字体，比如"0"，中间有一条起伏的横杠；"5"的横为一条曲线，不是直线。假登记证书做工粗糙，印刷模糊，墨色过浓或过淡，真假对比，区别立显。真证首页图片样板如图3-15所示。

2) 机动车登记证书编号在绿色封皮的大本"机动车登记证书"内页右上方的条形码下方，如图3-16所示。

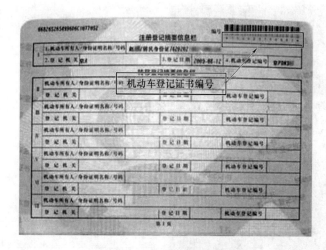

图 3-15 机动车登记证书首页

图 3-16 机动车登记证书编号

3）机动车登记证书中缝线为荧光材料制作，使用普通验钞用紫外线灯光照射即可发光。最后一页"重要提示"处，登记证书编号同样为荧光材料，如图 3-17 所示（见彩图）。

4）机动车登记证书右下角盖章均为车管所证件专用章，不同地区有不同的特点。盖章一般有缺角，尺寸固定，过大或过小均为假章，如图 3-18 所示。

5）将机动车登记证书的第 2、第 3 页立起来看，从第 2 页这一面向第 3 页看可以清晰地看到特别显眼的 7 个黑色的水印"机动车登记证书"，长度基本在 10cm 左右，里面有这几个字的几种语言展示。登记证书里面一共有 4 张纸，每一张纸上都有一个水印防伪标识。

6）机动车登记证书的最后一页正上方有一个非常漂亮的蓝色纹路图案，里面能看到 4 个字：重要提示。如果将这个区域抬起来和目光平齐，然后左右上下轻微转动，就会发现这 4 个字的叠影中出现了三个字"公安部"，这也是一个重要的防伪标志。

3.2.3 牌照鉴定

牌照真伪鉴定方法如下。

第3章 二手车交易合法性鉴定

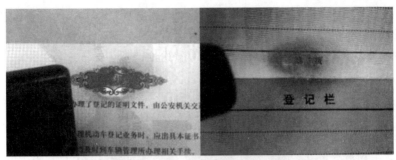

a) 重要提示　　　　　　　　　b) 骑缝

c) 登记证书编号

图3-17　机动车登记证书荧光材料

a) 真机动车登记证书专用章

b) 假机动车登记证书专用章

图3-18　机动车登记证书专用章

1)牌照正面(图3-19)的四类防伪标志分别是:牌照厂代码、所在省份文字、所在省份地图标志及反光膜防伪标志。检查牌照正面防伪标识是否齐全、完整,这是一种既快速又高效的识别牌照真伪的检查方法(有些省份没有省份地图标识)。

图3-19 汽车牌照正面

2)牌照背面(图3-20)一般都有当地车牌制作厂家自己的防伪喷码,颜色是黑色的假牌照不会有。

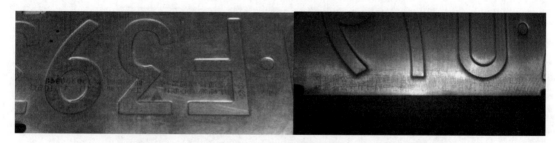

图3-20 汽车牌照背面

3)用手触摸车牌,尤其是触摸号牌周边棱角处,由于假牌并非一次成型,假牌上的字体边缘会留有棱角,即使打磨过也有难以掩盖的痕迹。拆下车牌,观察牌照的背面有无制作厂家的防伪喷码,同时查看有无敲打过的痕迹,通过这些方法来识别牌照的真伪。

3.2.4 VIN码鉴定

核实二手车的身份主要是检查其发动机号、牌照号、VIN码是否属实,要能够非常准确地鉴定其真伪。

1. 国家标准对VIN码的要求

国家标准GB 7258—2017《机动车运行安全技术条件》对整车标志中VIN码(车架号)、发动机号的具体要求如下。

汽车、摩托车、半挂车和中置轴挂车应具有唯一的车辆识别代号,其内容和构成应符合GB 16735—2016的规定;应至少有一个车辆识别代号打刻在车架(无车架的机动车为车身主要承载且不能拆卸的部件)能防止锈蚀、磨损的部位上。

打刻车辆识别代号（或整车型号和出厂编号）的部件不得采用打磨、挖补、垫片的方式处理，从上（前）方观察时打刻区域周边足够大面积的表面不应有任何覆盖物；如有覆盖物，该覆盖物的表面应明确表示"车辆识别代号"或"VIN"字样，且覆盖物在不使用任何专用工具的情况下能直接取下（或揭去）及复原，以方便观察到足够大的打刻区域表面。

打刻车辆识别代号（或整车型号和出厂编号）从上（前）方应易拓印。打刻的车辆识别代号的字母和数字的字高应大于或等于7.0mm、深度应大于或等于0.3mm（乘用车深度应大于或等于0.2mm），但摩托车字高应大于或等于5.0mm、深度应大于或等于0.2mm。打刻的整车型号和出厂编号字高应为10.0mm，深度应大于或等于0.3mm。

车辆识别代号（或产品识别代码、整车型号和出厂编号）一经打刻不应更改、变动，并符合GB 16735—2016的规定。同一辆机动车的车架（无车架的机动车为车身主要承载且不能拆卸的部件）上，不应既打刻车辆识别代号，又打刻整车型号和出厂编号。同一辆车上标识的所有车辆识别代号内容应相同。

打刻区域周边足够大面积的表面（足够大的包括打刻区的表面）是指打刻车辆识别代号的部件的全部表面；但所暴露表面能满足查看打刻车辆识别代号的部件有无挖补、重新焊接、粘贴等痕迹的需要时，也应视为满足要求。

发动机型号和出厂编号应打刻（或铸出）在气缸体上且应能永久保持，在出厂编号的两端应打刻起止标记（没有打刻起止标记的空间时不打刻）。

纯电动汽车、插电式混合动力汽车、燃料电池汽车和电动摩托车应在驱动电机壳体上打刻电机型号和编号。如打刻的电机型号和编号被覆盖，应留出观察口，或在覆盖件上增加能永久保持的电机型号和编号的标识；增加的标识应易见，且非经破坏性操作不能被完整取下。

除上述要求之外，乘用车还应在行李舱从车外无法观察但打开后能直接观察的合适位置标示车辆识别代号，并至少在5个主要部件上标示车辆识别代号；但如制造厂家使用了能从零部件编号溯及车辆识别代号等车辆唯一性信息的生产管理系统，主要部件上可标示零部件编号。

车辆识别代号或零部件编号应直接打刻或采用能永久保持的标签粘贴在制造厂家规定主要部件的目标区域内，其字码高度应保证内容能清晰确认。

对机动车进行改装或修理时，不得对车辆识别代号（或整车型号和出厂编号）、发动机型号和出厂编号、零部件编号、产品标牌、发动机标识等整车标志进行遮盖（遮挡）、打磨、挖补、垫片等处理及凿孔、钻孔等破坏性操作。

由此可见，对机动车VIN码的识别非常重要，这也是检测二手车的首要任务。

2. 改动VIN码的四种情况

一般来说，通过检测VIN码基本上可以判断一辆车的身份，在实际的工作中，经常会遇到改动二手车VIN码、发动机号的情况，主要有如下四种情况。

（1）凿改号码

凿改号码是一种最常见的方法，一般采用两种形式。

第一种形式是局部凿改，通常只更改数字部分，很少改动字母，常见的情况是无目的地凿改，主要是1改4，3改5或6，还有是有目标地凿改，例如，套牌车非法上路、套牌车的转移登记等。第二种形式是整体凿改，整体凿改是将号码用砂轮磨平后再进行打刻，主要是打刻发动机号，也有个别对车辆识别代号进行整体凿改的情况。大多数为走私车套牌、盗抢嫌疑车，整套手续存在造假可能。

如图 3-21 所示，特斯拉的车架号多刻了一位，虽然是 4S 店的新车，却无法上牌，然后厂家将其打磨掉。

图 3-21　VIN 凿改

（2）刻画号码

刻画号码是主要用于更改车辆识别代号的一种方法，在实际的二手车技术鉴定工作中还未发现过刻画发动机号的现象。首先在机动车的车辆识别代号位置进行打磨，将漆膜磨掉，有时将原号破坏，然后在这个位置用修补材料按平，在未干时刻画号码，等晾干后再喷漆，或者用加热稀释后的软金属液进行填充，等软金属形成固态后，再进行刻画处理。常见的刻画号码现象如图 3-22 所示。

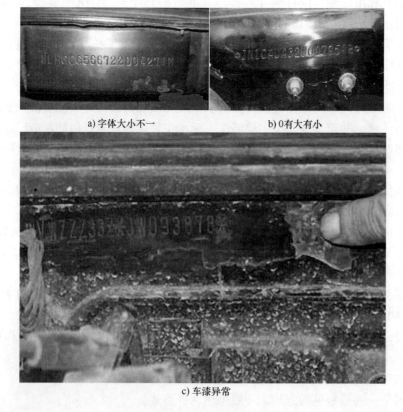

a）字体大小不一　　　　b）0 有大有小

c）车漆异常

图 3-22　刻画号码

（3）挖补号码

挖补号码一般是对收购具备合法手续、未办理报废手续的机动车所采用的方法。将切割下来的其他车辆的号码粘贴或补焊到盗抢机动车的相应位置上,抹平,并重新喷漆(图 3-23,见彩图)。经过处理后的机动车因具备齐全合法的手续,车辆识别代号的拓印膜又和车管部门留存的一致,容易通过办理转移登记将"黑车"变相合法化。

a) 焊接痕迹

b) 焊接生锈

图 3-23　挖补号码

（4）镶嵌

镶嵌（图 3-24）是指在车架号部位打磨出一个长方体形状的凹坑,然后在凹坑内焊接或粘贴上一块伪造号码的铁片,再抹平,并进行喷涂改造。需要注意的是,使用这种方法做出的车架号表面与周围区域相比较,会有比较明显的凹凸不平感。

图 3-24　镶嵌

还可以利用网络进行车辆识别代码真伪查询:登录 www.chinacar.com.cn（中国汽车网）进行查询,操作步骤如图 3-25 所示。

进入 VIN 查询界面后,输入车辆识别码的前八位和后八位点击查询,系统会自动计算第九位校验位。若系统计算结果和实际车辆识别码一致,说明该识别码真实有效;若结果不一致,说明该识别码无效。

图 3-25　VIN 码查询

3.2.5 交强险查询

交强险全称是机动车交通事故责任强制保险。伪造的交强险保单、未投保交强险及交强险过期的二手车均不能过户交易，因此需要进行交强险查询。

汽车的交强险保单是有防伪设计的，在查询其真伪时，可以通过以下几方面来识别：

1）保险单本身是由立体的轿车和货车图案作为浮雕底纹，所以摸上去感觉不平整。
2）保险单的微缩文字印刷十分清晰，放大后很容易辨认。
3）保险单上部分关键字使用防伪油墨印刷。

真的机动车保险单是经由中国保险监制部门统一监制的，并且针对不同保险公司的保单，其保单的光栅效果也会根据不同公司的徽章以及简写而有所区别。如果想要快捷、准确无误地知道保单的真实性，可以拨打保险公司的咨询电话查询保单记录、验明真伪。

3.2.6 交通违章查询

交通违章未处理的二手车不能过户交易，因此需要查询车辆的交通违章情况。正常的车辆都是可以通过"交警12123"App进行违章查询的，并且可以根据交警违章查询系统了解车牌与车主是否相符。

"交警12123"交通查询系统查违章如图3-26所示。有违章且可查的车辆可以排除它是非法车辆。当我们进行违章查询时，若查询车辆并无违章，则需要看车牌是否是非法制造的。

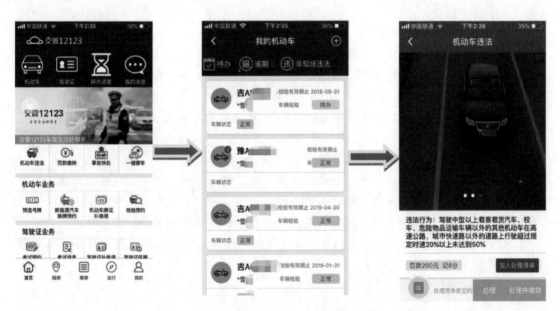

图3-26 交通查询系统

随着二手车市场发展的突飞猛进，很多不法车辆也混在其中，通过鉴别车主的身份及委托人身份、车辆行驶证、车辆登记证书、牌照，检查机动车保险、违章情况等来鉴定车辆是否是套牌车、走私车、盗抢车、拼装车等违法车辆。

【课后练习】

一、单选题

1. 机动车登记规定是根据《中华人民共和国道路交通安全法》及其实施条例制定的,由（　　）实施。
   A. 海关总署　　　　　　　　　　　　B. 公安机关交通管理部门
   C. 检验检疫部门　　　　　　　　　　D. 路政部门

2. 下列车辆的情况,哪个不应被强制报废。（　　）
   A. 私家车连续3个检验周期未取得合格证
   B. 捷达出租车使用年限超过8年
   C. 桑塔纳教练车8年行驶了50万km
   D. 严重交通事故车辆已达不到安全技术使用标准

3. 根据最新的机动车强制报废标准,租赁载客汽车使用年限为（　　）。
   A. 8年　　　　　B. 10年　　　　　C. 12年　　　　　D. 15年

4. 以下不是二手车交易市场经营者及二手车经营主体为确认卖方身份及车辆合法性而进行的检查是（　　）。
   A. 检查卖方身份证明或者机构代码证书原件是否合法有效
   B. 检查车辆号牌、机动车登记证书、机动车行驶证、机动车安全技术检验合格标志是否真实、合法、有效
   C. 检查车辆是否属于八类禁止交易车辆
   D. 检查买方身份证明或者机构代码证书原件是否合法有效

5. 一辆轿车的VIN码是4P3CS34T8BE057192,其年款代码表示的年份是（　　）。
   A. 2001年　　　　B. 2009年　　　　C. 2010年　　　　D. 2011年

6. 依照相关法规,二手车评估中为确认卖方的身份及车辆的合法性,应依据合法有效的（　　）。
   A. 卖方身份证、车辆号牌、机动车登记证书、机动车行驶证
   B. 卖方身份证、机动车安全技术检验合格标志、机动车登记证书、机动车行驶证
   C. 卖方身份证、车辆号牌、机动车安全技术检验合格标志、机动车行驶证
   D. 卖方身份证、车辆号牌、机动车登记证书、机动车安全技术检验合格标志

7. 依照相关法规,二手车评估中发现非法车辆、伪造证明或车牌、擅自更改发动机号、车架号、调整里程表的,应当（　　）。
   A. 照常评估技术状态
   B. 不加过问
   C. 及时向执法部门举报,配合调查
   D. 不予评估,也不举报

8. 依照相关法规,二手车评估中为核实二手车卖方的所有权或处置权,应确认（　　）。
   A. 机动车行驶证与卖方身份证明一致
   B. 机动车行驶证、驾驶证与卖方身份证明一致

C. 机动车登记证书、行驶证与卖方身份证明一致

D. 机动车登记证书与卖方身份证明一致

9. 将右置转向盘改为左置转向盘的二手车（　　）交易。

A. 可以 B. 通过安全排放检测可以

C. 使用年限满 5 年可以 D. 不可以

10. 机动车号牌是准予机动车上路行驶的法定标志，其号码要与（　　）上的号牌号码完全一致。

A. 机动车行驶证 B. 车架号

C. 机动车保险单 D. 机动车驾驶证

二、判断题

1. 二手车购买人取得了二手车交易发票、机动车行驶证和机动车登记证书，就完成了车辆的所有权转移。（　　）

2. 二手车评估依据的政策法规主要有《国有资产评估管理办法》《国有资产评估管理办法施行细则》《机动车强制报废标准规定》《二手车流通管理办法》《汽车贸易政策》等。（　　）

3. 车辆识别代号（VIN）由一组字母和阿拉伯数字组成，共 18 位，它是识别车辆不可缺少的信息。（　　）

4. 不同类型的营运载客汽车相互转换，按照使用年限较严的规定报废。（　　）

5. 国家税务机关监制的全国统一二手车交易专用发票是唯一有效的二手车来历凭证。（　　）

三、简答题

1. 二手车的合法证件有哪些？

2. 常见的二手车违法车辆种类有哪些？

3. 如何鉴别机动车行驶证的真伪？

4. 如何鉴别机动车登记证书的真伪？

5. 汽车 VIN 码有什么作用？常见于车上的位置有哪些？常见违法更改车辆 VIN 码的方式有些？如何鉴别？

第4章 碰撞事故修复车鉴定

CHAPTER 4

【学习要点】

1. 了解新车的涂装工艺、修补涂装工艺、新车焊接工艺和汽车钣金的制造过程。
2. 熟悉不良涂装的种类、车身玻璃的标志及其含义。
3. 掌握再涂装发现的方法、鉴别漆面色差的方法、漆膜厚度检测仪的使用方法、车身缝隙检查方法、车身胶线检查方法 、鉴别车窗玻璃更换的方法、车身螺栓拆装痕迹判断方法、车身框架修复判断方法、大梁修复的判断方法及安全气囊真伪识别方法。
4. 能通过再涂装发现、漆面色差、缝隙、胶线、车身玻璃、螺栓拆装痕迹、车身框架和大梁修复痕迹、安全气囊真伪等方面判断出车辆出过碰撞事故的位置,以及碰撞事故的程度。

【章节导入】

购买二手车时,最让人担心的就是购买到事故车。如何鉴定碰撞事故车呢?通过我们的学习,掌握鉴别漆面色差的方法、漆膜厚度检测仪的使用方法;能通过再涂装发现、漆面色差、缝隙、胶线、车身玻璃、螺栓拆装痕迹、车身框架和大梁修复痕迹、安全气囊真伪等方面判断出车辆发生过碰撞事故的位置,以及碰撞事故的程度。

事故车大致分为三种类型:碰撞事故车、水泡事故车和火烧事故车。碰撞事故车是最常见的一种,车辆符合以下任何一条,即属碰撞类事故车:

1) 经过撞击,损伤到发动机舱和驾驶舱的车辆。
2) 车身后翼子板撞击损伤超过其三分之一的车辆。
3) 纵梁有焊接、切割、整形、变形的车辆。
4) 减振器座有焊接、切割、整形、变形的车辆。
5) ABC柱有焊接、切割、整形、变形的车辆。
6) 因撞击造成汽车安全气囊弹出的车辆。
7) 其他不可拆卸部分有严重的焊接、切割、整形、变形的车辆。

第4章 碰撞事故修复车鉴定

碰撞类事故车大多会经修复后流入二手车市场,该类车称之为碰撞事故修复车。虽然已经修复,但车辆结构刚度、安全性会严重下降,再次发生交通事故时,车辆损伤会加剧甚至惨烈。下面分别从涂装、钣金等方面对碰撞事故修复车进行鉴定。

4.1 车辆涂装修复鉴定

4.1.1 新车涂装工艺

1. 车辆油漆分类

车辆油漆按照特性一般分为三类:普通漆、金属漆和珠光漆。

1)普通漆:最常见、最简单的一种车漆,属于最基础的车漆,单一颜色,主要成分是树脂、颜料和添加剂。它的特点是成本低廉、工艺简单,但光泽度不好,表面硬度不高,特别容易刮花。在轿车上已经很少使用,因其价格优势,多用在货车和客车上。

2)金属漆:又叫金属闪光漆,是现在比较流行的汽车用漆,效果很耀眼。金属漆是在漆基中加有微细的铝粒,改变铝粒子的大小和形状可以改变漆面的色泽和光洁度。光线照射到铝粒上,又被铝粒透过漆膜反射出来,因此油漆表面看上去好像金属在闪闪发光一样。在金属漆的外面,还加有一层清漆予以保护。金属漆的最大特点不仅是亮度高,它的硬度也比普通漆高出许多,一般的物体不容易将它刮下来。高档车基本都使用金属漆,而且已经成为一种趋势。金属漆的汽车一般要比同类型的普通漆汽车贵出两三千元。

3)珠光漆:又叫云母漆,也是流行的一种汽车面漆,效果很斑斓。它的原理与金属漆基本相同。它用云母代替铝粒。在漆基中加有二氧化钛和氧化铁的云母颜料。光线照射到云母颗粒上,先带上二氧化钛和氧化铁的颜色,然后在云母颗粒中发生复杂的折射和干涉。同时,云母本身也有一种特殊的、透明感的颜色。这样,反射出来的光线就具有珍珠般的闪光。另外,二氧化钛本身具有黄色,斜视时又变为浅蓝色,从不同角度看,具有不同的颜色。因此,珠光漆给人一种新奇、五光十色、琳琅满目的感觉,因其价格昂贵在汽车上应用得还不多。

2. 汽车涂装的目的

(1)保护作用

从主体上讲,制造汽车90%用的是钢材。汽车运行环境复杂,经常会受到水分、微生物、紫外线和其他酸碱气体、液体等的侵蚀,有时会被磨、被刮而造成损伤。如果在它的表面涂上涂料,就能保护汽车免受损坏,延长使用寿命。车身表面经涂装后,零件的基本材料与大气环境隔绝,起到一种"屏蔽"作用而防止锈蚀。另外,有些涂料对金属来讲还能起到缓蚀作用,如磷化底漆可以借助涂料内部的化学成分与金属发生反应,使金属表面钝化。随着新型材料的上市,涂装保护的作用越来越大,如高耐划伤性能、弹性、耐污染性等。

(2)美观作用

现代汽车不但是实用的交通运输工具,而且更像是一种艺术品。车身颜色与车内颜色相匹配,与环境颜色相协调,与人们的爱好及时代感相适应。绚丽的色彩与优美的线形融为一体,构成了汽车的造型艺术。从20世纪50年代的单一颜色至今,汽车油漆从普通漆、金属漆到珍珠漆,提升了汽车的外观美。

(3)价值作用

随着人类社会的发展,人们对汽车颜色有了越来越高的要求出现了不同的油漆品种,以及涂装工艺技术上的大改进。同样的车型，油漆品种不同，价位也有所变动。

（4）识别作用

涂装的识别作用是由涂料的颜色体现的。在汽车上涂装不同的颜色和图案区别不同用途的汽车。例如，消防车涂成大红色；邮政车涂成橄榄绿色，文字及车号为白色；救护车为白色并带红十字标记；工程车涂成黄色与黑色相间的条纹，文字及车号用黑色等。

3. 汽车涂装的特点

汽车涂装的目的是使汽车具有优良的外观和装饰性、保光保色性、耐腐蚀性，延长其使用寿命，因而具有鲜明的特点。

1）汽车涂装属于高级保护性涂装，所以涂层必须具有极优良的耐腐蚀性、耐候性、耐酸碱性，以及耐杂物等抗侵蚀作用，有广泛的适应性。

2）汽车涂装（主要是汽车车身的涂装）必须进行精心的涂装设计和具备良好的涂装环境及条件，才能使涂层具有良好的装饰性。汽车的装饰性好坏主要取决于涂装质量，并直接影响汽车的商品价值。

3）汽车涂装是最为典型的工业涂装，必须选用合理、高效的前处理方法、干燥方法及工艺准备。

4）汽车涂装为多涂层涂装体系，各单一涂层的涂装质量和工艺控制尤其重要。

4. 涂装工艺

涂装工艺过程比较复杂，技术要求比较高。整个过程需要大量的化学试剂处理和精细的工艺参数控制，对油漆材料以及各项加工设备的要求都很高，因此涂装工艺一般都是各公司的技术机密。汽车车身的涂装质量要求最高，要长期在各种气候条件下使用而不发生漆膜劣化和锈蚀，还要能维持其光泽、色彩和美观。在汽车制造厂，车架、车壳焊接完成，下一道工序就是涂装。汽车涂装一般用烘烤漆，并且汽车涂装是通过机械手臂在无尘环境下进行静电喷涂，如图4-1所示。

图4-1　原厂喷涂车间

汽车涂装工艺一般可分为两大部分：一是涂装前金属的表面处理，也叫前处理工艺；二是涂装的施工工艺，也叫上涂工艺。

涂装前金属的表面处理主要包括：清除工件表面的油污、尘土、锈蚀以改善工件的表面状态；根据各种具体情况对工件表面进行机械加工和化学处理，如磷化、氧化和钝化处理。

涂装施工工艺包括：施涂底漆、喷漆、烘干等工艺。新车涂装工艺流程如图4-2所示。

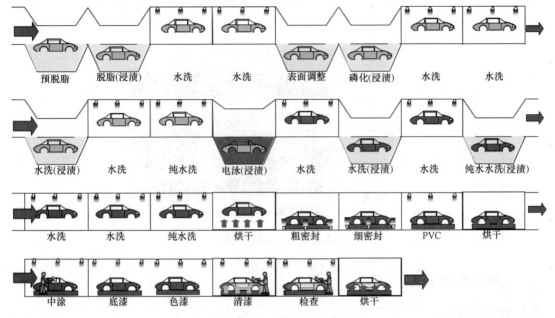

图 4-2 新车涂装工艺流程

1）脱脂：在碱性脱脂剂中，使用碱成分和界面活性剂去除油污。界面活性剂具有乳化、分散油的作用，可发挥脱脂能力。如果再加上碱成分，脱脂能力更强。在碱脱脂工艺中，金属几乎不溶解，也不形成磷酸盐皮膜。

2）表面调整：表面调整剂主要成分为胶体磷酸钛。它均匀附着在车体表面，成为磷化成膜时的晶核，从而形成均匀致密的磷化膜。

3）磷化：车身由表面调整出槽后经沥水段进入磷化槽，槽液为含有锌、锰、镍等金属的磷酸盐溶液。车身磷化的目的是使车身表面形成一层含有锌、锰、镍等的磷酸盐，能较大幅度地增加漆膜的附着力，提高耐腐蚀性、耐潮湿性，以及增强漆膜对被涂物表面的湿润性。

4）电泳：涂料粒子直接附着在白车身上，对车身有防腐保护作用，并为中涂层提供良好的附着环境。电泳漆膜具有涂层饱满、均匀、平整、光滑的优点，电泳漆膜的硬度、附着力、耐腐性能、耐冲击性能、渗透性能明显优于其他涂装工艺。

5）封接缝、车底保护：车体密封及抗石击涂料的主要成分为聚氯乙烯（PVC），用来提高汽车的舒适性及缝隙的耐腐蚀性。

6）中涂底漆：附着在电泳层上，加强车身的防腐保护，为色漆层提供良好的附着环境，并对色漆的色相起一定的衬托作用，提高总体膜厚，与面漆配合提高外观性能。

7）色漆层：附着在中涂层上，进一步加强车身的防腐保护，并展示色相，车辆的各种颜色就是由色漆层展示出来的。

8）清漆层：俗称光油，附着在色漆层上，更进一步加强车身的防腐保护，并保护色漆层不受微小的刮擦，使颜色更透亮，减缓褪色现象。清漆层是比较特殊的有效保护层。

5. 原厂漆漆层结构

漆层（图 4-3）在车身钢板之上，有电泳层、中涂层、色漆层和清漆层四个漆层组成。通常汽车价值越高，漆膜厚度越厚。例如，国产奥迪 A6、A4 漆膜厚度一般为 120～

150μm，进口奥迪 TT、A8 漆膜厚度为 150～180μm；其他国产品牌汽车的漆膜厚度也基本为 100～150μm；日系车的漆膜厚度相对较薄，部分车型漆膜厚度低于 100μm。

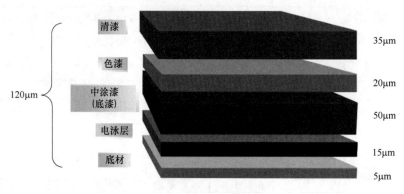

图 4-3　原厂漆漆层结构

4.1.2　修补涂装工艺

1. 修补涂装种类

修补涂装是指修理厂或 4S 店维修车辆时所使用的涂装方法。修补有三种形式：单点修饰、区段修补、全车涂装。根据损伤的大小、油漆调色的难度等选择最适合的修补形式。

（1）单点修饰

单点修饰（图 4-4）是指针对外观总成件的某一块区域进行局部涂装作业。通常情况下，这类修补形式在小型修理厂、快修店采用较多。

单点修饰优点：涂装作业时不需要拆装被涂总成，只进行相应区域的遮蔽工作，因此维修时间短、完成速度快。缺点：涂装区域会有色差和接缝产生。

图 4-4　单点修饰

（2）区段修补

区段修补（图 4-5）是指针对某一外观总成件进行整体的涂装作业，一般 4S 店的涂装作业都采用的是这种修补形式。

区段修补优缺点：涂装区域不会有色差出现，但是和邻近的漆面有色差产生。白色、红色、蓝色等颜色出现的色差较为明显。一般 4S 店采用拆卸喷涂，修理厂采用遮蔽不拆卸喷涂。拆装喷涂会出现螺栓拧动的痕迹，遮蔽涂装会出现遮掩痕迹。

（3）全车修补

全车修补（图 4-6）即对全车车体进行涂装，分为依照原车车色涂装与改色涂装两种。

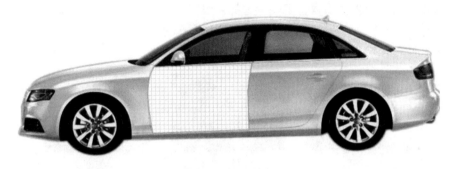

图 4-5 区段修补

全车涂装对于车辆残值影响较大,尤其是对全车改色涂装影响最大,车辆自身价值越高,全车涂装影响越大。

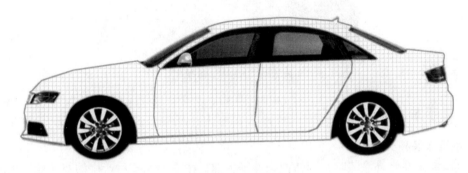

图 4-6 全车修补

全车涂装缺点:修复成本高,修复时间长。优点:修复后涂装颜色统一。

2. 漆面修补工艺

(1) 剥离

如图 4-7a 所示,使用干磨机剥离旧漆面,接口部位打磨成羽状边。

(2) 补原子灰

如图 4-7b 所示,混合多功能原子灰填补于车身上凹陷位置,通过刮灰定型来重塑车身腰线及平整度。

(3) 打磨

如图 4-7c 所示,用砂纸打磨填补的原子灰,检查平整度。这道工序看似简单,但其实是最考验工人技艺的,有"十年难磨一团灰"的说法。

(4) 上涂

如图 4-7d 所示,喷涂底漆层、色漆层和清漆层。喷涂漆面的工序也比较烦琐,而且对于工作的环境也有较高的要求,需要在无尘的条件下进行。但多数小修理厂甚至连烤漆房都没有,质量根本无法得到保证。喷漆主要分为以下几个步骤:喷涂头道底漆—喷涂中涂底漆—打磨中涂底漆—调漆—喷涂面漆—烘干漆面。

(5) 研磨抛光

如图 4-7e 所示,对涂装区域进行抛光处理。研磨抛光是整个修补喷漆工作中的最后一道工序，无论工人工作多么细致，多多少少都会留下一些不完美的地方，哪怕是空气中飘浮的一些尘土都会影响整个效果，这时就只能靠此环节来进行补救。通常主要的补救方式是使用极细的美容砂纸或抛光机进行打磨，以达到"镜面"效果。

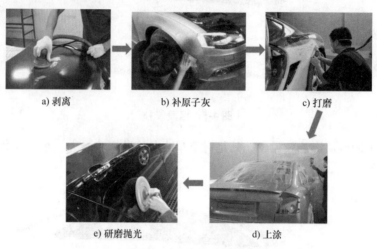

图 4-7 漆面修补过程

4.1.3 二手车涂装修复鉴定

1. 不良涂装种类

不良涂装是在修补涂装时，因作业条件等影响，在涂装完工后产生的差异性，是由喷涂前的底漆处理、喷涂的操作、涂料的状态、环境干燥条件、研磨、抛光等所引发的喷涂缺陷。不良涂装的种类有：附着力差、渗色、泛红、起泡、发白、起霜、粉化、龟裂、剥落、银粉起花、鱼眼、原子灰痕、颜色差异、干喷、落尘、咬起、桔皮、针孔、遮盖力差、流挂、锈蚀、砂纸痕、失光、皱缩等。

（1）附着力差

附着力差会引起涂层从底材上脱落（图4-8，见彩图）。有时这会影响油漆体系中的几个涂层。

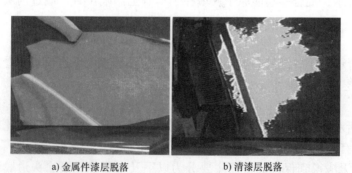

图 4-8 附着力差

附着力差形成的常见原因有：
① 选用了不适合的产品。

② 由于受污染，体系中的一个涂层不能有效地粘附。
③ 选用了不正确的催干剂或稀释剂、所用稀释剂干燥得太快。
④ 涂层过厚，过高或过低的喷涂温度，挥发时间不够。
⑤ 所喷涂的产品没有被正确稀释。

（2）渗色、泛红

渗色、泛红（图4-9，见彩图）是指刚喷涂的面漆出现局部变色。面漆吸收了来自下一涂层或底漆的颜料或灰尘。如果聚酯产品添加过多催干剂，我们也可发现此现象。

渗色、泛红形成的常见原因有：
① 与油漆不相溶的旧漆膜没有被完全去除。
② 聚酯产品中加入了过多的催干剂。
③ 聚酯产品与催干剂混合不充分。

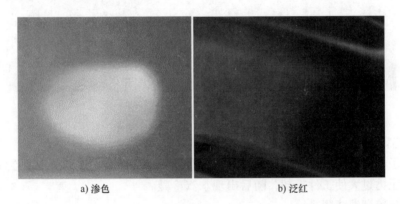

a) 渗色　　　　　　　　b) 泛红

图 4-9　渗色、泛红

（3）起泡

起泡是指涂层表面出现一些分散或集中的小隆起（图4-10，见彩图）。这些水泡一般在面漆下的某一涂层中产生。如果小心地弄破一些隆起，会发现水泡产生在哪一层。水泡是由于涂料下面有水汽而产生的。一般在汽车使用了一段时间后水汽或污物促使汽车漆膜往上隆起。

 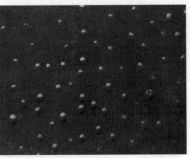

图 4-10　起泡

起泡形成的常见原因有：
① 漆中本身就含水泡。
② 除油后水汽在汽车上凝结。

③ 打磨水中的钙、盐沉积物仍残留在汽车上，并吸收水汽。
④ 聚酯原子灰经湿打磨处理或已吸收了空气中的水汽。
⑤ 选择了不合适的催干剂或稀释剂。
⑥ 压缩空气中含油或水。

（4）发白、起霜

新喷涂层出现发白/起霜如图 4-11 所示（见彩图）。自干型产品和双组分产品均可能出现这种现象。

图 4-11　发白、起霜

发白、起霜形成的常见原因有：
① 使用了干燥很快的稀释剂，使喷涂表面急剧冷却，导致水汽马上冷凝在湿涂层表面。
② 喷涂压力过大使工件冷却，随后出现水汽冷凝。
③ 工作环境潮湿或阴冷。
④ 已喷好的板子周围的空气流通速度过快。
⑤ 已喷好的板子在投入使用前干燥不完全，冷凝物侵入涂层。

（5）粉化

粉化（图 4-12，见彩图）指涂层表面出现粉末状涂层，这层粉末的颜色从紫红色（经常被以为是褐色）到深蓝色，有时例外呈褐红色。气候和使用年限都会影响粉化程度。

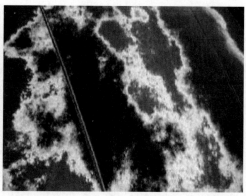

图 4-12　粉化

粉化形成的常见原因有：
① 催干剂或稀释剂加入量不当。
② 加入催干剂或稀释剂的类型不对。
③ 汽车没有经常清洗或清洗不够干净。
④ 选用的汽车清洁剂不合适或抛光蜡太粗。

（6）龟裂

经过一段时间，涂层表面大范围分布着非常细小的毛细裂纹，它们最终会发展成为裂纹，贯穿整个喷漆层，这就是龟裂（图4-13，见彩图）。

龟裂形成的常见原因有：
① 面漆喷涂在一个已经有裂纹的表面上。
② 双组分产品中加入了过多或过少的催干剂。
③ 单组分产品中加入了过多的稀释剂。
④ 底漆产品没有被充分搅拌。
⑤ 面漆下涂层太厚，面漆喷涂过厚。

图4-13　龟裂

（7）剥落

剥落是指一小块面漆从底材上脱落，有时下面的填料层也随之剥落，这个问题通常是由于碎石撞击引起的（图4-14，见彩图）。

剥落形成的常见原因有：
① 某涂层与底材的附着力太差或上涂层相对下涂层过于坚硬。
② 喷涂过多涂料。

a）剥落漆面断面　　　　　b）剥落漆面表面(碎石斑点)

图4-14　剥落

（8）银粉起花、日映

这种现象只出现于金属漆中，是新涂层局部出现轻微的颜色差异。在喷涂金属漆过程中或在喷涂之后，有明暗交替的点块（类似云状）或条纹状出现（图4-15，见彩图）。

a) 银粉起花　　　　　　　　b) 日映

图 4-15　银粉起花、日映

银粉起花、日映形成的常见原因有：
① 选用了不合适的催干剂或稀释剂。
② 稀释剂干燥速度太慢。
③ 面漆喷涂太厚，底漆喷涂太厚。
④ 挥发时间太短。
⑤ 在挥发时间过短或在压力过大的情况下进行雾喷。

(9) 鱼眼

鱼眼是指湿涂层表面出现点状分布的小坑洞（图 4-16，见彩图），形成火山口状的硅坑，在坑底有时可见底材。

图 4-16　鱼眼

鱼眼形成的常见原因有：
① 车辆除油不彻底。
② 除油时使用了脏布。
③ 压缩空气中含水或油。
④ 烤房被硅化物污染。

(10) 原子灰印

对车辆撞伤部位进行原子灰填补时，由于原子灰过厚、刮涂不平整等原因，产生原子灰印（图4-17，见彩图）。

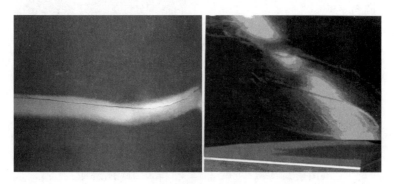

图4-17　原子灰印

原子灰印形成的常见原因有：
① 部分原子灰刮涂在旧漆膜上，打磨时在填充区周围形成不规则边缘。
② 原子灰刮涂不平整，边缘未经磨边。

（11）颜色差异

修补区的颜色与汽车原色不一致（图4-18），有时可以发现新喷涂层表面有浮色。
颜色差异形成的常见原因有：
① 催干剂或稀释剂使用不当。
② 喷涂黏度不合适。
③ 漆色与原车漆的色号不相符。
④ 没有对修补漆做微调。
⑤ 未严格按照配方混合。
⑥ 由于喷涂技术不规范，涂料遮盖不均。
⑦ 在调漆机上的色母搅拌不充分。

（12）干喷

干喷指喷涂后多余的油漆在新喷的表面上不再被吸收，干燥了的油漆粒子黏附于新漆膜上，形成一个沙粒状粗糙的表面（图4-19）。

图4-18　颜色差异

干喷形成的常见原因有：
① 所用稀释剂干燥速度太快。
② 由于涂料稀释不够，喷涂黏度过大。
③ 喷涂速度太快或喷涂距离太远。
④ 喷涂压力太大。
⑤ 喷嘴尺寸太小。

（13）落尘

灰尘颗粒落在湿涂层上，当涂料变干时，灰尘也随之嵌在漆膜中（图4-20）。
落尘形成的常见原因有：
① 喷涂时，灰尘从天窗、车轮拱罩或缝隙处飞起。

a) 干喷漆面断面　　　　　　b) 干喷外观

图 4-19　干喷

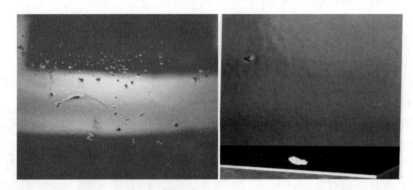

图 4-20　落尘

② 打磨粉尘滞留在表面。
③ 遮蔽纸的撕裂处有纤维落下。
④ 灰尘颗粒留在汽车表面。
⑤ 涂料受到污染。
⑥ 喷漆环境有灰尘。

(14) 咬起

喷涂时，底材被部分溶解，形成咬起（图 4-21，见彩图）。

咬起形成的常见原因有：

① 选用涂料与底材不匹配。
② 基底尚未完全干透或硬化。
③ 涂料喷涂过多。
④ 挥发时间太长，已挥发涂层被下一层涂料的溶剂溶解。
⑤ 在湿碰湿体系中，未经充分挥发后马上继续喷涂或者喷得太厚。
⑥ 烘烤温度太高或时间太长。

(15) 桔皮

新喷涂料流平性差，看起来很像桔子皮（图 4-22，见彩图）。

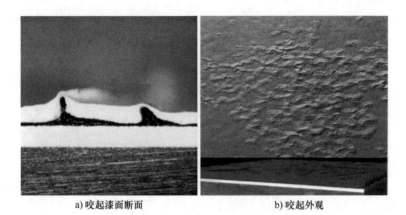

a) 咬起漆面断面　　　　　　　　b) 咬起外观

图 4-21　咬起

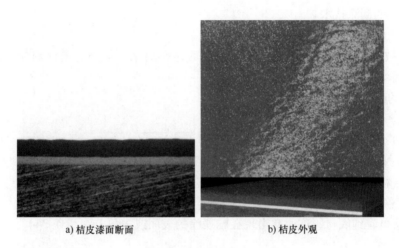

a) 桔皮漆面断面　　　　　　　　b) 桔皮外观

图 4-22　桔皮

桔皮形成的主要原因有：
① 涂料喷涂黏度太高。
② 稀释剂干燥速度太快。
③ 喷涂压力太高或太低。
④ 喷嘴尺寸太大。
⑤ 周围环境温度太高或太低，准备使用的涂料温度太低，在准备使用的涂料中加入了过多的防走珠水。

（16）针孔

在涂层表面出现直径大约为 0.5mm 的小孔洞（图 4-23），如果用针稍微扩大孔洞，可以看出孔洞是在哪一涂层上产生的。

针孔形成的常见原因有：

1）刮涂时有空气被包含在其中，打磨后使一些空洞显露出来，形成小孔洞，随后的涂料进入这些孔洞。以下原因会导致空气夹杂：

① 不正确的混合技术。

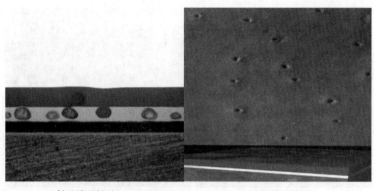

a) 针孔漆面断面　　　　　　　　b) 针孔外观

图 4-23　针孔

② 不正确的刮涂技术。

③ 原子灰已失效。

2) 空气被密封在原子灰内，空洞经打磨后显露出来，但随后的涂料未能填满这些孔洞。以下原因均会导致空气夹杂：

① 使用的喷嘴尺寸太大或太小。

② 所喷涂料太厚。

③ 超过了使用期限，涂料已固化，很难用于喷涂。

④ 挥发时间太短。人工干燥后，在涂层表面之下仍存有溶剂。打磨后，空洞出现，但随后喷涂的涂料未能填充这些孔洞。

（17）遮盖力差

透过面漆可看到底材，这通常出现在难喷涂的表面或边角上（图 4-24）。

图 4-24　遮盖力差

遮盖力差形成的常见原因有：

① 涂料预先搅拌不充分。

② 所喷涂层厚度不够。

③ 喷涂不均匀。

④ 忽略了挥发时间。

⑤ 新喷涂层在抛光时部分被磨掉。

（18）流挂

在一些涂层厚度不均匀的区域，主要是在垂直表面上，会出现流挂现象（图4-25）。局部区域的涂料堆积太多以至涂料在湿的时候就发生流挂。

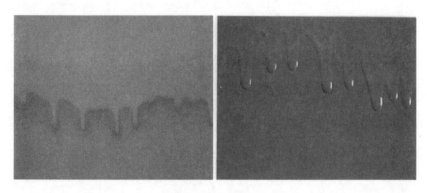

图4-25 流挂

流挂形成的常见原因有：
① 底材除油不彻底。因为涂料不能附着在底材上，所以开始流挂。
② 在该喷涂条件下，所选用的稀释剂干燥速度太慢。
③ 涂料中加入了太多稀释剂。
④ 喷涂距离太近或所喷涂料不均匀导致局部涂料堆积。
⑤ 涂层过厚。
⑥ 喷涂环境温度太低，稀释剂挥发太慢，涂料温度太低，车体温度太低。

（19）锈蚀

锈蚀是在小范围内突起，形状怪异或如水泡状（图4-26）。如果刺穿这些区域，我们可以发现在金属表面有锈和湿气。

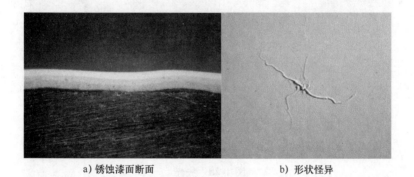

a) 锈蚀漆面断面　　　　　　　　b) 形状怪异

图4-26 锈蚀

锈蚀形成的常见原因有：
① 底材除油不彻底，所以防锈底漆或油漆体系与底材附着不良。
② 打磨（或喷砂处理）时，未能正确地除锈。
③ 合金底漆中加入的催干剂量太少。

④ 涂层厚度不够。

（20）砂纸痕

在漆膜上可发现细小的刮痕，大都出现在面漆上。该缺陷可能很快显露出来，也可能经过几周之后才发现。通常能辨认出打磨机或手工打磨垫的打磨形状（图4-27）。

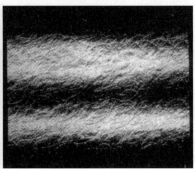

图 4-27 砂纸痕

砂纸痕形成的常见原因有：

① 对于随后的喷涂产品来说，所选的打磨砂纸太粗。
② 修补区域磨缘用的砂纸太粗糙。
③ 底漆或原子灰涂层在打磨前未能完全干透。
④ 打磨时砂粒或粗糙的灰尘粒子已导致刮痕。
⑤ 手工打磨时砂纸过粗引起刮痕。

（21）失光

新喷涂的油漆漆膜光泽度低（图4-28，见彩图）。

a) 正常漆面　　　　　　　　　b) 失光漆面

图 4-28 失光

失光形成的常见原因有：

① 湿涂层吸收了蜡或其他类似的污染物。
② 原子灰在打磨前未完全干透。
③ 打磨砂纸过粗。
④ 选用的稀释剂干燥速度太快。

⑤ 选用了与稀释剂不配套的催干剂。
⑥ 催干剂或稀释剂加入量不当。
⑦ 各组份混合方法不正确（双组份产品）。

（22）皱缩

皱缩是漆膜表面出现细小的波纹（图4-29）。

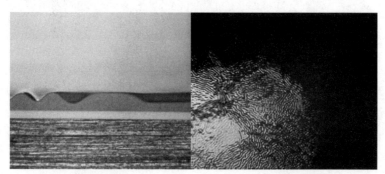

a) 皱缩漆面断面　　　　b) 皱缩外观

图4-29　皱缩

皱缩形成的常见原因有：
① 选用的催干剂或稀释剂不合适。
② 在不完全干燥的底材上喷涂。
③ 不遵照规定的挥发时间，涂层还未干透就继续喷涂。
④ 涂层太厚。

2. 涂装修复鉴定

原厂涂装设备完善，处理品质比一般的钣喷工厂好，因此能维持车辆的涂装漆面在一定的期间内应有的光泽及防锈效能。了解车辆喷漆是否为原厂漆，是判断车辆有无发生过事故的基础。所以，二手车车漆是否为原厂漆，常常成为选购者首先考量的重点。基本的判断方法是与其他钣金涂装表面比较。

（1）涂装修复检查要点

1）遮掩痕迹。进行喷涂作业前需要用遮蔽胶带、遮蔽纸进行必要的防护作业。喷涂作业完成拆除遮蔽物后，在非喷涂的部位上往往会留下一些未遮掩到的涂装痕迹（图4-30，见彩图）。这些痕迹若是在涂装后处理不佳，就会成为判断有无涂装修复的有力依据。

遮掩痕迹检查重点：车门、车窗胶条、灯罩边缘、车门防擦条、车门把手内侧、保险杠格栅等区域。

2）表面残留。一般的钣喷厂，因设备较不完善使用人工操作现象频繁，因此在进行涂装修复后，多少会存在不良涂装的问题。这些不良涂装，通常是指研磨抛光未能达到标准的地方。通过一些蛛丝马迹，会发现凡是进行不良涂装修复的车身，表面都会呈现非镜面的状态（图4-31，见彩图）。

通常情况下，如发现有表面残留区域，用手轻轻触摸会感觉到明显的粗糙感，表面不光滑。

3）钣金表面折角的光滑度。新车在制造厂的涂装采用的是全车沉浸及静电涂装方式，

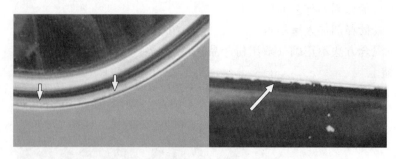

图 4-30 遮掩痕迹

因此即使是在钣金的折角处用手指触摸，也感觉得出光滑度。一般的钣喷厂没有此设备，故只能以人工喷涂，对于角落处抛光研磨不到位，所以容易产生粗糙的触感。

在用手检查折角光滑度（图 4-32）时，需要仔细确认钣金折角部位是否有损伤、缺失或脏污等问题，不要造成误判。

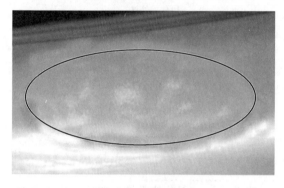

图 4-31 表面残留

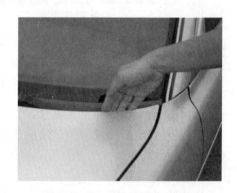

图 4-32 用手检查折角光滑度

4）涂装表面的脱落漆。涂装表面由于碰、划伤，导致漆面脱落，可通过漆面脱落程度判断是否有涂装修复现象（图 4-33）。通过脱落部位观察是否有原子灰或双层漆（面漆）现象。

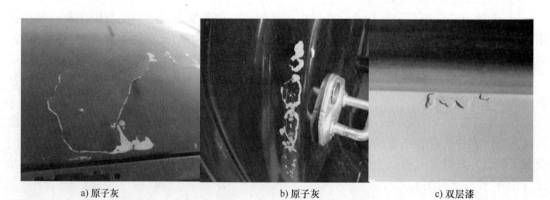

a) 原子灰　　　　b) 原子灰　　　　c) 双层漆

图 4-33 涂装表面脱落漆

(2) 涂装修复的主要检查部位

1) 前翼子板的补修痕迹。要检查在前翼子板的涂装修复后研磨施工困难的地方（图4-34）。

压床线（棱线）在有凹凸的地方，因研磨施工困难而残留有不良涂装。有部分车型为了防护飞石的撞击，防止涂装与钣金表面产生伤痕，而施以防撞漆。由于这些涂料是由有弹力的材质制成独特粗纹路的表面，可通过左右比较防撞漆表面来寻找补修痕迹（图4-35）。

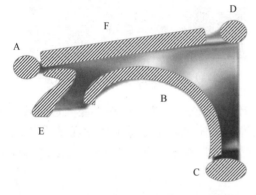 

图4-34 前翼子板涂装修复后研磨施工困难的地方　　图4-35 需注意翼子板的下端防撞漆有无遮掩痕迹

2) 车门的涂装修补。

① 发现修补原子灰的痕迹，或波浪纹时，和其他钣金涂装表面比较，是发现涂装修复的重点。

② 在研磨施工困难而形成的残留表面上可以发现涂装修复或补原子灰痕迹。图4-36所示是研磨施工困难的部位。如图4-37所示（见彩图），椭圆所标位置为饰条与压床线下研磨抛光无法到达的部位。如图4-38所示，椭圆中饰条周围有残留的遮掩痕迹。

 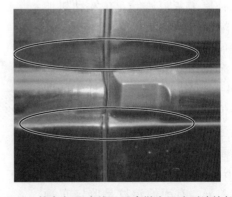

图4-36 车门研磨施工困难的部位　　图4-37 饰条与压床线下研磨抛光无法到达的部位

3) 后翼子板的修补痕迹。在后翼子板上以寻找波浪纹和研磨施工困难的地方为主。寻找的重点部位：后尾灯周边的角落（图4-39）、后下底大边、与压床线的凹陷部位。整体而言，补原子灰痕迹会经常出现，后下底大边内侧或是后窗框上要格外留意。

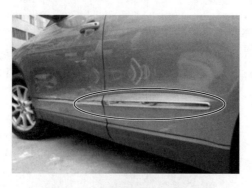
图4-38 饰条周围残留的遮掩痕迹

图4-39 后灯壳周边残留的遮掩痕迹

4）下底大边的修补痕迹。在鉴定前翼子板的修补痕迹时，防撞漆在下底大边可被发现（一部分车除外）。在下底大边，部分钣金的情况很多，不观看整体是无法发现修补痕迹的。即使是新车涂装，也有粗糙的地方，所以必须正确地判断新车状态与涂装修复的不同点（图4-40）。

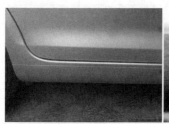
a）新车正常防撞漆

b）更换过后无防撞漆

c）整修过后的防撞漆

图4-40 下底大边防撞漆的鉴定

5）发动机舱盖的修补痕迹。基本的判断方法是和其他的钣金涂装表面比较、确认波浪纹及补原子灰痕迹等。在发动机舱盖前端的边缘附近、角落附近、风窗玻璃前侧边缘的中央部位，可以发现涂装修复表面研磨的残留状态（图4-41、图4-42）。如压床线的凹陷部位或装有架子时，在其周边都必须注意，可以发现有涂装修复残留表面。

图4-41 发动机舱盖涂装修复痕迹主要位置

6）车顶的修补痕迹。涂装表面存在差异、有无波浪纹是鉴定车顶有无涂装修复的重点。研磨较不容易到达的部位有：车顶的边缘、压床线的凹凸部位，这些部位会呈现涂装修复残留表面（图4-43、图4-44）。与后翼子板的接合部位也可以发现掩饰涂装的痕迹。在图4-43中标注A的部位容易有掩饰痕迹。

图 4-42　发动机舱盖前端周边涂装修复残留表面

图 4-43　车顶边缘涂装修复残留的主要位置

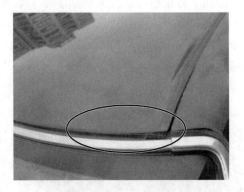

图 4-44　车顶边缘的遮掩痕迹

7）行李舱盖的修补痕迹。行李舱盖上的波浪纹、补原子灰痕迹、涂装修复表面的研磨残留部位是鉴定的重点。容易发现涂装修复表面的地方是在钣金整体的边缘，特别是在牌照及车体装饰的表面或角落附近（图4-45）。各式各样的由压床加工出的棱线或车体装饰品的安装部位难免会有涂装修复残留痕迹，这些痕迹很难修复。

8）保险杠的修补痕迹。波浪纹、补原子灰痕迹、涂装修复表面的研磨残留部位是鉴定的重点。涂装修复表面容易发生在钣金件整体的边缘，特别是在牌照及装置车体装饰的表面或角落。压床线和车体装饰品的安装部位也很难修复。

（3）漆面的色差判别

1）容易出现色差的车漆颜色。

金属漆：白色的金属漆是最难修补的，极容易产生色差，而全球范围内，有四分之一的车辆是白色的。白色的金属漆在修补业内俗称"两遍白"，稀释比例、喷涂方法，甚至喷枪走速，都会对颜色深浅有影响，其中一项出现小小的偏差，色差就会十分明

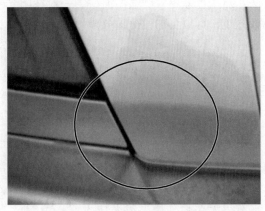

图 4-45　行李舱盖角落残留未抛光的表面

显。另外，白色是所有颜色中的底色，有一点杂质马上就能很清楚地看出来，这就对施工过程中的环境有极高的要求，不能有一点粉尘杂质。同时，修补漆是以原厂漆为样板，在白色底色漆的基础上，再添加适量金属云母（珍珠）调配，并不是纯正的白色。调漆时手一抖，多滴一滴进去，很有可能喷出来的颜色和原车完全不一样。所以，很多白色车修补时仍在使用普通漆，这出于两方面考虑：一方面是好修补；另一方面是调色简单，基本上看不大出来。

特殊品牌特殊色：这种颜色很难用具体的某种颜色来形容，例如马自达的一款叫魂动红的车漆（图4-46），看起来晶莹剔透，非常漂亮，跟通常的红不一样，很难叫得出色号，一旦刮擦，也很难修复。这种"魂动红"跟普通车漆的主要区别在于，此款颜色属于特殊三工序施涂工艺，所以颜色才能呈现如此耀眼夺目。也就是说在清漆里面加入红色颜料，看起来是一种晶莹剔透的红，其光泽度、平整性和遮瑕度都非常好，特别漂亮。为了增加艳度，清漆层添加了微量色母，大大增加了施工难度。

珠光漆：珠光漆是公认比较难修补的漆（图4-47），珠光漆无论什么颜色都很难修补，因为珠光漆里加入了云母粒，云母呈一片片的，很薄，反光的方向性会让人看起来有种色彩斑斓的感觉，很好看。可以想象一下鱼鳞，所有的鳞片都是朝一个方向的，整齐漂亮。修补时，云母的朝向和角度，想要跟原来一模一样，几乎不可能。

图4-46 马自达魂动红

图4-47 珠光漆

2）判别方法。漆面暴露在外，原漆和补漆的色泽是有差别的。从外观入手是最基本的方法。对于色差不太明显的油漆，一般在阳光下看是最容易发现问题的，另外，在阳光下使用偏光镜，可以更加便捷地分辨出来。

首先，可以从整体看，即在光线明亮的地方远离车辆5米左右，观察车身漆面是否有明显的明暗差异。很多车辆补漆之后都能通过这种方法看出来。图4-48中车漆为珍珠白，右前车门有过钣金喷漆经历，右前车门明显没有周边白、亮，色差十分明显。当然并不是所有车辆喷漆后都这么容易看出来，色差大小和喷漆工人的技术水平有很大关系，如果工人技术好，色差会小，但还是和原车漆略微有差距。

图4-48 右前车门有色差

然后，可以近距离观察，仔细观察它的反光，或者从不同的角度去看。例如查看一下车漆经常会受损的部位，如前后保险杠、四个车门等部位，查看这些部位的车漆颜色是否异常。在阳光下看漆里面有没有金色的粉末和彩色的小点，没有的话就是普通油漆，有的话就是珍珠漆或者金属漆。最常见的颜色如奔驰的耀岩黑（图4-49）和铜灰黑（图4-50），一般是分辨不出它的色差的，因为黑色看起来都一样，甚至在人们的潜意识中都不知道黑色也会有色差。那种比较难分辨的黑色油漆就只能用专业的角度来分析了。

图4-49　奔驰耀岩黑

图4-50　奔驰铜灰黑

一般的补漆通过这些观察方法都是可以观察出来的，但是也不能保证全部都能识别出来。对于专门做二手车翻新的专业人员来说，会把这些车收拾得像新车一样，这种情况下通过肉眼是很难识别的，需要借助漆膜厚度测试仪进行检测判断。

现在大多数轿车保险杠使用的都是塑料材质，也有使用玻璃钢、碳纤维等材质的。材质所造成的颜色差异在新车状态下就有，因此，色差不能作为判断保险杠是否涂装修复的依据。在车型的造型设计上，为了减小不同底材喷涂同种颜色后在视觉上的颜色差异，一般公司设计汽车时保险杠和车身的分界线通常采用水平或者垂直分界的方式，而采用斜线分界时斜线都比较短，长度一般不超过100mm。

（4）利用漆膜厚度测试仪的判断方法

漆膜厚度测试仪也称涂层测厚仪（图4-51），可无损地测量磁性金属基体（如钢、铁、合金和硬磁性钢等）上非磁性涂层的厚度（如铝、铬、铜、珐琅、橡胶、油漆等）及非磁性金属基体（如铜、铝、锌、锡等）上非导电覆层的厚度（如珐琅、橡胶、油漆、塑料等）。采用无损方法既不破坏覆层，也不破坏基材，检测速度快，能使大量的检测工作经济地进行。漆面厚度测量是汽车行业车辆评估、损伤检测、质量控制方面最重要的方法之一。车辆鉴定中漆膜厚度测试仪是必不可少的，漆膜厚度测试仪的作用是可以精确测定漆面厚度，根据其数据是否符合规

图4-51　漆膜厚度测试仪

定,判断是否进行过补漆。

1)检测标准。按照我国汽车行业标准中对于汽车油漆涂层的要求,车身漆面厚度不应低于55μm,而"中级轿车"的要求应最少为90μm,而"高级轿车"应达到120μm以上。如漆面厚度值太高,则说明有过钣金喷漆经历;如果漆面厚度值太低,则说明该部件有过更换经历。

例如,奥迪的漆面厚度一般在90~130μm,如果高于130μm,则说明有过喷漆经历;如果低于90μm,则说明有过更换经历。

2)检测方法。一般情况下,家用汽车是由13块板拼成的,即前保险杠,前发动机舱盖,左、右前翼子板,车顶,四个车门,左、右后翼叶子板,行李舱盖,后保险杠。使用漆面厚度测试仪分别对车身13个覆盖件,以及A、B、C柱进行漆膜厚度检测。检测方法为顺时针检测法和六点检测法,检测位置如图4-52所示。目前,漆膜厚度测试仪的操作均需要调零,即在特定的零板上调零,或在需要测量的原基材上调零。

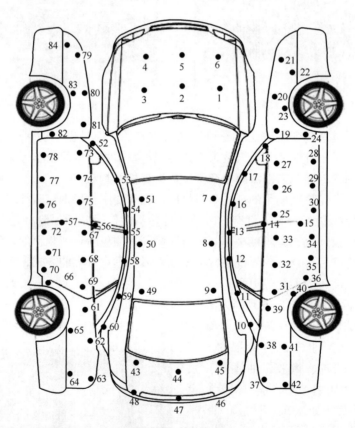

图4-52 检测位置

3)影响因素。

① 附着物质。漆膜厚度测试仪对那些妨碍测头与覆盖层表面紧密接触的附着物质敏感,因此,必须清除附着物质,以保证仪器测头和被测试件表面直接接触。

② 测头的取向。测头的放置方式对测量有影响。在测量中,应当使测头与被测试件表面保持垂直。

4.2 车辆钣金修复鉴定

4.2.1 新车焊装工艺

焊接是一种应用广泛的永久性连接方法。汽车车身壳体是一个复杂的结构件，它由百余种甚至数百种（例如轿车）薄板冲压件经焊接、铆接、机械联结及粘接等方法联结而成。由于车身冲压件的材料大都是具有良好焊接性能的低碳钢，所以焊接是现代车身制造中应用最广泛的联结方式。

汽车制造中应用最多的焊接工艺是电阻点焊，一般来说，增加点焊数量、减少弧焊长度是提高车身制造质量的基本方法之一。

电阻点焊已经成为汽车制造工业中的主要连接工艺方法，在汽车制造工业中发挥着不可替代的重要作用。汽车车身焊装包括车身底板、侧围、车架、车顶、车门等部分，在焊接过程中大量采用电阻点焊工艺。无独立车架的承载式全焊接结构，是由20多个大总成、数百种薄板冲压件经焊接而成的复杂结构件，其焊接方法有电阻点焊、混合气体保护焊、螺柱焊等，主要采用电阻点焊方式。一般情况下，白车身上电阻焊焊点多达几千个。如奥迪Q3大约有4400个焊点，几乎遍及每一个总成。一辆轿车的车身上一般有3500~5000个焊点，可以说，整体式汽车车身是一个典型的点焊结构件。目前汽车维修行业中也开始使用电阻点焊，例如一些使用高强度、超高强度钢的部件，使用电阻点焊可以有效防止气体保护焊的热量会破坏其内部结构，保证设计强度。

电阻点焊是将工件装配成搭接接头，并压紧在两电极之间，利用电阻热熔化母材金属，形成焊点的电阻焊方法。在进行电阻点焊时两工件接触面处电阻大，发出的热量使该处温度急速升高，将该处金属熔化形成熔核。断电后，继续保持或稍加大压力，使熔核在压力下凝固，形成组织致密的焊点。

电阻点焊的优点：

1) 熔核形成时，始终被塑性环包围，熔化金属与空气隔绝，冶金过程简单。
2) 加热时间短，热量集中，故热影响区小，变形与应力也小，通常在焊后不必安排校正和热处理工序。
3) 不需要焊丝、焊条等填充金属，以及氧、乙炔、氢等焊接材料，焊接成本低。
4) 操作简单，易于实现机械化和自动化。
5) 生产效率高，且无噪声及有害气体，在大批量生产中，可以和其他制造工序一起编到组装线上。

4.2.2 汽车钣金修复方法

汽车钣金修复是指汽车发生碰撞后要对车身进行修复，即除对车身进行防腐和装饰的喷涂工作外其余的所有工作。如汽车车身损伤分析，汽车车身测量，汽车车身钣金整形、拉伸校正，去应力焊接，以及汽车车身附件装配、调整等工作。简而言之，汽车钣金修复就是对出现故障和损坏的车体进行完全的修复。

维修人员不但要了解车身的技术参数和外形尺寸，更要掌握车身材料特性、受力的传递路径、车身变形趋势和受力点以及车身的生产工艺（如焊接工艺）等。在掌握这些知识的基础上，维修人员还要借助先进的测量工具，通过精准的车身三维测量判断车身受损变形情况，以及因车身变形存在的隐患，制订出完整的车身修复方案，然后配合正确的维修工艺与准确的车身各关键点的三维尺寸数据，将车身各关键点恢复到原有的位置，将受损车身恢复到出厂时的状态。

钣金工作主要流程：

1）部件拆解，将有可能涉及的，或是将进行喷漆工作的部位所有钣金件拆下。

2）车体修复，将因撞击或翻转造成的铁板凹陷、梁架弯曲、尺寸位移等受损部件进行更换、拉伸、焊接等修复。

3）钣金件修复，将所有破损的应修复钣金件进行粘接、焊接等外观及尺寸复原。

4）部件安装，喷漆后将所有钣金件进行安装和固定，并对全部活动钣金部进行测试。

1. 焊接修复

焊接修复常见方法是二氧化碳气体保护焊。

二氧化碳气体保护焊主要用于焊接低碳钢和强度等级不高的低合金结构钢。其工作原理是：在焊接点，焊丝接触到工件表面的瞬间产生短路，引发电弧；电弧加热焊丝和焊接点，随着热量的增加，焊丝开始熔化变细，然后产生颈缩，被烧穿，滴落在工件表面形成熔池并产生电弧；电弧使熔池变平并烧掉焊丝，这时焊丝与工作面的间隙变大，电弧熄灭，形成开路。一旦电弧熄灭，熔池就会冷却、变平。焊丝继续从焊枪中进给接触工件表面，重复上述过程。

这种加热和冷却的循环过程都是自动完成的，频率为 50~200 次/s。二氧化碳气体经喷嘴喷出，包围电弧和熔池，起着隔离空气和保护焊接金属的作用。同时二氧化碳气体还参与冶金反应，在高温下的氧化性有助于减少焊缝中的氢。目前汽车维修行业中常用二氧化碳气体保护焊进行维修作业。与其他电弧焊相比，其生产率高、操作性能好、焊接质量高，可实施全姿势焊接，对铁锈的敏感性小而且成本较低。

二氧化碳气体保护焊的优点：

1）焊接成本低。其成本只有埋弧焊、焊条电弧焊的 40%~50%。

2）生产效率高。其生产效率是焊条电弧焊的 1~4 倍。

3）操作简便。明弧，对工件厚度不限，可进行全位置焊接而且可以向下焊接。

4）焊缝抗裂性能高。焊缝低氢且含氮量也较少。

5）焊后变形较小。角变形为 0.5%，不平度只有 0.3%。

6）焊接飞溅小。当采用超低碳合金焊丝或药芯焊丝，或在 CO_2 中加入 Ar，都可以降低焊接飞溅。

二氧化碳气体保护焊的缺点：烟雾较多，弧光较强，很难用交流电源焊接，焊接设备比较复杂。

2. 凹陷修复

钣金凹陷修复就是将汽车金属外壳变形部分进行修复，如车体外壳被撞个坑，就可以通过钣金使之恢复原样，然后再通过喷涂专用漆，使变形的汽车金属表面恢复到与其他完好的地方一样，光亮如初。车身覆盖件的维修重点主要是板件尺寸及平面度，较小的变形通常采用整形的方法来维修。变形范围较大或变形程度严重，甚至是特殊材料制造的板件，一般不进行修复而采取更换的方法维修。

(1) 钣金件损坏的类型

钣金件损坏的类型包括直接损坏和间接损坏。

1) 直接损坏：直接损坏是指引起碰撞的物体与金属板上受到损坏的部位直接接触而造成的损坏，也就是碰撞点部位的损坏，图4-53所示区域即为直接损坏位置。直接损坏通常以断裂、擦伤或划痕的形式出现，用眼睛即可看到。在所有的损坏中，直接损坏通常只占10%~15%。但是，如果碰撞产生了一条很长的擦伤或折痕，它将在损坏中占80%。可以对严重的直接损坏进行修理，但现在的车身上使用的金属件太薄，难以重新加工，校正修理需花费很多时间。直接损坏部位的修复通常需要使用塑料填充剂（腻子），有时还需要使用铅性填充剂（为了使铅性填充剂与钢板接合得更好，需要在操作中使用酸腐蚀，而酸腐蚀会使金属板产生损害，一般不推荐使用），在填充的过程中，直接损坏也得到了修复。

2) 间接损坏：间接损坏是由直接损坏引起的，图4-54所示区域即为间接损坏位置。各种构件所受到的间接损坏基本相同，它会产生同样的弯曲、同样的压缩。

图4-53 直接损坏位置

图4-54 间接损坏位置

(2) 修复方法

钣金修复应遵循的基本原则：

1) 修复变形量大的直接损坏，减少直接损坏对周边的影响。如直接损坏变形量不大，且变形区对周边板件影响较小，应由外向内先修复间接损坏区域，再修复直接损坏区域。

2) 修复原有加工硬化区域产生的新的变形，再修复一般平整区域产生的变形。

3) 修复塑性变形部分，相关弹性变形会随之消失。

4) 先整体大致修复，再逐步做精确修复。

修复作业的方法主要有六种：拉伸修理法、敲平修理法、撬顶修理法、加热收缩法、更换法、介子机修复法。

1) 拉伸修理法。采用拉出装置将凹陷拉出，也是常用的凹陷整形方法之一（图4-55）。目前钣金修复所使用的拉伸法可以分为以下

图4-55 拉伸修理法

几种：

① 手拉拔器拉拔。即使用手拉拔器拉拔焊接垫圈，然后用手锤敲击钢板凸起部位。此方法用于修理小的凹陷部位，利用滑动锤的冲击力拉出焊接的垫圈来修理凹陷。该方法用作粗拉拔和在钢板强度高的部位修理凹陷。

② 拉塔拉拔。此方法用于修理大的凹陷，将众多的垫圈焊接于钢板上，并且用较大的力量将垫圈一起拉出。

③ 用有焊接极头的滑动锤拉拔。此种工具为一种包含有焊接极头的滑动锤，极头可焊接于钢板上，并将钢板拉出。使用此工具时，必须将焊接机的正极头接于滑动锤后侧。

2）敲平修理法。对小范围的局部凸起、凹陷可采用敲平法修理。单一、小和浅的凸痕及凹痕，使用敲平法使金属产生延展变形而恢复到原来的形状。

3）撬顶修理法。用修平刀（或匙形板）、尖头工具（如各种撬镐）撬顶凹陷部位，使凹陷逐渐恢复原来的形状（图4-56）。根据车辆变形部位和变形程度，利用有效空间，借助邻近部件支撑，以杠杆原理进行整形修复。应用此法，车身不需解体，因而保持了原车安装质量，并提高了工作效率，但使用范围受到限制。越野车后轮胎罩外缘凹陷，可以借助轮胎的支撑作用，在撬杠下放一木块衬垫，将凹陷部分初步撬起，再用锤子、垫铁将折痕和凹凸不平处敲平。

4）加热收缩法。对钣金凹陷处中点局部快速加热，温度升高过程中以加热点为中心钢板向周围膨胀，对周边产生压应力（图4-57）。为了使变形的部件恢复到原来的形状，需想办法使伸展的部分收缩，收缩整形工艺过程如下：

图 4-56　撬顶修理法

图 4-57　加热收缩法

① 利用焊机火焰将伸张中心加热至缨红色，但注意不要将板料熔化或烧穿。

② 加热后急速敲击红晕区域的四周，并逐渐向加热点的中心收缩，迫使金属组织收缩。

③ 如果只收缩一处不能达到整形的目的，可采用同样的方法多点收缩，并伴随每次加热收缩，都进行敲平校正。

④ 轻度伸张时，加热后可不需敲击，只用棉纱蘸凉水冷却，或由其自然冷却。

5）更换法。整体式车身的高强度钢板区域的钣金件受损后必须更换，绝对不允许用加热办法来矫直高强度钢板。这些钣金件受损，必须切除更换。

6）介子机修复法。许多车身板件由于受到焊接在一起的内部板件和车窗等结构的限制而难以触及其内部，无法利用现成的孔洞使用撬镐撬起，或是因为损伤比较轻微且只局限于金属外板，内部没有损坏，如果按照传统的修复工艺去拆卸内板或拆卸相关构件对车身外板凹陷进行修复，对于车身修复来讲会加大工作量。车身维修中还使用另一种方法，将凹陷的金属用拉拔的方法抬高或在拉拔的同时，用钣金锤对高点进行敲击，这种方法有些类似于锤子和顶铁的偏托敲击法。

现在有很多车身维修设备制造厂商专门针对车身板件的拉拔操作设计、开发、制造了多功能的车身整形机，俗称介子机（图4-58）。目前汽车维修行业中广泛应用汽车钣金介子机对车身进行凹陷修复。

介子机通过内部的变压器将交流电转换成5～8V的低电压高电流的直流电。主机上有两条输出电缆，一条连接焊枪，为焊枪电缆；另一条连接搭铁夹，为搭铁电缆。在工作时，两条电缆形成一个回路。把搭铁夹连接到车身板件上，焊枪通过介子把电流导通到板件凹陷处，由于电源电流流经变压器后，电流值已达到1000～2300A，这时介子与车身板件接触处会产生很大的电阻热，这一热量足以迫使该点板材及介子熔化，使二者互相渗透，从而将介子熔植焊接在车身板材凹陷处，然后利用拉拽工具勾住介子将凹陷处拉出。

介子机修复操作步骤如下。

① 清洗，如图4-59所示。清洗需要修复的板件，为下一步工作打下良好的基础。

图4-58 介子机

图4-59 清洗

② 判断损伤。修复时应首先具体研究损伤，确定最初发生碰撞的位置和方向。判断损伤的方法是"一看、二摸、三对比"，即45°目光观察法（图4-60）、触摸感应法（图4-61）、对比法（图4-62）。

③ 打磨。磨除表面旧漆膜，即用打磨机磨除损坏区域的涂层。推荐使用单作用打磨机、60号砂纸，如图4-63所示。

④ 选择合适的焊接方式。垫片修复法（图4-64）主要修复大面积损伤和一些线条形损伤，直接点焊式修复法（图4-65）主要修复小面积损伤和凹陷较浅的损伤。

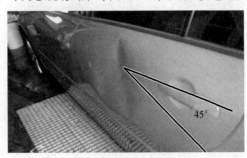

图4-60 目光观察

图 4-61　触摸感应

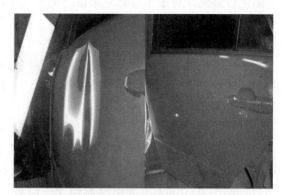

图 4-62　对比校正

图 4-63　单作用打磨机

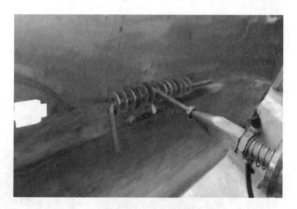

图 4-64　垫片修复法

⑤ 调整车身整形机的参数。在进行作业之前，根据板件厚度选择合适的电流及焊接时间（图 4-66）。

图 4-65　直接点焊式修复法

图 4-66　选择合适的电流及焊接时间操作面板

⑥ 焊接介子。垫片修复法，介子与介子之间的距离应保持在 1cm 左右，距离可用游标卡尺测量（图 4-67）；直接点焊式修复法，介子应焊接在凹陷的最低处（图 4-68）。

⑦ 拉拔，如图 4-69、图 4-70 所示。

图 4-67　介子与介子之间的距离应保持在 1cm 左右

图 4-68　介子应焊接在凹陷的最低处

图 4-69　垫片修复法拉拔

图 4-70　直接点焊式修复法拉拔

⑧ 取下介子。采用垫片修复法取下介子，如图 4-71 所示；或直接点焊式修复法取下介子，如图 4-72 所示。

图 4-71　垫片修复法取下介子

图 4-72　直接点焊式修复法取下介子

⑨ 涂装前的检查。除了 45°目光观察法、触摸感应法、对比法这三种方法之外，一般在修复完成之后，还需用指压法（图 4-73）检查修复的部件硬度是否合格。

需要说明的是，采用拉拽方法修整的表面没有用锤子和顶铁修整的表面那样光滑，必须

图4-73 指压法

填充原子灰进行表面修整，有时还要用收火的方法对额外延展的金属进行收缩。

4.3 车身缝隙鉴定

汽车下线时，覆盖件间的缝隙是均匀分布而且是一致的，如此也使得车辆整体流畅、美观。

检查车身是否发生过碰撞，可观察车身各部分的周正情况、对称情况，特别观察车身各接缝。如果车辆有过事故受过撞击，那么板块间的缝隙就会出现褶皱甚至断裂，而且这种情况下想要完全复原基本是不可能的。

1. 车身缝隙鉴定方法

车身缝隙鉴定方法有观察法、手摸法、量具测量法。

（1）观察法

观察法是指站在车辆远处查看缝隙是否出现不直，缝隙有皱痕，缝隙大小不一、线条弯曲，装饰条有脱落或新旧不一，腰线明显不协调、不够连贯自然等情况，如有，则可判定该车有过碰撞或剐蹭。

（2）手摸法

手摸法是检查车辆平整度最常用的方法。食指靠近大拇指的一侧比较平整，且触觉丰富，用来测试两个相连接的面是否平整，沿着装配间隙摸一遍，查看是否存在高度差，如图4-74所示。如果存在明显高度差，说明部件很有可能修复过。

（3）量具测量法

量具测量法是指用星形塑料塞尺测量钣金件间的缝隙，以此判断间隙的大小及均匀性。该量具外观像"星"，材料为塑料，故得名星形塑料塞尺（图4-75），主要用于汽车工业间隙测量，车厂质检

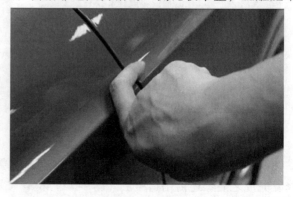

图4-74 手摸法

就是用星形塑料塞尺进行缝隙测量。塞尺上面的数字是塞尺的厚度，一个角上有两个厚度，相差 0.5mm。测量方法很简单，只需要把塞尺塞进间隙中，垂直于被测间隙自然塞入，能塞进去的最厚的厚度就是间隙值（单位为 mm）。为提高测量精度，同时检验缝隙的均匀度，原则上每条缝隙选两段加中间，一共三个测量点，如图 4-76 所示，尽量客观地反映车辆整体的缝隙水平。紧凑型轿车的平均间隙一般都小于 5mm。平均间隙越小越好，平均间隙为整辆汽车所有测量数据的平均值，该值越小，说明车身钣金件的设计、制造精度越高，整车的制造工艺水平也越高。间隙越均匀越好，用间隙差值（为同一部件各位置最大间隙与最小间隙的差值）来评价间隙的均匀度，间隙差值越小，说明缝隙越均匀，缝隙的均匀度可以反映制造过程中模具的精度和装配精度等。

图 4-75　星形塑料塞尺

图 4-76　星形塑料塞尺使用方法

2. 保险杠缝隙鉴定

前后保险杠主要查看是否更换过，前后保险杠的材质一般是塑料，如果发生过严重撞击，一般是需要更换的。查看是否有更换痕迹主要通过观察前后保险杠接缝处是否整齐，如果接缝过大，很有可能更换过，不是原厂件。

检查前保险杠与进气格栅、前照灯、翼子板、前发动机舱盖之间的缝隙是否平直、均匀一致、有皱痕等。对比前保险杠与两侧前照灯、两前翼子板之间的缝隙是否均匀对称。如图 4-77 所示，前保险杠与左前翼子板出现错位。如图 4-78 所示，前保险杠与右前翼子板和右前照灯的间隙不均匀一致。

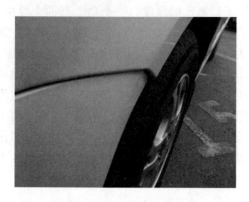

图 4-77 前保险杠与左前翼子板出现错位

图 4-78 前保险杠与右前翼子板和右前照灯间缝隙不均匀一致

同样，检查后保险杠与行李舱、尾灯、后翼子板之间的缝隙是否平直、均匀一致、有无皱痕等。对比后保险杠与尾灯、两后翼子板之间的缝隙是否均匀、对称。

3. 前翼子板缝隙鉴定

检查两侧前翼子板与发动机舱盖、前保险杠、前照灯之间的接缝是否平直、均匀一致、有无皱痕、线条是否弯曲等，对比左右前翼子板缝隙是否对称一致。如图4-79所示，右前翼子板与右前照灯的缝隙较大且与前保险杠之间出现错位。如图4-80所示，左右前翼子板与前保险杠间缝隙不对称，其中左侧缝隙较大且不均匀一致。

4. 车门缝隙鉴定

查看两侧车门边缘的缝隙是否平直、均匀一致、有无皱痕、线条是否弯曲，对比左右车门缝隙是否对称一致。如图4-81所示，左右车门缝隙不一致，这通常说明门被拆装过，门的缝隙问题主要是装配时的误差造成的。分别蹲在车辆左前方和右前方查看腰线是否连贯自然。

图 4-79 右前翼子板与右前照灯的缝隙较大且与前保险杠之间出现错位

5. 前发动机舱盖缝隙鉴定

检查前发动机舱盖与前照灯、前翼子板、进气格栅、保险杠之间的缝隙是否平直、均匀一致、有无皱痕、线条是否弯曲。对比发动机舱盖左右对称位置的缝隙是否一致，如

图 4-80 左右前翼子板与前保险杠间缝隙不对称

图 4-81 左右车门缝隙不一致

图 4-82 所示,前发动机舱盖左右对称位置的缝隙不一致,左侧与前照灯、前保险杠间的缝隙偏大。以手指触摸发动机舱盖边缘,应感觉自然平直、滑顺不粗糙、一体成型。

图 4-82 前发动机舱盖左右对称位置的缝隙不一致

6. 行李舱缝隙鉴定

检查行李舱盖与尾灯、两侧后翼子板之间的缝隙是否平直、均匀一致、有无皱痕、线条是否弯曲。对比行李舱盖左右对称位置的缝隙是否一致,如图 4-83 所示,行李舱盖与右后尾灯、右后翼子板之间的缝隙偏大且不均匀一致。以手指触摸行李舱盖边缘,应感觉自然平直、滑顺不粗糙、一体成型。

图 4-83 行李舱盖与右后尾灯、右后翼子板之间的缝隙偏大且不均匀一致

4.4 胶线鉴定

随着汽车制造技术的发展及其不断提高的性能要求，黏合剂、密封胶作为汽车生产所必需的一类重要辅助材料，应用越来越广泛。粘接技术在汽车制造上的应用，不仅可以起到增强汽车结构、紧固防锈、隔热减振和内外装饰的作用，还能代替某些部件的焊接、铆接等传统工艺，实现相同或不同材料之间的连接，简化生产工序，优化产品结构。在汽车向轻量化、高速节能、延长寿命和提高性能发展方向的道路上，黏合剂、密封胶发挥着越来越重要的作用。

车身上应用的黏合剂、密封胶主要有折边胶黏合剂、点焊密封胶、减振胶、焊缝密封胶、防石击涂料、指压胶、内饰胶、风窗玻璃胶、丁基密封胶、厌氧胶、硅酮密封胶等。按照汽车制造工艺划分，车身用胶主要分为三大类：焊接工艺用胶、涂装工艺用胶、总装工艺用胶。

为了防止生锈及保护车身钢板，在水容易渗透的铁板接缝处涂抹封胶，以及在车辆底部和轮室内侧喷涂一层厚厚的防石击涂料。当车辆受撞击变形时，有些点焊接合处会有撕裂现象或更换一些零件后必须在车身某些接合处涂敷车身密封胶，如车门、发动机舱盖等。

原厂焊缝密封胶的特点：封胶形状均匀、线条笔直流畅、材质具有弹性。在水容易渗透的铁板接缝处，安装后涂抹密封胶。将钣金工厂涂抹的密封胶和原厂密封胶相比较，钣金工厂涂抹的密封胶形状不均匀而且柔软。各部位的接合处若是后涂的密封胶，则有很大可能是更换过的。

1. 发动机舱盖胶线鉴定

前发动机舱盖的密封条和密封胶是发动机舱最前沿的部分，横跨整个前发动机舱盖，比较长也比较脆弱，一旦有过撞击会造成变形，修复起来会留下明显的敲击痕迹。

检查发动机舱盖的线条是否顺畅、有没有变形。看密封胶是否整体平整、有没有变形。查看发动机舱盖上的胶条是否老化或变形。图4-84a所示为原厂封胶，图4-84b所示为修复后状态，原厂密封胶形状均匀、流畅，修复密封胶形状粗糙不均匀，且用手按时较柔软。

a) 发动机舱盖新车密封胶　　b) 发动机舱盖密封胶修复后状态

图4-84　发动机舱盖密封胶

在检查发动机舱盖密封胶时，还需检查发动机舱盖隔音棉有无拆装的痕迹、发动机舱盖内衬板和外板之间的减振胶有无开裂、发动机舱盖上的原厂标识是否完整等。

需要注意的是，铝质的车身结构件以及车身覆盖件原厂状态下一般都不会涂抹密封胶，因为铝质不会出现锈蚀情况。

2. 减振器安装座胶线鉴定

减振器安装座又叫旋子、轮旋、旋儿、减振包等，是悬架系统塔顶和车架连接的地方，旋子修复后会破坏原厂胶线且不能恢复到原有状态。即使是原厂的旋子胶线也会涂抹不规则，这时需要同时对比四个旋子胶线的状态及新旧程度，以此判断旋子有无修复，另外按压胶线看是否有弹性。图4-85所示为原厂旋子，胶线正常。

3. 车门胶线鉴定

原厂车门密封胶是在电泳结束后，涂装前完成的一道工艺。因此，通常情况下更换过的车门没有密封胶。如在检查车门时发现某扇车门边缘没有密封胶，那么基本可以判定此车门有过更换的经历。如果车门胶线不均匀流畅，没有弹性，说明进行过修复，图4-86a所示为原厂胶线，图4-86b所示为修复后胶线。

图4-85　原厂旋子

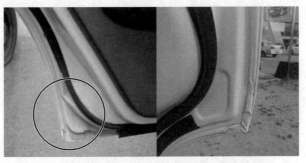

a) 车门原厂胶线　　　　b) 车门修复胶线

图4-86　车门胶线

4. 行李舱胶线鉴定

行李舱的边缘会涂抹一圈胶线，检查时需要查看边缘胶线是否整体均匀平整、有无弹性、有没有变形，图4-87所示为原厂胶线。如果胶线有修复痕迹，一般说明行李舱因发生

图4-87　行李舱原厂胶线

过碰撞而进行过钣金修复。

4.5 车身玻璃鉴定

1. 车身玻璃标志及其含义

国产汽车玻璃上的标志可分为五大类（图4-88、图4-89）：国家安全认证标志、国外认证标志、汽车生产厂标志、玻璃生产企业标志、其他。

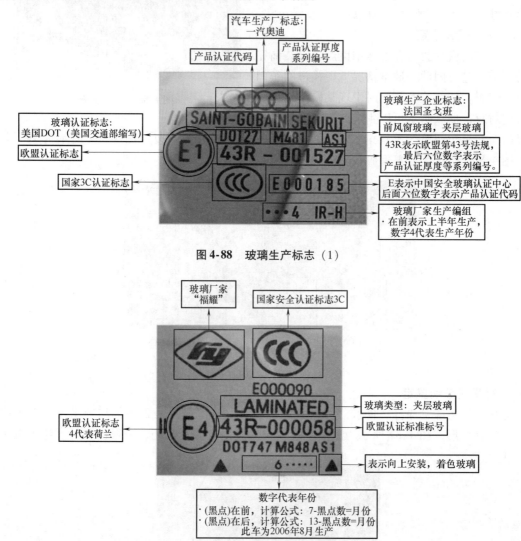

图4-88 玻璃生产标志（1）

图4-89 玻璃生产标志（2）

（1）国家安全认证标志

CCC 为我国 3C 强制性认证标志。汽车用安全玻璃属国家强制认证产品，所以汽车上的每块玻璃都应有国家安全认证标志，也就是俗称的"方圆标志"，这是汽车玻璃上最常见也是最重要的标志。E+6 位数字中的 E 表示中国安全玻璃认证中心，后面 6 位数字表示产品工厂认证代码，见表4-1。

表 4-1 我国安全玻璃认证中心的产品工厂认证代码

6位数字	厂家	6位数字	厂家
000001	福耀玻璃工业集团股份有限公司	000009	桂林皮尔金顿安全玻璃有限公司
000002	上海耀皮康桥汽车玻璃有限公司	000011	旭硝子汽车玻璃（中国）有限公司
000003	浙江昌盛玻璃有限公司	000012	天津三联工业技术玻璃有限责任公司
000004	常州工业技术玻璃有限公司	000013	杭州安全玻璃有限公司
000005	河南省荥阳北邙汽车玻璃总厂	000015	烟台意华汽车玻璃有限公司
000006	无锡市新惠玻璃制品有限责任公司	000016	洛玻集团洛阳加工玻璃有限公司
000007	广东伦教汽车玻璃有限公司	000017	荥阳北邙安全玻璃有限公司
000008	日本旭硝子在韩国成立的汽车安全玻璃合作公司		

（2）国外认证标志

国外认证标志如美国的 DOT 标志、ECE 的 E 标志等，表示该产品也经过了这些国外认证机构的认证许可，并可以向国外出口。当然，有的企业获得国外认证仅仅是为说明其产品的质量具有"国际水准"。

1）DOT（United Stated Department of Transportation）表示美国交通部的安全认证，右面的数字是获得认证的工厂代码，见表 4-2。根据 DOT 要求，出口美国的交通车辆（轿车、货车、拖车、客车、摩托车等）及其零部件（制动软管、制动液、灯具、轮胎、安全带、座椅、头盔、三角警告牌等）必须到美国交通部进行注册审核，方可进入其市场。DOT + 工厂代码后边跟的是美国交通部 DOT 认证代码以及玻璃分类代码，其中 AS 是美国标准"Sootvetstvie"的简写，AS1 代表的是这块玻璃的透光率不小于 70%，即"清楚的玻璃""可用于前风窗玻璃"；AS2 代表光线传输率不小于 70% 的玻璃，但它的可用范围是"可用于除前风窗玻璃之外的任何部位"。

表 4-2 美国交通部安全认证的产品工厂认证代码

数字	厂家	数字	厂家
20	旭硝子有限公司（日本东京）	614	长春 PILKINGTON 安全玻璃
37-SEKURIT	圣戈班意大利有限公司	625	武汉耀华皮尔金顿安全玻璃有限公司
43-PPG	工业公司玻璃（法国）	628	河北通用玻璃有限公司
47	皮尔金顿公司（芬兰）	637	东莞 KONGWAN 汽车玻璃有限公司
233	皮尔金顿汽车（波兰）	640	洛阳玻璃股份有限公司
328	皮尔金顿玻璃（津巴布韦）有限公司	657	扬州唐成安全玻璃
460	珠海 SINGYES 汽车安全玻璃厂	721	常州洪协安全玻璃有限公司
473	桂林 PILKINGTON 安全玻璃有限公司	742	山西交城玻璃工业公司有限公司
477	秦皇岛海燕安全玻璃有限公司	747	福耀上海有限公司
478	常州工业技术玻璃厂	750-XYG	（香港）有限公司元朗工业香港新界
481	上海 FUHUA 玻璃有限公司	772	圣戈班（上海）有限公司
586	厦门 XINQYUN 汽车玻璃有限公司	782	福耀长春有限公司
603	福建万达方汽车		

2）JIS 的圆圈标识是日本认证标志。JIS 是日本工业标准（Japanese Industrial Standards）的英文简称，由日本工业标准调查会组织制定和审议，是日本国家级标准中最重要、最权威的标准。

3）E+国家代码的圆圈标识则为欧洲经济委员会（Economic Commission of Europe，ECE）的认证符号，目前 ECE 包括欧洲 28 个国家，除欧盟成员国外，还包括东欧、南欧等非欧盟国家。ECE 认证的发证国家见表 4-3。

表 4-3　ECE 认证的发证国家

1	2	3	4	5	6	7	8	9	10	11
德国	法国	意大利	荷兰	瑞典	比利时	匈牙利	捷克	西班牙	南斯拉夫	英国
12	13	14	16	17	18	19	20	21	22	23
奥地利	卢森堡	瑞士	挪威	芬兰	丹麦	罗马尼亚	波兰	葡萄牙	俄罗斯	希腊
25	26	27	28	29	31	37	42	43		
克罗地亚	斯洛文尼亚	斯洛伐克	白俄罗斯	爱沙尼亚	波黑	土耳其	欧洲共同体	日本		

（3）汽车生产厂标志

一般而言，玻璃生产厂会应汽车生产厂的要求在玻璃上印制该汽车生产厂家标志，如商标、公司名称等。

（4）玻璃生产企业标志

玻璃生产企业会在自己生产的玻璃上印制商标或公司简称。汽车玻璃的主要生产厂商见表 4-4。

表 4-4　汽车玻璃主要生产厂商

国家或地区	主要玻璃生产厂商
美国	PPG、SAFEGUARD（加迪安）、CARLITE
欧洲	PILKINGTON（英国皮尔金顿）、SIGLA、SEKURIT（SAINT-GOBAIN）（法国圣戈班）、SPLINTEX
中国	FY（福建耀华）、XYG（深圳信义）、CSG（深圳南波）
日本	ASAHI（旭硝子）、IPPON（板硝子）、CENTRAL（中央硝子）、LN、AP

英国皮尔金顿公司作为世界上最大的玻璃生产集团之一，创建于 1826 年，在全球拥有 25 个生产基地，销售公司遍布 130 个国家。世界上每四辆车中，就有一辆使用的是皮尔金顿汽车玻璃。皮尔金顿还是法拉利、布加迪、奔驰、沃尔沃、宝马、福特和我国自主品牌力帆汽车等的配套厂商，在上海、天津、湖北和广东建有生产基地。

圣戈班是汽车玻璃行业欧洲及世界领先者，并且是世界工业集团百强之一。圣戈班在我国主要为华晨宝马、东风雪铁龙和东风标致等企业提供产品。

PPG 工业公司始建于 1883 年，总部设在美国匹兹堡市，是全球性的制造企业，生产及经营涂料、玻璃、玻璃纤维及化学品，在世界上位居行业先导地位。

旭硝子株式会社是日本一家玻璃制品公司，母公司是三菱集团，为全球第二大玻璃制品公司，1907 年成立。

福耀是国内最具规模、技术水平最高、出口量最大的汽车玻璃生产供应商。在国内整车配套市场，福耀为各大汽车品牌提供产品，市场份额占据了全国的半壁江山。而在国际汽车玻璃配套市场，福耀已经取得了世界八大汽车厂商的认证，现在，福耀已经成为奥迪、宾利、大众、通用、福特、奔驰、日产、PSA 集团、沃尔沃、现代和克莱斯勒等世界著名品牌的合格供应商。目前已在欧洲、北美和亚洲建厂，在国内的福建、吉林、上海、重庆、北京、广东、湖北等地建立了汽车玻璃生产基地。

（5）其他

1）玻璃生产日期。大体来说，玻璃生产日期的表示方法有三种，如图 4-90 所示。第一种略为复杂，数字代表生产年份而其后的圆点数则代表月份。当圆点在数字之前时表示上半年，上半年生产的玻璃计算公式为："7 减去黑点数"；当圆点在数字之后时表示下半年，下半年生产的玻璃计算公式为："13 减去黑点数"，所以图 4-90a 所示时间为 2013 年 10 月。第二种则比较简单，数字同样代表生产年份，而其后的小圆点数代

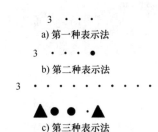

图 4-90 玻璃生产日期的表示方法

表着季度数（1 年 4 个季度），大圆点则代表着每个季度中的月数，所以图 4-90b 所示日期为 2013 年第 3 季度第 1 个月，即 2013 年 10 月。第三种表示方法最为复杂也最为准确，第一行数字代表年份，圆点数代表月份，第二行表示具体日期数，大圆点表示 10 天，小圆点表示 1 天，故图 4-90c 所示制造日期为 2013 年 10 月 21 日。

2）车身玻璃类型。早在 80 多年前，玻璃已装在汽车上，当时是用平板玻璃装在车厢的前端，使驾车者免除风吹雨打之苦。从这以后的几十年间，玻璃业逐步涉足汽车工业，创造了多种安全玻璃——夹层玻璃、钢化玻璃和区域钢化玻璃等品种，极大地改善了汽车玻璃的性能。

从狭义上讲，汽车玻璃分为夹层玻璃（Laminated Glass）、钢化玻璃（Tempered Glass）两大类，并且根据安装位置的不同，汽车玻璃使用的种类和规格也会有所差别。细分玻璃种类可分为钢化玻璃、夹层玻璃、隔热玻璃、防弹玻璃。大多数汽车前风窗玻璃采用的是夹层玻璃，侧窗玻璃及后风窗玻璃则大部分选用钢化玻璃。前风窗玻璃破损后可以采用汽车玻璃修复技术进行修复，而钢化边窗玻璃则是粉碎性破坏，一旦遭到破坏只能更换。

所谓夹层玻璃，就是用一种透明可黏合性塑料膜贴在二层或三层玻璃之间，将塑料的强韧性和玻璃的坚硬性结合在一起，增加了玻璃的抗破碎能力。当玻璃碎裂时，玻璃碎片会粘在一起，使玻璃碎片不致散落而伤人，并保证驾驶人有一定的视野来处理紧急情况（图 4-91）。另外，加入 PVB 胶片后的夹层玻璃柔韧性、抗穿透能力增强了，这在一定程度上能防止驾驶人在紧急制动时由于惯性太大而将头部冲出车窗外。为了尽量降低事故时玻璃对人们的危害，目前汽车前风窗玻璃都以夹层钢化玻璃和夹层区域钢化玻璃为主，能承受较强的冲击力。

钢化玻璃是将普通玻璃淬火使内部组织形成一定的内应力，从而加强玻璃的强度，在受到冲击破碎时，玻璃会分裂成带钝边的小碎块，对乘员不易造成伤害（图 4-92）。而区域钢化玻璃是钢化玻璃的一个新品种，它经过特殊处理，能够在受到冲击破裂时，其玻璃的裂纹

仍可以保持一定的清晰度。

图4-91　夹层玻璃

图4-92　钢化玻璃

3）透光率。"TRANSP. 70% MIN"代表的是透光率，说明这块玻璃的最小透光率不小于70%，它与"AS1"的意义相同。透光率是衡量一块玻璃好坏的重要参数，但一般都不会明确标出，所以在需要更换汽车玻璃时，需要特别向销售商问清楚。

2. 车身玻璃更换鉴定

（1）鉴定车身玻璃是否为假冒

一般正规汽车生产厂商使用的汽车玻璃都是由正规玻璃生产厂家生产的，有着严格的质量监督保证。汽车玻璃除了要有良好的视野以外，其结构、厚度、阻隔率、透光率等对行车舒适和安全也有着很大影响，直接关系到驾驶人和乘客的人身安全，而对于假冒玻璃而言，一般不会达到正规生产玻璃的技术要求。

1）看玻璃商标。玻璃商标分为两种，一种是高温印制，一种是低温印制，两者最大的区别在于高温印制的是不容易被抠掉的，而低温印制的比较容易抠掉。用手指甲刮商标，用手摸玻璃的黑边，一般比较容易抠掉玻璃标的玻璃，其质量就值得怀疑了（图4-93）。

一般来说，商标还能体现很多内容，比如商家代码、生产日期、玻璃的属性、安全认证等，如果没有这些信息，或者商标残缺，就表示可能是假玻璃。如图4-94所示，玻璃商标为CSG，用来冒充PPG，并且商标残缺，为假冒玻璃。

图4-93　用指甲可以把商标全部刮掉

另外，与收集的原装玻璃商标印刷效果比较，如果出现模糊、扭曲、字体字号不符等情况，一般说明是假冒玻璃。图4-95所示玻璃为假冒，因为与原厂NISSAN商标中N的字体字号不符。图4-96所示玻璃为假冒，汽车生产厂商标志字迹模糊。图4-97所示左侧玻璃为假冒，两款车同为日系车，玻璃商标应该一致，但左侧玻璃中的菱形标志不对称，发生扭曲。

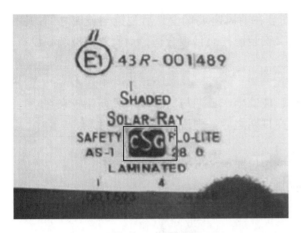

图 4-94 商标残缺

图 4-95 与原厂 NISSAN 商标中 N 的字体字号不符

图 4-96 汽车生产标志字迹模糊

图 4-97 左侧玻璃标识中菱形标识不对称

2）看工艺。正品玻璃制作工艺很精良，每片玻璃四周都会有磨边处理，这样可以让玻璃更加精美，而且不容易爆边，即使用手摸也很光滑细腻；而假冒玻璃则很少有磨边这道工艺。

3) 看玻璃镜托。目前大多数车型后视镜安装在前风窗玻璃上，后视镜与玻璃之间的固定装置就是玻璃镜托。一般原厂玻璃生产时就会安装镜托而且很合适，而假冒的玻璃则没有镜托。

（2）生产日期

根据汽车上各块玻璃的生产日期是否一致、玻璃生产日期与汽车生产日期比较来判断是否后期更换过。如果玻璃的生产日期在汽车生产日期之后，则说明玻璃更换过。

（3）玻璃胶条连接处

玻璃胶条连接处出现凹陷部位说明此处玻璃在后期更换过。

（4）观察每一块玻璃的标志是否是同一品牌

同一辆汽车上每一块原装玻璃都是由同一生产厂家提供的同一品牌，如果发现玻璃的品牌不一致，则说明玻璃更换过。

4.6 螺栓痕迹鉴定

鉴定事故车的技巧有很多。除了看车漆、缝隙之外，一颗小小的螺栓也是判断车辆是否发生过事故的关键。车身部件之间的组装除了焊接外，大多数还是用铆钉或是螺栓来固定的。

汽车的螺栓主要应用于前后杠固定、前发动机舱盖固定、前翼子板固定、车门固定等。

1. 车身螺栓拆装痕迹鉴定

车辆事故易损伤部位：前后保险杠、前发动机舱盖、前后翼子板、四个车门、前照灯、散热器、行李舱。

维修时易动螺栓：前发动机舱盖、前发动机舱盖锁扣、前照灯、散热器、前后翼子板、四个车门、行李舱锁扣、行李舱盖固定螺栓。若有条件可观察发动机、变速器、转向器固定螺栓。

所有的车身固定螺栓在原车出厂时，都是一次性固定牢靠的，而且一些关键部件，如发动机的固定，还需要按照严格的力矩来执行。一旦车辆出现事故，在修理车辆时，拧动螺栓拆卸并更换部件是常有的事。这些固定螺栓一旦被松动或是更换后，基本都会留下痕迹。因此，通过判断车辆关键部位固定螺栓是否有动过的痕迹，也可以逆向判断车辆是否出现过事故。

（1）看是否有拧动痕迹

使用扳手进行螺栓拆卸，在拆卸的过程中由于拧动力矩不等，必然导致螺栓头部的棱处逐渐被打磨得更加圆滑。不过，也有技师在进行螺栓拆卸时，使用大一号的套筒，用棉布垫在套筒边缘，在进行拧动时，避免将其打磨圆滑。

（2）判断螺栓是否移位（是否有印痕）

在检查螺栓损伤情况的同时，也应注意螺栓的位置是否发生了偏移、螺栓底部有无露底现象。如使用保护工具进行拆装不会损伤螺栓的涂装表面，但是位置会发生偏移，出现露底现象。一般螺栓下面都会有垫片，一个人用力去拧动一个物体，然后再将其安装完毕，两次力的大小不同，物体与物体之间的位置关系会发生改变。这种方法方便判断车龄长的车辆，螺栓拧动后，螺栓与垫片之间、垫片与车体之间都会发生位置改变，通过长时间的风化，会在变动痕迹的周围有明显的泥沙痕迹。

（3）检查漆层是否断裂

大多数汽车生产厂家使用的涂装过的螺栓，作用是防锈和美观（保证外观整体的一致性）。少数日系车型使用的是未涂装的白螺栓（表面镀锌），所以容易生锈。对于出厂时已经进行涂装的螺栓，可通过漆层是否断裂来判断是否有过拆装经历。

（4）检查涂装修复痕迹及新旧程度

原厂带涂装的螺栓拆卸后会发生漆层断裂情况，为了避免生锈，会对螺栓重新涂漆，这样该螺栓相对于周围部件会新一些，所以可通过涂装修复痕迹和新旧程度判断是否有过拆装经历。

（5）检查原厂标识

部分螺栓带有原厂标识，可通过查看原厂标识是否被破坏来判断螺栓是否拆装过。

当然，并非固定螺栓被拧动过，车辆就一定发生过碰撞。有时车身局部重新涂装也是要拆除部分部件的，如给前发动机舱盖和前后保险杠喷漆，这些部位的固定螺栓就会被拧动。另外，底盘保养时也需要对部分螺栓进行紧固。这时判断车辆是否出现过事故，就需要结合车漆、缝隙、车身骨架和车辆实际行驶状况等情况来综合判断。

一般而言，车辆前部的撞击明显会比后部的追尾事故更为影响使用，因为多数乘用车的发动机等关键部件都是放置在前面的。如果前面发生过撞击事故，会对发动机等部件造成损害，而且对车身骨架也会造成不同程度的创伤，尤其是对固定整个车身的车身骨架受到的创伤更大，会不同程度造成骨架受力变形，致使车辆行驶起来后难以达到预期设计时的良好状态。对于车辆前部的撞击，容易伤及的部位包括前保险杠、左右前翼子板、前发动机舱盖和内部的散热器框架等，因此需要仔细查看这些部位的固定螺栓。

2. 前发动机舱盖螺栓拆卸痕迹鉴定

前发动机舱盖的固定螺栓，无论是重新喷涂还是重新更换，都需要拧动。发动机舱盖螺栓都是有漆面的，如果是一辆车龄较长的车，可以通过观察螺栓与合页、合页与发动机舱盖之间的漆膜有没有被拧动而破坏。如果观察螺栓与合页之间的漆层、合页与发动机舱盖之间的漆层明显不一致，就说明螺栓被拧动过。如图4-98所示，前发动机舱盖的固定螺栓为原厂螺栓，而图4-99所示螺栓漆层被破坏，边缘变得圆滑，有拧动过的痕迹。

图4-98 前发动机舱盖的固定螺栓为原厂螺栓

图4-99 螺栓漆层被破坏

3. 发动机固定螺栓拆卸痕迹鉴定

把发动机固定在纵梁上的螺栓非常重要,拆装它的目的有三个:一是出现事故需要维修纵梁;二是发动机维修或者大修;三是更换机脚垫。图4-100所示是没有拧动过的螺栓。

4. 翼子板螺栓拆卸痕迹鉴定

大部分车型的前翼子板是与轮毂焊接结构总成、下底大边、A柱等钣金零件用螺栓连接在一起的。很多汽车制造商为了显示自己人性化的设计,一般都会预留多个螺栓位置,只要两侧对称,空的也是没有问题的。图4-101b所示为螺栓更换后的状态,有拧动痕迹,产生移位且漆层断裂。

图 4-100 没有拧动过的螺栓

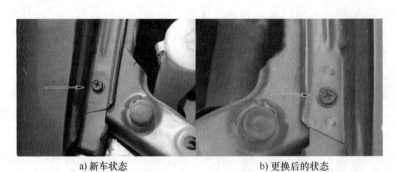

a) 新车状态   b) 更换后的状态

图 4-101 翼子板螺栓

5. 车门螺栓拆卸痕迹鉴定

通常车辆发生小的刮擦不需要把车门拆下来修复,发生大的碰撞时车门必须拆下来或者更换,所以检查车门螺栓非常重要。在车门侧或门柱侧的螺栓头上,可能会发现有涂层剥落的痕迹,此时要注意是否为拆装车门。有漆面的螺栓很好辨别,而日系车的螺栓一般不带漆面,只能看有无黑色印记。图4-102所示为原厂车门螺栓;如图4-103所示,螺栓漆层脱落,有拧动痕迹。

6. 行李舱螺栓拆卸痕迹鉴定

发生追尾事故,如果碰撞强度大,就会对行李舱盖造成损伤;如果损伤强度很大,就必须拆下来修复。行李舱螺栓检查分为两部分(图4-104):①是与后舱盖上的连接部位,②是与车身结构的连接部位。与后行李舱盖的连接部件,有时装有盖子而不宜鉴定,可先拆掉盖子后再确认。图4-105所示为行李舱盖连接部分的原厂螺栓;如图4-106所示,连接螺栓有拧动痕迹且产生了黑色印记;如图4-107所示,行李舱螺栓表面粗糙,说明重新喷过漆。

图 4-102 原厂车门螺栓

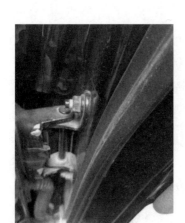

图 4-103 漆层脱落

图 4-104 行李舱螺栓

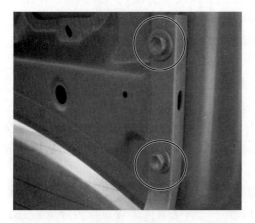

图 4-105 行李舱盖连接部分的原厂螺栓

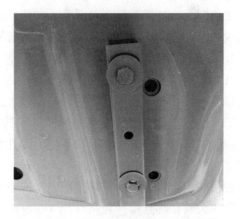

图 4-106 有拧动痕迹且产生了黑色印记

7. 底盘螺栓拆卸痕迹鉴定

因为底盘承受的振动比较大，所以底盘上的螺栓都会经过厂家特殊处理，在刚度、硬度和抗振性等方面做了特殊强化，不是汽车质量有问题的话，不会轻易脱落。部分汽车保养时需要对底盘螺栓进行紧固，所以底盘螺栓可能被拧动过（不一定拆装零部件）。螺栓的检查期限大致为 1~2 年，因为通常汽车每 5000km 保养一次，所以在保养时应让师傅顺带检查一下底盘螺栓。

从受力角度看，汽车的元宝梁（又叫副车架）和前后桥上的螺栓是最易松动的。图 4-108 所示为底盘悬架和元宝梁。

图 4-107 涂装修复痕迹

a) 悬架　　　　　　　　　　　　b) 元宝梁

图 4-108　底盘螺栓

4.7　车身鉴定

车身鉴定主要是看 A 柱（前柱）、B 柱（中柱）、C 柱（后柱）、前门框、后门框、行李舱框架等部分。如果车身变形严重，即使外观修复的工艺再精细，刚性也已经大打折扣，换句话说，万一车辆出现二次碰撞，该车身框架的碰撞承受力将大打折扣。

1. 车身修复鉴定方法

在鉴定车身有无修复以及损伤程度时，一般需要查看是否为原厂封胶、原厂焊点，有无涂装修复痕迹，有无变形、褶皱、切割痕迹，是否有锈蚀。

原厂胶线形状均匀、线条流畅、材质具有弹性；钣金工厂涂抹的封胶和原厂封胶相比较，钣金工厂涂抹的密封胶形状不均匀而且柔软。各部位接合处的密封胶若是后涂上的，则有很大可能是更换过的。

原厂焊点应略呈圆形、略微凹陷、清晰光滑，焊点边缘凹凸不平，一块总成件上的焊点之间距离大致相等且排列规则（图 4-109）。修理厂二氧化碳保护焊特点为焊接后会形成突出的焊珠，需进行打磨处理（图 4-110），修复的焊点粗糙、排列不均匀。为了掩盖车辆有过事故经历，部分二手车商贩会对焊点作假。

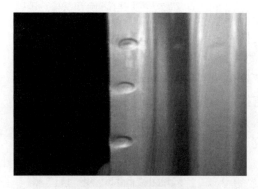
图 4-109　新车焊点状态

图 4-110　修复焊点状态

2. A 柱鉴定

A 柱在发动机舱和驾驶舱之间，左右后视镜的上方。除了 A 柱外，汽车还有 B 柱、C

柱，A、B、C 柱又称门柱、立柱。B 柱在前后车门之间，驾驶舱的前座和后座之间，就是两侧两扇门之间的那根纵向杠子，从车顶延伸到车底部。C 柱是后风窗玻璃的两侧的立柱，在后座头枕的两侧。A、B、C 柱的位置如图 4-111 所示。A、B、C 柱不仅是撑起驾驶舱车顶的金属柱子，而且对驾驶舱内的成员有重要的保护作用，在车辆发生翻滚或倾覆时，A、B、C 柱能够有效避免驾驶舱被挤压变形，所以 A、B、C 柱是支撑车辆结构强度的主要部分，其强度对车内的生命来说有重要意义，一般在箱型构件中间装有加强件。一些高档汽车的 A、B、C 柱是和车身包括车架一体化的，安全性大大提高。另外，A、B、C 柱也是一些装置的"必经之路"，如部分电器线路、安全带、照明音响装置，甚至安全气囊都可以安置在其上。

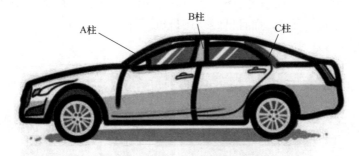

图 4-111　A、B、C 柱的位置

车门柱更换模式包含总成更换和部分更换。通常情况下，只有车门柱整体的弯曲变形导致不可修复的损伤，才会采取车门柱总成更换的模式，因此，车门柱总成更换一般是指包含外板及内板的整体更换。车门柱部分更换通常都是因为车门柱的局部出现了不可修复的损伤而采取的更换模式，因此，部分更换多是更换车门柱的外板，和车门柱内侧的接合部，因为可能有再熔接，如果拆下防水条即可进行确认。

A 柱在车辆的前部，如果车辆正面或侧面出现严重的事故，则其很容易受损，如果事故过于严重，修复它不仅需要钣金还需要切割焊接。这时可以查看漆面是否平整，或是否有腻子的痕迹（图 4-112），并且用漆面厚度测试仪测量漆面厚度。

图 4-112　A 柱的检查

如果 A 柱受过撞击，那么前风窗玻璃和前车窗玻璃基本都得换，因此需要查看玻璃是不是更换过。通常情况下，侧面的冲击首先会对车门造成影响，因此，在检查车门柱是否更换前先仔细确认车门是否更换过。

打开密封条查看是否有明显的焊接痕迹（建议拉下密封条前和车主商量一下），特别注意与车体接合处的原厂焊点应略呈圆形和略微凹陷，由车顶延伸至门槛的线条平直且呈自然弧度。原厂工艺是电阻点焊，修理厂工艺是二氧化碳保护焊，如果和底大边及车顶板的接合部是点焊熔接，说明非总成更换；如果和底大边及车顶板的接合部是二氧化碳熔接或氧乙炔气焊接合熔接，说明进行了总成更换。部分车的连接不是使用传统的点焊，而是采用铆钉进行铆接的，判断时需要注意。

查看A柱内外侧面漆面存在色差，可以判断车辆受过撞击。必要时拆开内饰板检查有无修复痕迹（建议拆内饰板前和车主商量一下）。

如图4-113所示，取掉车门密封条，拿下A柱内饰护板，可以清清楚楚地看到A柱边沿及内部变形的敲打修复痕迹，而且已经锈迹斑斑。可以想象，该车所受的撞击力不小，车顶也可能受到波及。

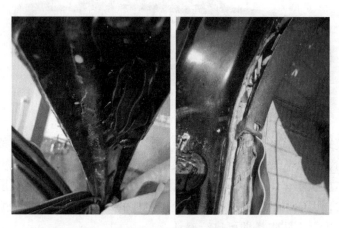

图4-113　A柱边沿及内部变形的敲打修复痕迹

3. 前门框鉴定

前门框是指前车门与车身框架相接触的那一圈（图4-114），包含了A柱、B柱，所以对于轿车而言，车门柱除了支撑作用，也起到门框的作用。前门框内边缘装有橡胶密封条，密封条质地软硬适中，有很好的弹性。

查看前门框上的车门铰链、车门锁销等部位有没有损伤、喷漆痕迹，如果车辆侧面发生过撞击，那么铰链部分一定会发生变形，变形修复后螺栓会有被拧过的痕迹；另外，可以通过查看铰链的漆面来判断，如果铰链非常新，说明该位置发生过更严重的撞击，必须通过更换焊接来修复。

查看车门开关是不是顺畅，然后看四周的密封胶条缝隙是不是紧密、一致。如车门打开或关合非常困难，不用力关不拢，密封条有破损且松动，说明拆卸过多次。如果有以上现象，需要进一步拉开密封条，查看门框有无变形、褶皱、切割痕迹，是否为原厂焊点，是否有锈蚀。如果有焊接、生锈、不规则焊点存在，几乎就可以判断该车出过较严重的侧面事故。

如图4-115所示，有严重喷漆飞漆痕迹，而且修复痕迹特别明显。但是仅凭此处有修复痕迹还不能说明发生过严重碰撞，需要继续拉开密封胶条查看A柱的修复程度到底如何。

图 4-114　前门框

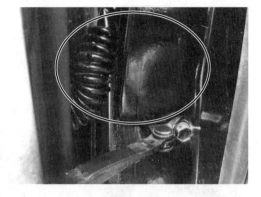

图 4-115　严重飞漆

如图 4-116 所示，拉开车门框密封胶条，发现在 A 柱的延伸段有严重的钣金喷漆修复痕迹。

4. B 柱鉴定

B 柱的鉴定方法同 A 柱的鉴定方法类似。B 柱在车辆的中部，从内侧看前排座椅安全带就在 B 柱上，并且内侧一般会装有汽车的侧气囊。如果车辆侧面发生过严重的事故，则 B 柱很容易受损；如果事故过于严重，则其修复不仅需要钣金还需要切割焊接。

图 4-116　修补痕迹

如果 B 柱受过撞击，前门车窗玻璃和后门车窗玻璃基本上都得换，因此需要查看玻璃是不是换过。另外，后车门也会受到影响，因此，在检查 B 柱前先仔细确认车门是否更换过。查看 B 柱外观漆面有无涂装修复痕迹、有无钣金痕迹，可以用漆面厚度测试仪测量漆面厚度。如图 4-117 所示，B 柱有明显的锈蚀痕迹，说明有涂装修复经历。如图 4-118 所示，B 柱安全带进出的口里有切割焊接痕迹，说明有过钣金经历。B 柱上装有后车门的铰链，检查 B 柱时重点看门铰链部分是否变形、螺栓有无拧过痕迹、有无喷漆痕迹。拉开车门密封条，主要查看焊点是否为原厂焊点、有无切割钣金痕迹、由车顶延伸至门槛的线条是否平直且呈自然弧度。查看 B 柱内外侧面漆面是否存在色差，必要时拆开内饰板检查有无修复痕迹。

5. 后门框鉴定

后门框的鉴定同前门框类似。后门框是指后车门与车身框架相接触的那一圈（图 4-119），包含了 B 柱、C 柱。

查看后门框外观有无钣金痕迹和涂装修复痕迹，后门框上的车门铰链、车门锁销等部位有没有损伤、喷漆痕迹、螺栓有没有拧过的痕迹；查看车门开关是不是顺畅；然后看四周的密封条缝隙是不是紧密、一致；拉开密封条，查看有无变形、褶皱、切割痕迹，是否为原厂焊点，是否有锈蚀。如图 4-120 所示，为某车因右后翼子板切割更换而在右后门框留下的焊接痕迹，非原厂焊点且接缝处不紧密。

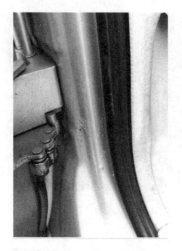
图 4-117 B柱有明显锈蚀痕迹

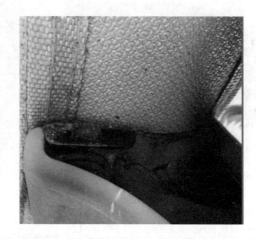
图 4-118 B柱切割焊接痕迹（安全带进出的口里）

6. C柱鉴定

C柱的鉴定同A、B柱的判断类似。C柱从后侧围板向上一直延伸到车顶，用以固定车顶后部和后窗玻璃，其形状因车身型式的不同而有所不同，其强度要求同样很高。

如果C柱受过撞击，那么后车窗玻璃和后风窗玻璃基本上都得换，因此需要查看玻璃是不是换过。另外，后车门也会受到影响，因此，在检查C柱前先仔细确认车门是否更换过。查看C柱外观漆面有无涂装修复痕迹、有无钣金痕迹，并且用漆面厚度测试仪测量漆面厚度。拉开车门密封条，主要查看焊点是否为原厂焊点、有无钣金喷漆痕迹、有无锈蚀现象，由车顶延伸至门槛的线条是否平直且呈自然弧度。查看C柱内外侧面漆面是否存在色差，必要时拆开内饰板检查有无修复痕迹。查看C柱锁销附近的位置，如果车的后部发生过大的事故，那么修复时都是从这个位置切割的。

图 4-119 后门框

如图4-121所示，为非原厂焊点且有二氧化碳保护焊的焊接修复痕迹。如图4-122所示，C柱密封条内有严重的锈蚀痕迹。如果该部位进行过钣金修复，时间长了一般都会有锈蚀现象。

C柱在车辆的后方，一方面可以拉开后车门密封条进行查看，另一方面可以打开行李舱查看。打开行李舱后，查看是否有变形和钣金修复的痕迹，如图4-123所示，为2014年朗逸C柱切割痕迹，打开行李舱在C柱和后翼子板连接处有此切割痕迹。用手按压左右翼子板内部的胶条，查看胶质是否有重新涂抹现象，如果有异样，很可能是车辆后部出现过撞击使C柱受伤。

第4章 碰撞事故修复车鉴定

图 4-120　焊接痕迹

图 4-121　非原厂焊点

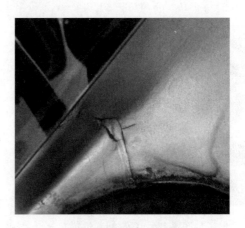

图 4-122　锈蚀痕迹　　　　　　　　　图 4-123　切割痕迹

如图 4-124 所示，左侧翼子板明显可以看到原厂焊点的痕迹，而右侧翼子板的焊点已经被磨平。左侧胶线均匀流畅，右侧胶线粗糙。不过还不能判断问题究竟是单纯的后部碰撞、翼子板切割还是侧围整体更换。扒开后翼子板内侧的盖板，可以看到翼子板内侧的胶体有明显后打胶痕迹（图4-125），后翼子板内部没有明显钣金敲击痕迹，这时只需要验证C柱是否有切割痕迹即可判定。扒开C柱胶条，可以明显看到切割位置，框线内的标记，就是该门柱切割点（图4-126）。门柱的内侧明显有人为操作痕迹，而且这辆车的焊点不是传统的点焊，后部用的是铆钉进行铆接的，铆钉一看就是新打上去的（图4-127）。

图4-124　右侧的焊点已被磨平且胶线粗糙

图4-125　翼子板内侧的胶体有明显后打胶痕迹

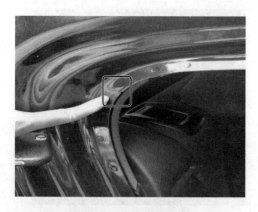

图4-126　C柱切割位置

图4-127　铆钉是新的

7. 行李舱框架鉴定

如果行李舱框架受到损伤，一般行李舱盖也会受到损伤，所以应首先查看行李舱盖上的胶线是否平整、是否为原厂胶。如果有钣金痕迹，会产生凹凸不平或者是生锈痕迹，重点检查图4-128中手指所指部位;其次看一下行李舱固定螺栓有无拧动痕迹,以此判断是否拆卸过。

检查完行李舱盖后,最重要的是对行李舱框架损伤程度的评定,其重点检查部位:后围板、行李舱底板、备胎槽等。

如图4-129所示,扒开后围板胶条(事先征得车主同意),查看封边左中右焊点,与尾灯框架连接处、与底板焊接连接处、内外侧平面有无变形、钣金以及生锈痕迹。查看减振器上的支撑有没有问题,然后掀开行李舱隔板,看看侧面、底部接缝线条是否平整、顺滑,有没有钣金、焊接痕迹,漆面有没有色差,隔音胶是不是完好。备胎槽四面应该是很光滑的,没有凹凸不平,胶线顺滑,里面线束饰板没有任何油漆。行李舱底板及备胎槽如图4-130所示。

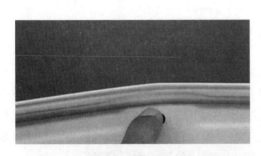

图4-128 行李舱盖胶线重点检查部位

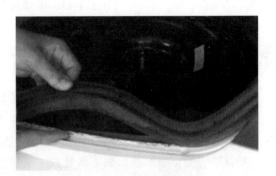

图4-129 扒下后围板胶条进行检查

图4-130 行李舱底板及备胎槽

不太严重的追尾事故会导致后围板的钣金变形,这类情况比较多见。后尾板的接合部可由封胶状态、熔接状态的任何一种方法判断出来。

比较严重的后部追尾事故首先损伤的是后保险杠、后尾灯、行李舱盖、两侧后翼子板和后行李舱底板,因此,检查顺序应该是由外向内检查。由于追尾事故产生的冲击,受到损伤的车辆也有可能更换后行李舱底板。车辆如果更换过后行李舱底板,首先要确认外板钣金是否有过更换。车身底板和后底板的涂胶形式与车门边缘的涂胶形式不同,一般密封胶的涂抹会遮盖住焊接留下的点焊圆点,在检查时需格外留意密封胶的状态。

图4-131所示是一辆被修复后的二手车,在遭受了严重的追尾后,车辆尾部几乎都被撞没了,在经过重新焊接及钣金后恢复,通过行李舱内漆面差异及褶皱情况即可判断出该车的

受损情况。

图 4-131　行李舱内漆面差异及褶皱

4.8　底盘鉴定

底盘车架是车辆的骨架，出现问题会严重影响车辆的结构强度，如果再次发生事故，其安全性将大幅降低。对底盘的鉴定重点是对车架进行鉴定评估。对车架进行判断时，重点查看损伤痕迹和修复痕迹，对损伤程度做出评估。车架受到碰撞产生损伤后会出现变形、褶皱、断裂等情况，变形处如果不做处理，其接缝处容易出现锈蚀。车架维修后会留有修复痕迹，如重新涂胶、拆卸螺栓、焊点消失、非原厂焊点、喷漆痕迹、钣金痕迹等。

1. 减振悬架鉴定

一般轿车有四个减振悬架，位置如图 4-132 所示，分别是两个前悬架、两个后悬架，两个前悬架处于对称位置，两个后悬架处于对称位置。重点检查悬架减振器安装座（旋子）等位置，其次是减振器、弹簧、导向机构及横向稳定杆等部件。

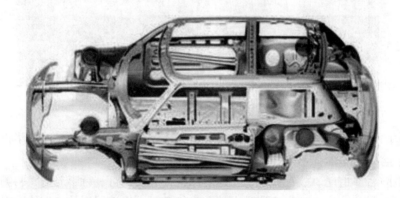

图 4-132　减振悬架位置

减振器安装座是悬架系统塔顶和车架连接的地方，是车上最硬的几个地方之一，假如事故已经伤及它，则事故肯定不小，并且无法修复，车辆几乎丧失了全部购买价值。前悬架减振器安装座位置较为明显，打开发动机舱盖即可看到。后悬架减振器安装座需要打开行李舱侧隔板（图 4-133），并借助手电筒和小镜子等工具，后悬架减振器安装座一般即使有过维修，也不会做过多处理掩饰，因为其位置隐蔽，这也是评估车辆最容易忽略的地方。

检测项目：查看减振器安装座上面是不是规整（表面平整度），有无褶皱、变形痕迹，有无涂装修复痕迹，有无钣金或焊接痕迹，螺栓有无拆装痕迹，胶体是否开裂，是否为原厂胶，是否为原厂焊点，弹簧和减振器是否塌陷或者漏油（减振器是损耗件，减振器使用周期是10万km左右，出现渗漏是减振器损坏的先兆）。检查时注意左右前后悬架进行对比。如图4-134所示，减振器安装座有很明显的敲打修复痕迹。如图4-135所示，有明显脱漆现象。如图4-136所示，减振器出现漏油现象。

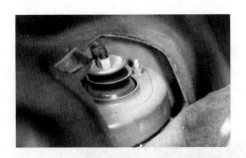

图4-133　打开行李舱隔板查看后减振器安装座

图4-134　很明显的敲打修复痕迹

图4-135　明显脱漆现象

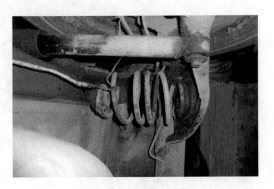

图4-136　减振器漏油

如果事故伤及悬架，必然要进行维修或更换，就一定会拧动悬架塔顶的螺栓，因此应重点检查悬架塔顶螺栓有无拧动。如图4-137所示，旋子螺栓有锈蚀并且有移位痕迹，说明螺栓被拧动过。车辆在出厂时会在螺栓上画一条线，假如螺栓拧动，这条线会有移位。如图4-138所示，悬架塔顶螺栓原厂漆笔痕迹都在，一般情况下可以排除更换或维修过悬架。但也有一些豪华汽车在更换或维修悬架时采用特殊方式进行螺栓拆卸，这便很难看出有拧动过的痕迹（普通家用轿车很少如此处理）。另外，拧动旋子螺栓不一定是因为有事故，也可能是为了修理悬架。

图 4-137 旋子螺栓生锈、移位

图 4-138 悬架塔顶螺栓原厂漆笔痕迹都在

有的旋子被塑料件覆盖，那就需要结合翼子板和翼子板梁来综合评估，也可以看轮胎和门边轮罩的距离，两边对比，不能相差太多。另外，可以用卷尺测量一下前旋到前照灯的距离（图4-139），并进行对角线测量，两次测出来的数据应该是一样的，或者误差在5mm之内，当然有的十几年的老车可能误差会大一些。

图 4-139 前旋到前照灯的距离

2. 散热器框架鉴定

散热器框架（别称为龙门架）在车辆前部（图4-140），主要作用是固定散热器和冷凝器。该框架强度较弱，正面碰撞时一般都会受到损伤。图4-141所示为拆解下来的散热器框架，与家门框形状类似，门框固定的是门，它固定的是散热器。散热器框架有上支架和下支架组成。

散热器框架常见材质有两种：塑料材质、铁材质或合金材质。两种材质混合搭配存在三种形式：一种是单纯的塑料材质，如长安CX-5悦动；第二种是单纯的铁材质；第三种是下面是铁材质，上面是塑料盖板。

散热器框架有两种结构：一种是整体式的，上部是一整根固定杆，成本较低，是目前市面上应用最多的形式；另一种是分体式的，一般分为三段，通过螺栓或者焊点来进行连接。

检查时散热器框架的上下支架都需要看。在检查散热器支架中部头灯座面板时，需要使

第4章 碰撞事故修复车鉴定

图4-140 散热器框架位置

图4-141 散热器框架

用手电筒和折叠镜进行仔细观察。检查散热器支架下部时最好使用举升机将车辆举起观察。

检测项目：是否进行更换；表面是否做漆，表面是否平整，是否有变形痕迹；是否有锈蚀痕迹；边缘、安装孔、定位孔是否规整，有无变形；是否有断裂痕迹（塑料散热器框架）；焊点是否重新烧焊，是否为圆形及略微凹陷。

如果散热器框架进行了更换，一般说明汽车前部受到过撞击，当然也不绝对，比如一些车龄较长的汽车更换散热器框架，也有可能是因为散热器出现堵塞或漏水现象进行的维修拆卸。

鉴定散热器框架是否更换过的方法有两种。

方法一：区别原厂件和副厂件

1）通过散热器框架上原厂标识进行判断。

散热器框架上一般都会有原厂标识，标注有风扇或冷媒（R134a）的一些信息。不过现在可以随意买到各个车型的原厂标识。原厂标识都是经过高温处理，达到一定的温度后进行粘贴的，原厂标识粘贴以很难进行销毁，除非用一些特殊的清洗剂；而后买的标识，是在常温下粘贴上去的，撕毁时，会发现比较容易。

2）通过副厂件的做工质量判断。

尺寸：副厂件的尺寸一般都与原厂件有差距，尤其是在一些进行连接、固定的位置，因此评估师可以通过观察连接处的螺栓和定位孔来判断是否安装合适。

做工：副厂件的做工质量明显不如原厂件，仔细观察会发现在散热器框架上有一些小孔，这些小孔可以帮助评估师进行判断。

散热器框架上的小孔在实际评估工作中要尤为注意，观察小孔是否有变形，可以帮助评估师快速判断散热器框架是否有过撞击或修复痕迹；观察小孔是否有毛刺，可以帮助评估师快速判断是否是副厂件，判断方法是用手触摸小孔内部，在小孔内部游走一圈，副厂件会感觉有一定的阻塞感，明显有刺手的感觉，这种方法对塑料材质的散热器框架更加实用，区别非常明显。

3）通过散热器框架颜色来判断。

大部分车型的散热器框架本身颜色是一致的，而且与发动机舱内颜色相同。副厂散热器框架的颜色一般与发动机舱基本色调不一致，如果散热器框架进行更换，一般会通过喷漆使其与发动机舱同色，然后再进行安装。

当然，上述鉴定方法并非适用于所有车型，如日产骐达，其原厂散热器框架是合金材质，分体式，分为三段，中间段的颜色与两侧的颜色明显不同，散热器框架两端颜色是黑色，而中间段是灰色，明显与两侧颜色不一致。如果发现骐达的散热器框架中段与两端颜色一致，那一定是进行过更换，这时要仔细检测其他部位。需要注意，日产车系很多车型，如蓝鸟、骐达、骊威等，它们普遍有一个共性：散热器框架中段的颜色都是灰色的，而两端的颜色跟实车颜色一致，如果实车颜色为蓝色，那么散热器框架两端的颜色就是蓝色。

方法二：通过散热器框架的固定位置是否动过进行判断

散热器框架主要有两种固定形式，一种是用螺栓固定在车身上，另一种是采用焊接方式。通过查看螺栓或焊点是否有动过的痕迹便可判断散热器框架是否更换过。

1）如果是螺栓固定的散热器框架，要拆下散热器框架势必要拧动螺栓，因此可以查看螺栓是否有拧动痕迹，是否有移位，螺栓边角是否有受力变形来判断。分体式散热器框架的每段都可以单独拆卸更换。

2）如果是焊接固定的散热器框架，观察散热器框架和翼子板上纵梁结合部分的焊点，要拆卸冷却液箱框架必须破坏原有固定焊点，只要观察焊点位置是否有改动痕迹便可判断是否更换过。如果焊点呈凸出状，有失圆或大小不一的点焊，焊点粗糙不光滑，排列不规则、不均匀，则表明是重新烧焊的改动痕迹。

3. 梁头鉴定

汽车事故的鉴定检查同样遵循递进联系法则。如果事故损伤到了散热器框架，那就要检查有没有损伤到前发动机舱盖、纵梁、发动机。当然，散热器框架完好无损也不能完全排除发动机舱没有损伤，也有发动机舱受损而散热器框架完好无损的情况，所以事故鉴定时一定要综合检查、综合分析。

梁头是指前纵梁与吸能盒连接后方的区域。正常的梁头漆面完好、表面平整、曲面顺滑、原厂焊点、缝隙紧贴梁体。重点查看大梁梁头有无变形、褶皱痕迹，检查法兰盘及螺栓。图 4-142 所示大梁的梁头已变形。

检查时需要对比左右梁，如果两边一致，则说明正常。图 4-143 所示为 2012 款福特福克斯的左右纵梁，右梁（图 4-143b）比较新，有明显的重新喷漆痕迹，另外右侧梁头的螺栓有拧过的痕迹。

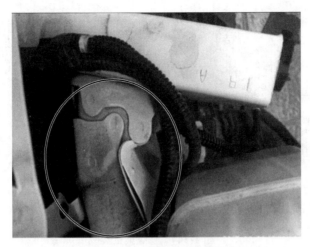

图 4-142　大梁梁头已变形

4. 前纵梁鉴定

前纵梁（位置如图 4-144 所示）相当于车的骨架，由两根位于两边的纵梁组合而成。纵梁多用低合金钢板冲压而成，断面为槽形或工字形。车辆的纵梁前方属于吸能区，一旦发生碰撞就会产生溃缩，即使修复后肉眼也很容易分辨，所以前纵梁是排查事故车的重要区域。虽然很多车辆都配备了前后防撞梁，但是在发生正面碰撞事故时，真正起作用的还是两根被发动机遮盖大部分的前纵梁。在碰撞事故中担负吸能作用的主要是前后纵

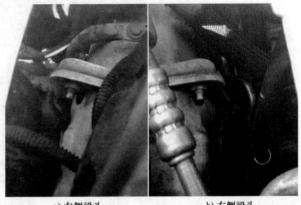

a) 左侧梁头　　　b) 右侧梁头

图 4-143　大梁梁头左右比对

梁，纵梁通过压溃变形和弯曲变形吸收碰撞能量，其中前纵梁更是担负总碰撞能量的 60% 左右。

无论纵梁损坏得多么轻微都属于大事故；无论外围部件和内部组件损坏得多么严重，只要纵梁无碍都不算大事故。如图 4-145 所示，虽然发动机舱损伤严重，但神奇的是两根前纵梁都没有损伤。

如果发动机舱内布局没那么紧凑，可以看到部分左右前纵梁，如有条件，可以将车辆举升起来，通过车辆底部进行前纵梁检查。前纵梁是汽车比较坚硬的部位，如果车头受过严重撞击，造成前纵梁变形，那么发动机肯定产生了位移，而且气囊一般都会弹出。检查前纵梁之前可以先检查一下发动机基座螺栓是否有拧动痕迹、气囊是否有更换或拆卸痕迹。

前纵梁检测项目：原厂胶是否开裂，螺栓有无拧动痕迹，有无重新喷漆（油漆颜色很鲜艳时需要注意），漆面有无脱落或是否不一致，是否有不正常的断裂、褶皱或凹陷，是否有焊接或拉直钣金痕迹，纵梁孔洞是否规整，四棱线边缘是否有变形，上下左右四个面是否平整，前纵梁与其他部位焊接连接处是否正常，前左右纵梁是否一致。

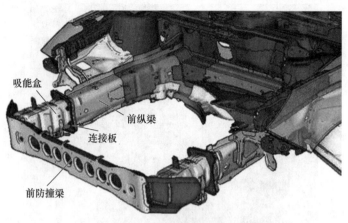

图 4-144　前纵梁位置

图 4-145　没有受到损伤的前纵梁

更换了吸能盒、前保险杠，但是纵梁有轻微变形，通常这种情况不会修复纵梁，因为左右纵梁如相差几厘米是不易察觉的。纵梁变形损伤严重时，常见的修复方式是整段切割更换或者加热敲打拉伸到原来的位置。纵梁修复后的强度是远远达不到原车刚性的。如果这样的车辆再次发生碰撞，后果可能会非常惨烈。

第一种情况，纵梁有轻微变形，不需要修复纵梁。这种汽车往往会莫名其妙地跑偏，转向吃力。纵梁有少许变形但没有修复，这种情况可以通过观察纵梁找到蛛丝马迹，如纵梁没有修复痕迹，但原厂胶开裂。

第二种情况，纵梁变形损伤严重，需要进行修复。如果采用的是拉伸修复方式，那么拉伸敲打后会在梁上留下明显痕迹，通常修完后还会在外面涂一层防锈胶。如果采用的是纵梁切割修复方式，通常切割位置比较隐秘，修完安装好各种覆盖件后很难看出切割痕迹，如切割位置选在轮胎内部，装上车轮内衬后很难从外面看到切割痕迹，此时需要上架检测。有的车辆还会在切割完后再喷一层底盘装甲，这种情况更需要认真观察。纵梁的漆通常和车身漆颜色相同，无论是采用切割还是钣金修复方式都需要在修复完毕后重新喷漆，因此通过纵梁和车身的漆面对比也能看出修复痕迹。

如图 4-146 所示，前纵梁有明显的焊接修复痕迹。如图 4-147 所示，从底部看，纵梁有

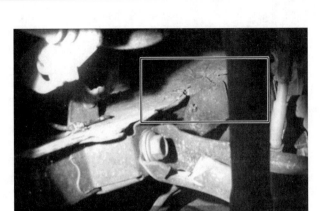

图 4-146　前纵梁有明显的焊接修复痕迹

严重裂痕。

5. 底槛鉴定

底槛的检测项目：有无变形、断裂（图 4-148），有无锈蚀，有无钣金痕迹（重点看切割和焊接痕迹），有无涂装修复痕迹。底槛在车辆的底部，主要查看是否有切割焊接或锈蚀现象，如果有切割和焊接现象，可以判定车辆侧面出现过撞击；如果有锈蚀现象（图 4-149），说明车辆的使用环境比较恶劣，这时需要慎重考虑。底槛的裙边胶（防腐胶）也是应该查看的一部分，原车的裙边胶和后上的裙边胶有明显区别，如图 4-150 所示，后上的裙边胶粗糙不均匀。

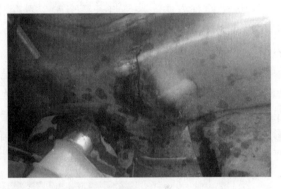

图 4-147　从底部看纵梁有严重裂痕

图 4-148　底槛出现断裂

图 4-149　底槛锈蚀严重

裙边胶属于车底抗石击涂料的一种，作用是防护车辆行驶中砂石撞击导致裙边出现生锈现象。现在很多车辆都采用塑料材质的裙边，有效地解决了飞石撞击造成的锈蚀现象，例如现在奥迪很多车型采用了塑料材质的裙边。在安装裙边时，通常在 A、B、C 柱底部涂抹封胶（因车型不同会有差异），更换后的封胶柔软，且形状不均匀。

图 4-150　后上的裙边胶

6. 后纵梁鉴定

后纵梁所需要承担的吸能压力虽然较前纵梁较小，但仍然是在追尾事故中吸收能量的主力。

后纵梁检查方法，一是打开行李舱，看存放备胎的位置是否有断裂和焊接的痕迹、是否有明显的移位等，如果有，基本可以肯定是事故车；二是举升车辆，查看车辆底部的后纵梁情况。其检测项目有：原厂胶是否开裂，螺栓有无拧动痕迹，有无重新喷漆（油漆颜色很鲜艳时需要注意），漆面有无脱落或是否不一致，是否有不正常的断裂、褶皱或凹陷，是否有焊接或拉直钣金痕迹，纵梁孔洞是否规整，四棱线边缘是否有变形，上下左右四个面是否平整、后纵梁与其他部位焊接连接处是否正常，左右纵梁是否一致。轻微变形后纵梁无须修复，如图 4-151 所示，右侧后纵梁受碰撞有轻微变形且未修复。后纵梁损伤严重时通过拉伸和切割方式进行修复。

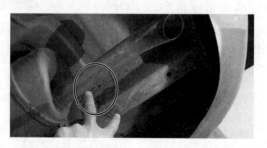

图 4-151　右侧后纵梁受碰撞有轻微变形且未修复

4.9　安全气囊鉴定

安全气囊系统（Supplemental Restraint System，SRS）也称辅助乘员保护系统，它是一种当汽车遭到冲撞而急剧减速时能很快膨胀的充气软囊（图 4-152），起缓冲作用，与安全带配合使用，可以为乘员提供十分有效的防撞保护。

安全气囊具有一次性使用和价格昂贵的特点。安全气囊在打开之后是无法修复的，需要更换新的气囊。受制于气囊不菲的价格，一些汽车更换的气囊在质量上大打折扣，这样不仅起不了保护作用，在危险的情况下还可能带来其他伤害。

如果安全气囊有过更换经历或存在故障，则说明车辆发生过严重碰撞事故。

图 4-152 安全气囊

1. 识别气囊真伪

（1）拆装痕迹

一般来说，气囊设置在车内前方（正副驾驶位）、侧方（车内前排和后排）和车顶三个方向。当车辆发生碰撞致使气囊打开时，气囊一定要冲开气囊盖板，这使得后期维修时必须连同盖板一起更换，这会造成新更换的盖板与中控其他组件形成色差或者新旧不一。如果存在以下情况则该车的安全气囊很有可能更换过。

1）安全气囊盖板与车内其他内饰的新旧程度对比不一致。

2）能观察到缝隙不均匀或者不匹配，质量差的气囊更可能带来组装上的不匹配。如图 4-153 所示，安全气囊盖板与周围部件间不匹配，有修复痕迹。

图 4-153 安全气缸盖板有修复痕迹

（2）仪器检测

一些黑心商家为了解决气囊及气囊灯等故障，往往采取治标不治本的措施，给顾客造成错觉——看似没有问题，其实根本问题一点都没有解决。在这种情况下，要通过专业的仪器对气囊进行相应的检测，以防万一。

（3）结合其他部件检查

气囊都是在车辆发生碰撞的情况下才打开，可以通过对车辆外观的观察来判断所对应位置气囊的受损程度；同时查看安全带也是很好的办法，通常情况下，气囊弹出会伴随着安全带的锁死。通过拉拽安全带，检查是否锁死。如果气囊弹出安全带没有锁死，则很有可能是伪造的。

2. 安全气囊系统故障检查

当打开点火开关后，如果仪表板上的安全气囊故障指示灯（SRS 灯）亮，且 5～10s 后熄灭，则表示系统工作正常。根据车型不同，SRS 灯亮的时间稍有不同。如果 SRS 灯一直亮，则表明 SRS 系统存在故障，应对 SRS 系统进行检查。

【课后练习】

一、单选题

1. 揭开轿车地毯，发现底板有明显的焊接痕迹，说明车辆可能（   ）。
   A. 发生过交通事故　　　　　　　　B. 使用年限较长
   C. 发生过火灾　　　　　　　　　　D. 被偷盗过
2. 下列选项中，（   ）对判断车辆是否出过交通事故帮助最小。
   A. 漆色　　　　B. 车身平整度　　　C. 油漆质量　　　D. 玻璃
3. 鉴定一辆二手车是否需要关注螺栓的鉴定？（   ）
   A. 否　　　　　B. 是　　　　　　　C. 无所谓
4. 以下哪种螺栓不需要鉴定。（   ）
   A. 车门铰链螺栓　　　　　　　　　B. 发动机舱盖螺栓
   C. 放油螺栓　　　　　　　　　　　D. 翼子板固定螺栓
5. 以下哪种方式可以判断螺栓是否更换过。（   ）
   A. 漆面断裂　　　　　　　　　　　B. 螺栓位移
   C. 原厂标识错位　　　　　　　　　D. 以上均可
6. 以下哪种方式不能判断螺栓被更换过。（   ）
   A. 螺栓上有污渍　　　　　　　　　B. 螺栓有拧动痕迹
   C. 螺栓有漆层断裂现象　　　　　　D. 螺栓移位
7. 以下哪辆车更可能是事故车。（   ）
   A. 保险杠车漆脱落　　　　　　　　B. 发动机舱盖固定螺栓更换
   C. 车窗玻璃破碎　　　　　　　　　D. 以上都不是
8. 焊点表现为边缘处轻微倾斜圆形，有冲压痕迹，均匀分布。我们认为这是（   ）。
   A. 原厂焊点　　B. 修复焊点　　　　C. 造假焊点　　　D. 以上都不是
9. 事故车鉴定中，以下焊点不具备鉴定意义的是（   ）。
   A. 散热器框架焊点　　　　　　　　B. 排气管焊点
   C. A、B、C 柱焊点　　　　　　　　D. 以上都不是
10. 在焊点鉴定中，评估师可以使用（   ）辅助完成鉴定。
    A. 漆膜仪　　　B. 小镜子　　　　　C. 手电筒　　　　D. 以上都是
11. 事故车鉴定中，以下焊点具备鉴定意义的是（   ）。
    A. 纵梁结合位置焊点　　　　　　　B. 翼子板焊点
    C. 减振器座焊点　　　　　　　　　D. 以上都是
12. 下列选项的鉴定结果中，可能是事故车的是（   ）。
    A. 轮胎磨损严重
    B. 发动机舱盖某处车漆脱落
    C. 行李舱后围板焊点分布不均匀

D. 以上都不是

13. 胶线表现为整体外形美观、不间断并有一定的韧性，我们认为这是（　　）。
A. 原厂胶线　　　　　　　　　　B. 修复胶线
C. 造假胶线　　　　　　　　　　D. 以上都不是

14. 胶线表现为打胶断断续续、整体粗细不一并且非常软，我们认为这是（　　）。
A. 原厂胶线　　　　　　　　　　B. 修复胶线
C. 造假胶线　　　　　　　　　　D. 以上都不是

15. 在胶线鉴定中，新手评估师可以使用（　　）辅助完成鉴定。
A. 故障诊断仪　　B. 尾气分析仪　　C. 漆膜仪　　D. 厚度仪

16. 事故车鉴定中，以下胶线具备鉴定意义的是（　　）。
A. 发动机舱盖胶线　　　　　　　B. 车门胶线
C. 行李舱盖胶线　　　　　　　　D. 以上都是

17. 下列选项的鉴定结果中，可能是事故车的是（　　）。
A. 车门胶线粗细不一
B. 发动机舱盖漆面厚度过薄
C. A、B、C柱焊点分布不均匀
D. 以上都是

18. 以下选项中，（　　）是常见的车身缝隙鉴定方法。
A. 观察法　　　　B. 手摸法　　　　C. 仪器法　　　　D. 以上都是

19. 手摸法鉴定车身缝隙时，常用手的（　　）部位。
A. 手掌中间　　　B. 手背边缘　　　C. 手指内侧　　　D. 指尖

20. 在车身缝隙鉴定中，新手评估师可以使用（　　）辅助完成鉴定。
A. 游标卡尺　　　B. 星形塞尺　　　C. 漆膜仪　　　　D. 诊断仪

21. 事故车鉴定中，以下缝隙具备鉴定意义的是（　　）。
A. 发动机舱盖缝隙　　　　　　　B. 车门缝隙
C. 保险杠缝隙　　　　　　　　　D. 以上都是

22. 下列选项的鉴定结果中，最可能是事故车的是（　　）。
A. 车门缝隙不均匀　　　　　　　B. 蓄电池亏电
C. 发动机故障灯亮起　　　　　　D. 以上都是

23. 某车玻璃的生产年份"7"后面三个点表示是（　　）月生产的。
A. 8　　　　　　　B. 9　　　　　　　C. 10　　　　　　D. 11

24. 轮胎花纹深度小于等于（　　）mm，则需要更换。
A. 1.2　　　　　　B. 1.6　　　　　　C. 2.0　　　　　　D. 2.4

二、判断题

1. 如果车身有焊接痕迹，说明车辆有可能发生过交通事故。（　　）

2. 螺栓作为车身上的紧固零件，不具备鉴定价值。（　　）

3. 螺栓是鉴定二手车的一部分，所以每一颗螺栓我们都要鉴定。（　　）

4. 如果我们发现螺栓漆面存在断裂及螺栓出现移位现象，那么我们可以判断该螺栓被拧动过。（　　）

5. 如果在车上我们发现螺栓有被更换的情况就可以断定该车为事故车。（   ）
6. 我们可以通过观察漆面断裂以外的方式判断一颗螺栓是否被拧动过。（   ）
7. 焊点在车辆中非常常见，所以没有鉴定意义。（   ）
8. 车辆焊点表现为边缘处垂直、平底无弧度、无冲压痕迹，则可以判断为原厂焊点。（   ）
9. 车辆焊点表现为冲压痕迹不明显、形状不规则、分布不均匀，则可以判断为非原厂焊点。（   ）
10. 焊点鉴定对于新手是有一定难度的，可以用漆膜仪辅助鉴定。（   ）
11. 焊接是车辆装配的重要工艺，所以所有焊点都需要鉴定。（   ）
12. 胶线在车辆中非常常见，但出现异常痕迹也是有鉴定意义的。（   ）
13. 车门胶线表现为外形美观、不间断，则可以判断为非原厂胶线。（   ）
14. 车门胶线表现为按压非常硬、没有韧性，则可以判断为原厂胶线。（   ）
15. 胶线鉴定是车辆中很小的细节，因此判断不出来是否为事故车。（   ）
16. 胶装是车辆装配的重要工艺，所以所有胶线都需要鉴定。（   ）
17. 二手车车身缝隙不均匀，只是影响美观，没有鉴定意义。（   ）
18. 车身缝隙越大越好。（   ）
19. 车身缝隙表现为整体均匀、左右对称，则可以判断为原厂状态。（   ）
20. 车身所有原厂玻璃的生产年月一定都相同。（   ）
21. 车体的骨架包括 A、B、C 柱及前翼子板。（   ）
22. 如果立柱发生过切割焊接的情况，即可判断车辆为事故车。（   ）
23. 在用漆膜仪对发动机舱盖进行鉴定时，发现漆面厚度值达到 $200\mu m$，则判断发动机舱盖更换过。（   ）
24. 减振器座处重新打密封胶，而且漆面有脱落痕迹，即可判定车辆为事故车。（   ）
25. 前段纵梁与前防撞钢梁连接螺栓松动，即可判断车辆为事故车。（   ）

三、简答题

1. 新车涂装工艺和修补涂装工艺的区别是什么？
2. 不良涂装的种类有哪些？再涂装发现的方法有哪些？
3. 如何鉴别漆面的色差？
4. 汽车制造中应用最多的焊接工艺是什么？焊接修复常见方法有哪些？
5. 车身缝隙检查方法是怎样的？
6. 车身胶线检查方法是怎样的？
7. 车身玻璃更换的判断方法是怎样的？
8. 车身螺栓拆装痕迹判断方法是怎样的？
9. 车身框架修复判断方法是怎样的？
10. 减振悬架、散热器框架、梁头、前纵梁、底槛、后纵梁修复的判断方法是怎样的？
11. 安全气囊的鉴别方法是怎样的？

第 5 章

CHAPTER 5

泡水车鉴定

【学习要点】

1. 了解泡水车的危害。
2. 掌握泡水车的鉴定评估方法。

【章节导入】

随着雨季的到来,二手车市场都出现了各种类型的泡水车,有些汽车在大雨中被雨水淹没,或者陷入水深路面无法正常安全驶出导致泡水。这些泡水车也是一类事故车。你知道它们的危害吗?作为二手车评估师,你知道泡水车的鉴定方法有哪些吗?

5.1 泡水车的危害

近年来,很多地区的二手车市场都出现了各种类型的泡水车,有些汽车在大雨中被雨水淹没,或者陷入水深路面无法正常安全驶出导致泡水(图5-1)。这些汽车中有一部分经过维修流入二手车市场中,有的汽车经过维修后车主可以继续正常使用。

1. 泡水车的损伤等级

根据车辆的涉水深度与泡水时间,将泡水车的损伤等级分为五个级别,具体损伤分析见表5-1。

2. 泡水车的处理方式

根据不同的损伤情况,泡水车的处理方式可以分为以下几种情形。

(1)轻微泡水

车辆泡水不严重,损伤等级在1~2级。这种类型的泡水车受损情况不严重,经过维修处理后可以正常使用,不会有太大的安全隐患。

图5-1 泡水车

表 5-1　汽车泡水后的损伤评估表

损伤等级	泡水时间	泡水高度	损伤分析
一级	$H \leq 1h$	制动盘和制动鼓下沿以上，车身地板以下，乘员舱未进水	可能造成的受损零部件主要是制动盘和制动鼓损坏形式主要是生锈，生锈的程度主要取决于水淹时间的长短以及水质
二级	$1h < H \leq 4h$	车身地板以上，乘员舱进水，而水面在驾驶人座椅坐垫以下	除一级损伤外还会造成以下损伤： ① 四轮轴承进水 ② 全车悬架下部连接处因进水而生锈 ③ 配有 ABS 的汽车的轮速传感器失准 ④ 地板进水后，如果防腐层和油漆层本身有损伤就会造成锈蚀 ⑤ 部分控制模块被水淹后会失效
三级	$4h < H \leq 12h$	乘员舱进水，水面在驾驶人座椅坐垫以上，仪表板以下	除二级损伤外，还可能造成以下损伤： ① 座椅垫潮湿和污染 ② 部分内饰潮湿和污染 ③ 真皮座椅和内饰损伤，内饰板会分层开裂 ④ 车门电动机进水 ⑤ 变速器、主减速器及差速器可能进水 ⑥ 部分控制模块被水淹 ⑦ 起动机被水淹 ⑧ 中高档车行李舱、CD 换片机、音响功放被水淹
四级	$12h < H \leq 24h$	乘员舱进水，水面至仪表板中部	除三级损伤外，还可能造成以下损伤： ① 发动机进水 ② 仪表板中部音响控制设备、CD 机、空调控制面板受损 ③ 蓄电池放电、受损 ④ 大部分座椅及内饰被水淹 ⑤ 各种继电器、熔丝盒可能进水 ⑥ 大量控制模块被水淹
五级	$24h < H \leq 48h$	乘员舱进水，水面在仪表板以上，顶篷以下	除四级损伤外，还可能造成以下损伤： ① 全部电器装置被水泡 ② 发动机严重进水 ③ 离合器、变速器、后桥可能进水 ④ 绝大部分内饰被泡
六级	$H > 48h$	水面超过车顶，汽车被淹没顶部	汽车所有零部件都受到损伤

（2）中度泡水

车辆泡水深度到仪表板处，损伤等级在 3～4 级。这种类型的泡水车发动机进水的可能性较大，汽车电气系统受损严重，内饰也有一部分被浸泡，需要对车辆进行大范围维修，包括发动机维修、电气系统维修、电器设备更换、内饰部件翻新与更换等。这类车辆经过维修后少部分车主选择继续使用，大部分车主选择将车辆交易，这些泡水车辆就会流入二手车市场。

（3）重度泡水

车辆泡水深度达到车顶处，损伤等级为5级。这种类型的泡水车受损情况非常严重，需要对发动机、底盘、电气系统等进行整体维修与更换，维修费用较高，而且有很大的安全隐患。重度泡水车辆有些会进行报废处理，很少有车主会继续使用，大部分车辆经过维修、翻新后流入二手车市场进行交易。

3. 泡水车的危害

泡水车会给驾驶人以及乘坐人员带来很大的安全隐患。泡水车的危害很多，主要从以下两方面介绍泡水车的危害。

（1）直接危害

首先会对汽车内部的电子控制系统造成损害。雨水和泥沙混合后腐蚀性很强，会影响汽车电气系统的功能。因为通常汽车均配置电子控制系统（如发动机电子控制模块、防抱死制动系统、安全气囊系统、卫星导航系统等），若遇进水，会造成发动机电子控制模块内部电路板短路及插接器端子产生锈斑，金属部分慢慢会产生锈蚀，电路产生接触不良现象，严重时，甚至引起短路烧毁。

其次是会对发动机造成损害。汽车泡水后，千万不要尝试起动或者转动发动机，否则会造成发动机连杆严重变形、气门弯曲等后果，甚至会造成缸体破裂。另外，一旦有水进入发动机，会影响机油的润滑效果。

（2）潜在危害

泡水车辆还有很多潜在的危害。车辆内如地毯、座椅等因浸泡过久会造成材质变形、粗糙及产生异味、细菌滋生。地毯下线束周围水汽浓重，因潮湿会导致电路短路发生。这些被浸泡的部件最好都更换，否则会留下很多安全隐患。车门内饰板里一般都有隔音棉，也需要更换。音响、喇叭等浸水后则必须更换，否则几天后就会坏掉。四轮轴承一定要换，因为轴承密封件是润滑脂润滑，如果不换，润滑脂受腐蚀变质，起不到润滑作用，会造成先是异响，最后轴承可能断裂，影响行车安全。

5.2 泡水车鉴定方法

5.2.1 外观鉴定

识别泡水车不像识别事故车那样，凭经验通过车辆外观的漆面、钣金等能看出是否为事故车。一般情况下，泡水车的钣金件不会受到损伤，所以不需要进行钣金、喷漆修复。这样的泡水车在外观上是非常难以辨识的，但是也有一些小的细节可以作为鉴定车辆是否为泡水车的参考。

1. 前后灯组

前后灯组（图5-2）是比较容易忽略的检查项目，通过细致的检查，可以从前后灯组得到一些信息来鉴定车辆是否有泡水经历的可能性。其主要检查内容包括：

图5-2 泡水车前灯组

1）注意观察车辆的前后灯组是不是"新得过分"。如果灯组的新旧程度与车辆生产年份明显不符，可能灯组是被换过的，有可能是事故、故障、泡水等原因导致的更换。

2）检查灯组线束的接头及插座，如果内有大量泥沙或有锈斑，表明可能为泡水车。

3）检查灯组内部是否有水渍或泛黄现象，以判断灯组是否有被水浸泡过的痕迹。

2. 雾灯

雾灯的位置普遍比较低，有些车辆经过涉水路段时，雾灯很有可能会被水浸泡（图5-3）。因此，检查雾灯也可以作为一个参考内容。检查雾灯的内部是否有水渍或泛黄现象，线束的接头及插座内是否有大量泥沙或锈斑，以判断车辆是否有被水浸泡过的痕迹。

图5-3 雾灯检查

5.2.2 驾驶舱鉴定

1. 气味

经过水泡后的车辆在晒后都会有经久不散的霉味，即使内饰经过全面清洗，依旧会有一股霉味，并且这种气味很难完全去除。判断车辆是否是泡水车时，最简单的办法就是进入车内闻气味。

对车内的异味可使用柠檬、木炭、日晒等手段进行清除。虽然这些方式对于清除车内异味确实有效，但是如果处理不够彻底，几个月后，这些异味又会死灰复燃。有些商家为了掩盖这种霉味会喷大量的香水或者空气清新剂。因此遇到这种香气特别浓重的车辆，也需要多加留意。

2. 座椅固定架

观察座椅底部的金属固定架（图5-4），如果有比较明显的锈蚀现象，则基本能确定此处被水浸泡过。当然，如果该部件特别新，一点灰尘都没有，则也可能说明它被换过，需要注意。这是因为，在正常用车过程

图5-4 泡水车座椅固定架

中，座椅底部的金属固定架很难有机会接触水，一般洗车或做内饰清洁时，也不会擦拭这里，所以此处基本没有生锈的可能；同时，正常情况下，座椅固定架上应该还会有些许积灰。

3. 座椅填充物

通常处理泡水车座椅就是将座椅拆除，用清水冲洗，必要时还需要用真皮护理液进行清洗，然后暴晒。目前市场上绝大多数汽车座椅内部填充物采用的都是发泡海绵，这种材料在经过浸泡、清洗和晒干后，弹性会变差，手感会发硬，因此可以通过用力按或者捏座椅边缘的方法来判断座椅是否被水泡过，如图5-5所示。同时，经过浸泡后的皮革颜色会略深，且有霉味，应仔细辨别座椅是否有霉味。

4. 安全带

在清洗泡水车时安全带往往比较容易被忽略，这也给泡水车的鉴定提供了一个机会。经过污水浸泡后的安全带，上面会留有较明显的水迹，而且不容易被清除，会产生霉斑，因此可以通过观察安全带来判断该车的泡水深度（图5-6）。

图5-5　座椅检查

图5-6　泡水车安全带检查

5. 地毯

车内植绒地毯也是一个重要的观察点，可以通过用手触摸的方式进行判断（图5-7）。主要留意地毯的毛是否柔顺、有无被刷子刷过后起球的情况。正常的地毯，手感比较柔软、细腻，而经过水洗后，摸上去手感会发硬、发涩。

6. 电器按钮

检查车内电器系统（音响、空调等）按键与旋钮（图5-8），注意按键、旋钮的操控阻尼与顺畅度，如果普遍有手感发涩或回弹无力的情况，则说明这些设备很有可能被水浸泡过。可以与同款新车或者同年份的二手车进行对比，体验两者按键或旋钮是否异常。

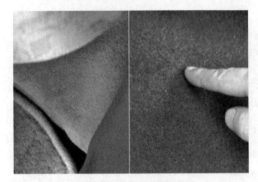

图5-7　泡水车地毯检查

图5-8　按键、旋钮检查

7. 液晶显示屏

车辆在泡水后，如果水位超过仪表板，将留下很多破绽，就算再细致的清理也不易消除。可以观察液晶显示屏，看看有无明暗不均匀或色斑现象，如图5-9所示。

8. 线束

检查车内的线束，车门槛条旁的饰板，观察车辆线束的捆扎是否规整，电线上是否有水渍、泥沙残留，线束接口是否有霉变痕迹，如图5-10所示。当水进入驾驶舱时，首先会对布置在地板下方的线束造成损坏，使接口部分霉变并由此引发接触不良、断路等问题。

图 5-9　液晶显示屏检查

图 5-10　线束检查

9. 安全气囊

可以扒开 A 柱、B 柱以及车顶饰板，查看是否还有安全气囊。因为出于维修成本的考虑，泡水车在维修过程中一般都不会进行线束更换，而是晒干后继续使用。而安全气囊由于价格昂贵，一般都是直接拆除不装。可以通过观察侧面气帘是否有泥沙来判断车辆被水浸泡的深度。也可以通过查看车辆的维修记录来确认该车是否更换过安全气囊；根据车辆有无钣金修复记录来判断该车是否因事故导致过气囊更换。当然，上述方法不能完全判断气囊更换是因为泡水导致的，但可以作为一个参考。

5.2.3　发动机舱鉴定

1. 防火墙

观察防火墙上是否有水渍，可判断车辆泡水深度，如图 5-11 所示。检查隔音棉及发动机舱盖，如隔音棉与发动机舱盖之间有较多泥沙，且发动机舱盖螺栓有拆卸痕迹，但隔音棉无拆卸痕迹，则表明可能为泡水车。

图 5-11　防火墙检查

2. 熔丝盒

检查熔丝盒内是否有水迹、泥沙、锈蚀痕迹，如图 5-12 所示。
正常熔丝为亮银色，经过浸泡后的熔丝失去光泽，而且会有一些霉点。

3. 缸体

检查发动机缸体，如图 5-13 所示，图 5-13a 为正常发动机缸体，图 5-13b 为泡水车缸体。检查发动机的金属部件是否有霉点，如果全车金属都有霉点，则这辆车很大可能是泡水车。但是如果只是部分金属出现上述问题，也有可能只是车辆长期放置在潮湿的地方或车辆部分泡水。

图 5-12 熔丝盒检查

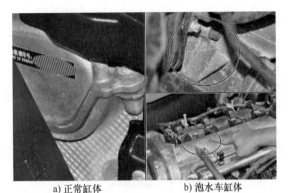

a) 正常缸体　　b) 泡水车缸体

图 5-13 缸体对比

5.2.4 行李舱鉴定

1. 随车工具

观察随车工具箱是否留有泥沙痕迹，检查随车工具的锈蚀情况，如图 5-14 所示。

2. 水渍

掀开行李舱装饰盖板，取出工具泡沫块，查看角落处是否有泡水痕迹，如图 5-15 所示。在检查时还应关注排水塞有无拆装痕迹、行李舱座（备胎座）两旁后轮毂隐秘接缝处的死角是否有残留污泥。

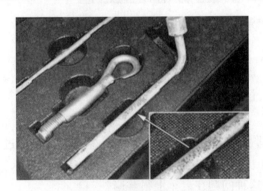

图 5-14 随车工具锈蚀

图 5-15 行李舱水渍

3. 备胎

检查备胎，查看是否有锈蚀、泥沙存留的情况，如图 5-16 所示。

铁质轮毂出现锈蚀也有可能是使用过程中造成的现象，因此需要结合车辆整体状况综合判断有无泡水经历。

5.2.5 底盘鉴定

1. 油底壳

检查发动机油底壳、变速器油底壳等，这些铝制部件是否有类似"发霉"的情况，如图 5-17 所示。

图 5-16 备胎锈蚀

图 5-17 油底壳检查

2. 排气管

检查排气管的锈蚀情况。通常车辆经过长时间使用，经过雨水的侵蚀，排气管有轻微锈蚀或者泛红现象是正常的，但出现图 5-18 所示这样严重的锈蚀情况，就证明该车一定被水泡过。

图 5-18 排气管检查

3. 悬架螺栓

检查底盘悬架系统等螺栓是否有锈蚀现象，如果底盘螺栓普遍有锈蚀现象，如图 5-19 所示，说明该车泡水的可能性较大。

4. 排水塞

行李舱底部有图 5-20 所示的排水塞，如果排水塞有打开过的痕迹，至少说明该车有过积水，但未必能证明这就是辆泡水车。很多时候，车辆天窗排水管漏水，导致备胎舱积水，正常维修方式也是通过打开排水塞进行排水，而这种问题在老车上很普遍。

图 5-19 底盘螺栓检查

图 5-20 排水塞检查

5.3 案例分析

例1 一辆北京现代汽车行驶8万km,2011年11月份上牌,以正常市场价进行二手车交易,但在后续检查中发现以下情况。

1)拆下备胎,发现该车备胎舱有严重的锈蚀痕迹(图5-21、图5-22)。正常情况下备胎舱使用率不高,不会出现严重的锈蚀情况,应该是比较干净整洁的,怀疑可能是由于泡水的原因造成的。

图5-21 备胎舱

图5-22 锈蚀痕迹

2)检查发动机舱,发现熔丝盒比较干净整洁(图5-23),并未发现泥沙。泡水车经过后续处理熔丝盒也会很正常。

3)检查防火墙以及线束,防火墙处未发现异常,整个防火墙是非常干净、非常新的,但是胶套里面却全是堆积的泥土(图5-24),继续把发动机舱的一些密封线束拆开,发现里面有较多的泥沙堆积(图5-25)。正常使用的车辆,这些线束里面应该是非常干净的,但是这辆车却全是泥沙的堆积,怀疑有可能是泡水车。

图5-23 熔丝盒

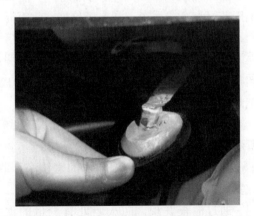

图5-24 防火墙线束有泥沙

4)检查内饰。空调出风口处有大量的泥土未清理干净(图5-26),怀疑可能是车辆泡水后造成的。

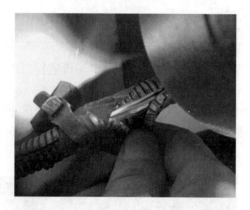

图 5-25 拆开密封线束发现有泥沙堆积

图 5-26 出风口有泥土

后排座椅经过拆卸后发现锈蚀较严重（图 5-27），怀疑是泡水后造成的。

经过以上检查，可以得出结论：该车多处有锈蚀、泥沙堆积情况，怀疑是泡水车；泡水深度超过发动机舱，导致发动机进水的可能性较大，发动机有可能进行过维修。通过车载诊断系统（On-Board Diagnostics，OBD）检测，该车并未发现任何故障码，但是发动机在起动以后，发动机的怠速转速只有 600r/min；用听诊器听诊发动机缸体，时发现有疑似活塞敲缸的异响；在路试阶段，发动机有非常明显的动力不足现象。结合静态和动态检查结果，初步判断该车为泡水车辆，而且发动机因泡水出现了机械故障。

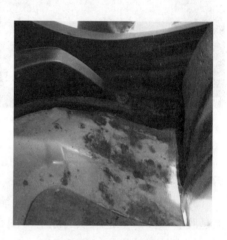

图 5-27 后排座椅锈蚀

例 2 南方某二手车交易市场，一辆 2006 年产的丰田花冠汽车二手车正常市场价格在 3 万元左右，该车外观较好，内饰保持得也不错。

通过检查发现，发动机舱盖钣金、左后翼子板钣金、上边梁钣金有修复痕迹，基本全车喷漆。外观虽然修复的面积大，但是没有明显的色差和爆漆现象。通过仔细检测，没有发现切割痕迹，都是正常的钣金件。对于一辆 12 年车龄的汽车，其外观状况可以接受。

打开发动机舱盖第一眼看到的就是图 5-28 所示的减振器座，其锈蚀程度似乎有点不正常，不过南方的天气比较潮湿，再加之该车回收后做发动机舱清洗，也可能造成这种情况。

通过检查发现，防火墙处有少量的泥沙、水渍残留（图 5-29），这是很明显的异常现象。防火墙处部件、线束比较密集，如果被水泡过很难彻底处理，基本都会留下一些泥沙、水渍的痕迹。当然，仅凭这一点还不能确定该车是

图 5-28 减振器座锈蚀

泡水车。

前照灯的线束有一块很明显的腐蚀痕迹（图5-30），泡水车之所以不能买，就是因为后期车上所有的电器原件都会陆续出问题。如前照灯，现在看起来没问题，但是这一块霉斑就像癌细胞一样，随着时间的推移会慢慢地扩散到全车，车辆会陆续出现各类电器故障。

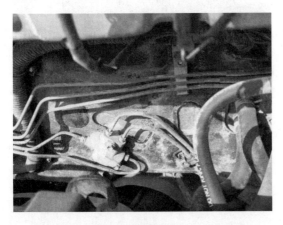

图5-29 防火墙有少量泥沙、水渍残留

图5-30 线束有霉斑

座椅外观看似干净整洁（图5-31、图5-32），但是一坐上去就明显感觉到座椅发硬。座椅下的固定架锈蚀比较严重，一般有点锈斑都正常，但是该车辆锈蚀程度不正常。

图5-31 前排座椅

图5-32 后排座椅

点烟器里有霉斑，如图5-33所示。

检查该车安全带。将安全带全部拉出，发现后排座椅安全带上布满霉斑（图5-34），说明该车后排座椅的安全带经过水泡之后没有处理，导致安全带发霉。

通过发动机舱、内饰等检查项目可以得出结论：该车发动机舱有水泡痕迹，减振器座、线束有霉斑；驾驶舱点烟器、座椅、安全带有明显的水泡痕迹，而且较严重，综上所述，该车为泡水车。

 图5-33 点烟器里有霉斑
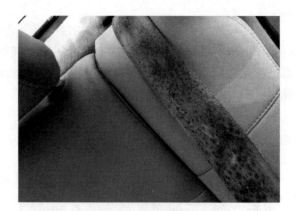 图5-34 后排安全带布满霉斑

【课后练习】

一、判断题

1. 泡水车有很大的危害，包括潜在危害和直接危害，会影响行车安全。（　　）
2. 根据车辆的涉水深度与泡水时间，将泡水车的损伤等级分为五个级别，一级最为严重。（　　）
3. 在对发动机舱进行鉴定时，可以通过检查发动机舱盖漆面厚度来判断泡水级别。（　　）
4. 涉水深度达到车顶处的泡水车受损情况非常严重，需要对发动机、底盘、电气系统等进行整体的维修与更换。（　　）
5. 在检查驾驶舱是否有泡水痕迹时，应该重点检查地板线束，安全带、座椅等不作为重点检查部位。（　　）
6. 打开车门发现驾驶舱有"霉味"，说明车辆有泡水经历。（　　）
7. 检查转向柱时发现有锈蚀等痕迹，判断车辆涉水深度超过座椅。（　　）
8. 检查发动机舱时，要注意熔丝盒以及防火墙是否有泥沙、霉斑等痕迹，以此作为判断车辆是否有泡水经历的依据。（　　）

二、简答题

1. 泡水车是如何区分的？
2. 如何鉴定车辆是否为泡水车？
3. 还有哪些方法可以鉴定车辆是否泡水？

第 6 章

CHAPTER 6

二手车性能鉴定

【学习要点】

1. 掌握二手车性能鉴定的内容、方法。
2. 掌握行驶里程鉴定方法。
3. 掌握翻新车辆的鉴定方法。

【章节导入】

在进行二手车交易的过程中,我们作为二手车业务工作人员,不仅要对二手车的证件和外观等进行检查,更要对二手车的性能进行仔细的鉴定。通过对车辆整体性能的进一步检查,可以让我们掌握更多的车辆技术状况信息,帮助我们计算出评估价格。

在进行二手车交易的过程中,不仅要对二手车的外观等进行检查,更要对二手车的性能进行仔细的鉴定。通过对车辆的整体性能做进一步检查,可以让评估师掌握更多的车辆技术状况信息,帮助评估师给出准确的评估价格。二手车性能鉴定内容包括车辆驾驶舱内功能部件的鉴定,发动机性能的鉴定,以及车辆是否经过"调表""翻新"的鉴定等。

6.1 内部使用功能鉴定

随着汽车工业的快速发展,现如今汽车不仅要拥有靓丽的外观,更要拥有舒适的内部使用功能,汽车上的高科技配置越来越多,如多功能转向盘、自动空调、记忆座椅、定速巡航等。那么,在进行二手车性能鉴定时,评估师要更加留意这些配置的功能是否能够正常使用。

1. 检查喇叭

起动发动机,按下喇叭按钮,检查车辆喇叭音量、音质,如图 6-1 所示。

喇叭常见故障及原因:

1) 单音,喇叭损坏。

2）两只喇叭都不响，喇叭继电器损坏、熔丝熔断、按钮损坏、喇叭损坏（两只喇叭同时损坏的可能性较小）等。

3）喇叭音质不好，通常情况下是因为喇叭进水，也可能是插头、触点接触不良。

2. 检查仪表板照明及调整功能

检查仪表板照明及调整功能（图6-2）。如果仪表板照明不亮，常见的原因主要有以下几个：

1）仪表板照明灯损坏。

2）仪表板供电导线断路。

3）仪表板供电熔丝熔断。

检查仪表调整功能，通过仪表显示调整按键进行切换，检查调整功能是否正常。

图6-1 检查喇叭

图6-2 仪表板照明

3. 检查电动后视镜

（1）检查车外电动后视镜

检查电动后视镜（图6-3），判断后视镜功能是否正常，具体步骤：

1）起动发动机，设置电动后视镜的调节钮至L/R，通过调节钮，分别对两侧电动后视镜进行四个方向位置功能测试，检查其工作状况。

2）对于特殊配置车辆，通过电动后视镜折叠钮，对两后视镜进行折叠功能测试，对有记忆功能的车辆，通过记忆开关设置、调整。

电动后视镜常见故障：

1）电动后视镜都不能调节，可能的原因有熔丝断开、插接器松脱或线路断路、开关有故障。检查熔丝是否断开、插接器是否松脱、开关及线路是否正常。

图6-3 车外电动后视镜

2) 单个电动后视镜不能调节，可能的原因有插接器松脱或线路断路、电动机或开关有故障。检查电动机是否正常、开关及线路是否正常。

（2）检查车内后视镜

手动调节：

手动调整车内后视镜（图6-4）角度调节开关，检查镜片角度变化情况。

自动防眩目调节：

设置后视镜防眩目开关，在工作状态下通过改变后视镜感光孔亮度，检查镜片亮度变化情况。

检查方法：遮挡住外侧传感器，再用灯光照射后视镜，观察后视镜的颜色变化。

当然，有些汽车带防眩目功能的后视镜，在以下情况即使用灯光照射后视镜，后视镜颜色也不会变化：

1）车内照明已打开。

2）已挂入倒车档。

图6-4 车内后视镜

4. 检查玻璃升降器

检查各个车门的车窗玻璃升降情况（图6-5）。

起动发动机，通过电动玻璃开关键分别操作各车门电动车窗玻璃升降、锁止和防夹功能，检查升降时工作情况。

对于具有一键功能的车辆，检查电动车窗玻璃是否具有自动升降功能。

电动车窗常见故障：

1）所有车窗玻璃不能升降，可能的原因有蓄电池电压过低、电源电路或搭铁电路有故障。应检查电动车窗熔丝是否断开、电源线路是否断路或短路、主控开关搭铁是否不良。

图6-5 车窗玻璃升降情况检查

2）个别车窗玻璃不能升降，可能的原因有电动车窗熔丝断开、电动机有故障、车窗开关有故障、线路断路或短路。应检查车窗熔丝是否断开、电动机是否损坏、车窗开关是否损坏、线路是否正常。

5. 检查风窗洗涤器、刮水器

将清洗液或清水喷洒在风窗玻璃上，检查刮水器功能是否正常，如图6-6、图6-7所示，设置刮水器开关至各档位（点动、关、间歇、低档、中档、高档），分别检查每个档位工作是否正常。

设置刮水器开关至间歇档（雨水传感器），调整不同间歇时间，检查其工作状态。向上抬起刮水器开关，检查喷射压力、喷射角度是否正常。

刮水器的常见问题及其原因：

1）噪声大，一般是因机械部分松动产生噪声。

图 6-6 前刮水器功能检查

图 6-7 后刮水器功能检查

2）不工作或转速低，电动机故障。

3）没有间歇档位，控制单元/雨水传感器或间歇继电器故障。

6. 检查空调系统

起动发动机，检查汽车空调系统是否正常，如图6-8、图6-9所示。

图 6-8 空调系统检查

设置风扇不同档位，检查风扇工作状态。

按下内、外循环系统开关，检查出风口风量，调整冷风和热风，检查出风温度是否正常。

车辆暖风系统不制热可能有两方面的原因，一是发动机冷却系统故障；二是暖风系统的控制机构工作不良。在维修时，要先判定是哪一方面原因引起的，再进行相应的维修。判断的方法很简单，检查一下暖风小散热器的两个进水管温度，如果两根管都够热，说明是

图 6-9 后排空调系统检查

风量控制机构的问题；反之，如果两根水管都是凉的，或者一根热一根凉，说明是冷却系统问题。

7. 检查杂物箱

开启杂物箱开关（图6-10），杂物箱盖应具有缓冲功能，工作时应无异响、阻滞、犯卡

等现象。

关闭杂物箱，杂物箱回位应有力，无松框、犯卡等现象。

8. 检查天窗

起动发动机，检查天窗功能是否正常。

天窗设置天窗开关（开启至不同位置、角度），检查天窗工作状态，如图 6-11 所示。

图 6-10　杂物箱功能检查

图 6-11　天窗功能检查

常见问题：系统不工作和动作不正常及异响。

天窗不工作和动作不正常的原因：

1）电动天窗开关损坏。

2）电动天窗电动机损坏。

3）电动天窗主继电器损坏。

4）电动天窗控制继电器损坏。

电动机异响：检查供电是否正常，如供电正常，则需要更换电动机。

天窗运行异响：轨道内有异物或缺少油脂，引起异响。

9. 检查座椅功能

起动发动机，检查座椅位置调节功能、靠背角度调整功能等是否正常，如图 6-12 所示。

如果座椅有加热、通风、记忆等功能，则进行逐项检查。坐在座椅上，通过座椅加热开关设置加热档位，感受座椅温度是否变化正常。

通过座椅调节开关，调整座椅（坐垫、背垫及膝部支撑）角度，检查各个档位座椅加热情况，用手感触座椅加热的均匀度。

设定带有记忆功能的座椅，检查其工作情况是否正常。

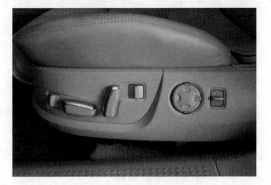

图 6-12　座椅功能检查

10. 检查安全带

将安全带全部拉出，检查安全带污垢、磨损情况，放松安全带，检查安全带自动收缩功能，如图 6-13 所示。通过突然猛拉安全带的方法，检查安全带的锁止和解锁功能是否正常。

11. 检查照明系统

检查车辆照明系统功能是否正常,包括示宽灯、近光灯、远光灯、倒车灯、牌照灯、阅读灯、前后雾灯等,如图6-14~图6-16所示。

具体检查流程:起动发动机,开启示宽灯开关,检查示宽灯、牌照灯等是否正常;开启近光灯开关,检查左右近光灯是否正常;开启远光灯开关,检查远光灯是否正常;车辆挂入倒档,检查倒车灯是否正常;开启前后雾灯开关,检查车辆前后雾灯是否正常;检查前后阅读灯,通过操作阅读灯开关、按钮,检查阅读灯是否工作正常,灯光亮度是否正常。

图6-13 安全带功能检查

图6-14 照明系统功能检查

图6-15 倒车灯功能检查

图6-16 阅读灯系统检查

12. 检查信号灯

检查转向灯、制动灯、超车灯、危险警告灯的工作是否正常。

开启转向灯开关(图6-17),检查左右转向灯是否正常;开启警告灯开关(双闪开关)(图6-18),检查危险警告灯开关及闪烁频率是否正常;开启超车灯开关,检查超车灯功能是否正常;踩住制动踏板,检查后制动灯及高位制动灯是否正常(图6-19)。

13. 多功能转向盘检查

通过操作多功能转向盘的功能按键,例如音量调节、静音键、菜单键、定速巡航键等,检查多功能转向盘开关按键是否正常,各个按键功能是否正常;调整转向盘高低、角度,检查转向盘调整是否正常;如果车辆配有转向盘电动调节、记忆功能,则要通过操作按钮检查其功能是否正常,如图6-20所示。

图 6-17 转向灯功能检查

图 6-18 危险警告灯检查

图 6-19 制动灯功能检查

14. 检查娱乐系统

检查车辆娱乐系统，例如收音机、音量大小、蓝牙、菜单等按键、旋钮功能是否正常，如图 6-21、图 6-22 所示。如果车辆配有中控显示屏控制系统，观察显示屏是否有异样；操控触摸式显示屏，检查屏幕反应灵敏度及各功能是否正常。

图 6-20 多功能转向盘检查

图 6-21 按键式娱乐系统检查

15. 检查遮阳板

检查遮阳板功能是否正常（图 6-23），观察主、副驾驶遮阳板化妆镜灯光是否正常。

16. 中控锁检查

通过驾驶人侧的中控锁开关（图 6-24），开启和关闭车门，检查各个车门门锁是否正常工作。

通过钥匙遥控车辆中控锁（图 6-25），检查各个车门及行李舱开关功能是否正常。

图 6-22　显示屏娱乐系统检查

图 6-23　遮阳板检查

图 6-24　中控锁检查

图 6-25　钥匙功能检查

6.2　故障灯鉴定

汽车仪表板上有众多故障指示灯，这些信息可用来帮助我们判断车辆的故障状况。

起动发动机，当警示类的故障灯点亮时，说明车辆存在故障，需要进行维修。常见的故障灯如下。

1. ABS 故障灯

ABS 故障灯（图 6-26）是用来显示车辆 ABS 的工作状况。当打开钥匙门后，车辆开始自检，ABS 指示灯会点亮数秒，随后自动熄灭。如果 ABS 指示灯未闪亮或者车辆起动后仍不熄灭，表明车辆 ABS 出现故障。

2. EPC 故障灯

EPC 故障灯（图 6-27）在大众品牌车型中比较常见。当打开钥匙门后，车辆开始自检，EPC 故障灯会点亮数秒，随后熄灭。如果车辆起动后仍不熄灭，说明车辆发动机机械与电子系统出现故障。

图 6-26　ABS 故障灯

图 6-27　EPC 故障灯

EPC 故障灯功用：

EPC 是发动机电子稳定系统（Electronic Power Control，EPC）的英文缩写，该指示灯常亮代表发动机以及电子系统出现了故障，如在发动机起动后或行驶过程中该灯常亮不灭或闪动，则代表发动机管理系统检测到了发动机或电子系统有故障。

当然，如果因操作不当造成发动机熄火，此故障灯也会亮起；再次着车后该灯熄灭，则代表着一切正常。

3. 安全气囊故障灯

安全气囊故障灯（图 6-28）用来显示安全气囊的工作状态。当打开钥匙门后，车辆开始自检，该指示灯自动点亮数秒后熄灭；如果常亮，则安全气囊有故障。

4. 发动机故障灯

当打开钥匙门后，车辆开始自检，发动机故障灯（图 6-29）会点亮数秒，随后自动熄灭。如果该指示灯未闪亮或车辆起动后仍不熄灭，说明该车发动机有故障。

图 6-28 安全气囊故障灯

图 6-29 发动机故障灯

5. 转向系统故障灯

转向系统故障灯（图 6-30）点亮，说明车辆转向系统出现故障。

6. 胎压警告灯

很多汽车上配备了轮胎气压警告灯，如果该指示灯（图 6-31）点亮，说明车辆轮胎气压不足，需要对车辆各个车轮气压进行检查，必要时需要去修理厂进行补胎或轮胎更换维修。

图 6-30 转向系统故障灯

图 6-31 胎压警告灯

7. 机油压力警告灯

如果机油压力警告灯（图 6-32）点亮，说明发动机润滑系统失去压力，可能是缺少机油，也可能是润滑系统故障或机械故障。

8. 制动系统故障灯

如果制动系统故障灯（图 6-33）点亮，说明车辆制动系统出现故障。有些车辆将驻车制动指示灯和制动系统故障灯合二为一，驻车制动器工作时，该指示灯点亮。如果制动液不足或制动压力不正常，该指示灯也会点亮。如果该指示灯常亮，说明制动系统有故障，需要进行维修。部分车辆在 ABS 系统指示灯点亮的同时也会点亮该指示灯。

图 6-32 机油压力警告灯

图 6-33 制动系统故障灯

9. 自适应前照灯故障灯

自适应前照灯故障灯（图 6-34）会根据实际的路况进行灯光的自动调节（高低、亮度），发动机起动后，如果该指示灯常亮，说明自适应前照灯出现故障，需要进行维修。

10. 充电警告灯

发动机起动后，充电警告灯（图 6-35）常亮，表明电气系统电压超载，或发电机系统可能存在不常发电或发电量不足的情况，需要进行维修。

图 6-34 自适应前照灯故障灯

图 6-35 充电警告灯

以上所列故障指示灯仅仅是常见车型的一部分仪表灯，由于现代汽车车型种类较多，不同车型的指示灯与故障灯可能存在差别，故无法将所有车型的指示灯与故障灯一一列出。

6.3 行驶里程鉴定

很多消费者在购买二手车时会比较关注车辆的车龄、行驶里程等信息。车龄可以通过观察车辆识别代码（VIN）、车辆铭牌信息、行驶证等多个渠道获取。但是，通过观察车辆行驶里程表（图 6-36）来了解车辆行驶里程时，仪表显示的里程数不一定是真实行驶的里程数，有可能经过人为"调表"。

同一年份的同一款车辆，行驶里程如果相差几万千米，那么在二手车价格上会有很大差异。所以，在二手车流通行业中经常出现经过人为"调表"后的二手车，这样，消费者在购买车辆时，仪表显示的里程就会远小于车辆的真实里程，从而产生错误的引导信息，对二手

图 6-36 行驶里程表

车的价格评估会产生很大影响。那么，如何判断一辆汽车的里程表是否经过人为"调表"呢？主要从以下几个方面进行检查。

1. 驾驶舱检查

对车辆的驾驶舱进行检查，查看驾驶舱内部细节部分，主要检查：座椅的磨损程度、转向盘的磨损程度、仪表板的磨损程度和踏板的磨损程度等。观察内饰使用情况是一种比较好的鉴别方法，通常它们更换的情况较少，也比较容易被忽视。

首先，可以检查汽车的座椅情况（图6-37）。边缘部分有明显磨损痕迹，老化较为严重的座椅，车辆里程数通常都不会太低。当然，现在有不少车主会给座椅套上座套，待拆下后座椅的成色还是非常新，这时候可以坐一下驾驶座的座椅，看看是否有坍塌情况，如果车辆经过长时间行驶，那么驾驶人位置的座椅下塌程度会较为明显。

其次，查看转向盘（图6-38）、驻车制动器操纵杆、中控台的各种功能按键、车窗的控制按钮、车门板和扶手等处，因为这些部位都是手或脚经常会接触的地方，使用久了自然就会出现磨损。如果出现油光、掉字、掉漆等一些磨损程度较为严重的情况，通常是使用的时间比较久所致，如果车辆的里程数比较少，就很可能是"调表"车了。另外，有时也会发现这些地方显得较新，这时候要和周边区域对比，如果有较大差异，则很可能是被翻新更换过。

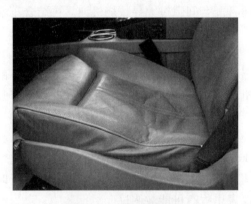

图6-37　内饰座椅检查

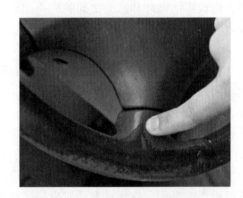

图6-38　转向盘磨损程度检查

此外，还可以通过变速杆的磨损程度来判断车辆的真实里程（图6-39）。同时，检查仪表板周边的塑料件情况，如果出现较为松垮或明显的拆装痕迹，则有可能是"调表"时导致的。

检查踏板磨损度来做进一步判断（图6-40）。加速踏板、制动踏板及离合踏板的磨损程度直接反映了车辆的使用频率高低，踏板是平常驾驶过程中除了转向盘接触最多的部件。由于中央扶手、变速杆、仪表板塑料旋钮的磨损程度很容易被发现，因此部分"调表"车的塑料部件被涂上了表板蜡，千万不要被光鲜的蜡层蒙蔽。

图6-39　变速杆磨损程度检查

2. 发动机检查

检查车辆发动机的外观和工作状态（图6-41）。主要从以下几个方面着手检查。

图6-40 踏板磨损程度检查

图6-41 发动机检查

（1）查看发动机是否有烧机油现象

根据发动机的工况判断：打开发动机舱盖，拧开机油加注口，挂空档踩加速踏板，使发动机转速到4000r/min，看一看机油加注口有没有明显的冒蓝烟现象，如果有大量的蓝烟冒出，则说明活塞环和缸套之间的磨损比较严重，两者配合间隙过大导致烧机油。再结合车辆仪表显示的里程数，判断是否正常。

（2）查看发动机是否有漏机油现象

检查发动机缸体、缸盖，判断是否有明显的漏油现象，如果漏油，其表面会有较明显的油污痕迹。如果里程表里程数显示较小，而发动机却有明显的漏油现象，应怀疑发动机修复过，或仪表里程被调过。

（3）检查发动机正时带

检查发动机正时带，一般的车辆在行驶8万km内是不需要更换正时带的。观察正时带的磨损程度，是否与车辆行驶里程相符合。如果里程表里程数为6万km，但是发动机正时带磨损程度很小，应怀疑发动机更换过正时带，仪表里程有可能被调过。

（4）发动机噪声检查

即使仪表显示的行驶里程数被调小了，发动机的技术状况也是无法掩盖的。车辆行驶超过一定的里程数之后，发动机的噪声会增大。如果发动机的噪声较大，而仪表显示里程数较小，应怀疑仪表里程数经过调整。

3. 轮胎磨损程度检查

观察轮胎磨损程度时，一定要清楚车辆的出厂日期，将轮胎的生产日期和汽车的出厂日期进行对比。轮胎的更换周期一般是3年左右或5万~8万km。

如图6-42所示，轮胎生产日期由四个数字组成，后两位表示轮胎的生产年份，前两位表示第几周生产。该轮胎生产日期为2011年第26周。根据轮胎、车辆

图6-42 轮胎的生产日期

的年份，轮胎的磨损程度可以推算出大致的行驶里程。如果轮胎未更换过，轮胎花纹的磨损程度应该较大，而车辆的行驶里程数较少，可以怀疑车辆的里程表被调小过。

例如：该车的生产日期是 2011 年，轮胎是 2011 年第 26 周生产的，检查日期为 2018 年 5 月。通过检查发现，轮胎磨损较严重，但是仪表显示行驶里程仅为 4 万 km，可以怀疑该车的仪表被调过。

4. 制动盘磨损程度检查

由于每个驾驶人的操作习惯不同，制动盘的更换周期也不固定。一般来说，更换周期为 10 万 ~ 12 万 km。值得注意的是，前后轮制动盘的更换周期不同，后轮的更换周期会更长一些。车辆在进行制动时，其重心会向前移，前轮承受的力要比后轮大很多，所以前轮的更换周期更短。

通过检查车辆制动盘的磨损程度（图 6-43），判断制动盘是否更换。通常车辆 10 万 km 以内不需要更换制动盘，如果表征里程 5 万 km，而制动盘却更换过，应怀疑车辆可能被"调表"。

图 6-43　制动盘检查

5. 维修保养记录

如果车辆定期去 4S 店进行保养或维修，就会留有维修保养记录，可通过该车维修保养手册或汽车的车架号（VIN 码）在 4S 店里查询到这些记录。该记录极难造假，可以通过查询这些记录来判断该车是否有调表嫌疑。

例如：一辆二手车 6 年内行驶 10 万 km，通过检查未发现异常，发动机状况良好，内饰磨损程度正常。但是，通过检查维修保养记录发现，该车在 4S 店有过 14 万 km 的维修记录，因此基本确定该车经过人为"调表"。

在检测车辆时，还可以查勘车辆的保险记录，保险记录上同样也会记录车辆的里程数，根据日期进行实际比对。

6.4 车辆翻新鉴定

随着二手车市场不断发展，二手车的交易量逐年上升，消费者对二手车的要求也越来越高。因此，很多车商、品牌 4S 店都对二手车进行整备翻新处理。例如奥迪品牌的"魔术翻新"、丰田品牌的"高标准清洁"都是对车辆进行整体翻新。那么二手车翻新到底有哪些好处？

1. 二手车翻新的作用

1）看起来更加美观，吸引消费者注意。作为消费者，在购买车辆时肯定是选择看起来更加光鲜的那辆，如果二手车看起来很破旧，就算性能很好，消费者也很少会购买。

2）延长汽车使用寿命。对车主而言，即使不进行二手车转让出售，也可以定期对某些汽车零部件进行翻新，如对发动机的外观进行翻新，可以清除一些油污，同时也可以延长发动机的使用寿命。

3）提高车辆安全性与舒适性。对于消费者来说，二手车经过翻新后，不仅外观光鲜亮丽，而且内饰翻新后也会提高驾驶的安全性与舒适性。

4）利润更高。对于车商、品牌4S店来说，二手车经过翻新后，不仅可以促进成交，而且也可以提高利润空间，客户满意的同时，企业也会获益。

2. 二手车翻新工艺流程

对整个车辆进行翻新，不仅需要投入较大的人力，还需要很大的物力成本。与普通洗车有本质的不同，二手车整备翻新主要包括发动机翻新、内饰翻新、轮胎翻新、行李舱翻新和漆面翻新等几大部分。不同汽车品牌店的二手车翻新流程不同，但都要求和展厅中的新车一样，任何可见、可触摸的地方都不能有任何污渍和油污。

（1）发动机翻新

发动机舱会堆积很多灰尘和油污，对发动机进行翻新处理（图6-44），不仅可以让发动机看上去光鲜亮丽，还可以提高发动机的使用寿命。不少二手车商会对车辆的发动机舱进行清洗，这样更利于车辆的成交。

图6-44　发动机翻新

发动机翻新主要流程：

1）冲洗发动机表面的灰尘、杂物。
2）将清洗剂喷洒在油污处。
3）用小毛刷或牙刷反复擦拭油污处。
4）用清水冲洗发动机表面。
5）擦干或吹干检查发动机油污是否清洗干净。

（2）内饰翻新

很多二手车在出售之前，都会对车辆的内饰进行清洗或翻新（图6-45），一是要清除原车主留下的痕迹，比如车辆内饰的烟草味、内饰磨损和污渍等；二是要整体提高车辆内饰的光泽、清洁度。这样，消费者在查看车辆内饰时满意度会大大提升。如果车辆内饰出现很多褶皱，还有一些很难清洗的污渍，说明这辆车已经开了很久，这时应对内饰进行清洗或更换，才能达到旧车变新车的目的。

图6-45　内饰翻新

内饰翻新主要流程：

1）检查顶篷内饰、地毯是否有油污，将多功能泡沫清洗剂喷洒在污渍处，让清洗剂与污渍充分混合，大概15s后，用毛刷、牙刷等工具进行擦拭，直到油污被清除干净，再用干毛巾进行擦干处理。

2）检查仪表板、转向盘、空调出风口等，利用泡沫清洗剂进行翻新处理。

3）检查车门内饰板、遮阳板、各门柱内饰板，利用泡沫清洗剂进行翻新处理。

4）检查座椅、安全带，利用泡沫清洗剂、真皮清洗液等对座椅进行翻新处理，必要时进行纺织、真皮座椅的修复处理。

5）喷洒仪表蜡、真皮保养油，让内饰整体看起来更新，延长皮革类制品的使用寿命。

6）检查内饰是否翻新合格。

（3）轮胎翻新

轮胎经过翻新后（图6-46），不仅可以去除轮辋上的油污和铁屑，也可以提高轮胎的使用寿命。

图6-46　轮胎翻新

轮胎翻新流程：

1）将各个车轮拆卸下来，用清水冲洗车轮的内侧与外侧。

2）在轮辋油污处喷洒清洗剂，用刷子对轮辋内、外侧进行反复清理。

3）清水冲洗后，用刷子对轮胎进行清理，直至冲洗的水比较干净为止。

4）将各个车轮安装到车上，在轮胎外侧均匀地喷洒轮胎上光蜡（轮胎宝）。这样可以让轮胎看起来更加光鲜亮丽，同时也能提高轮胎的使用寿命，防止轮胎老化。

5）检查各个轮胎是否翻新合格。

（4）行李舱翻新

行李舱在使用过程中，经常放置一些货物、杂物等，堆积的灰尘会比较多，对行李舱进行翻新时，要利用吸尘器对其进行彻底的吸尘处理（图6-47）。

图6-47　行李舱翻新

行李舱翻新流程：

1）将行李舱中的杂物全部取出，利用吸尘器将杂质、灰尘处理干净。

2）对有污渍的部位，喷洒清洗剂，利用刷子清理干净。

3）清洗行李舱地板、内饰板，将油污清洗干净。

4）清理备胎舱杂质、灰尘和油污，清理随车工具。

5）检查行李舱是否翻新合格。

（5）漆面翻新

车辆在行驶几年后存在刮伤是很正常的，车身漆面也会逐渐失去原来的光泽。于是很多汽车4S店、二手车商会对低价收来的汽车进行全面的漆面翻新处理（图6-48），一般会对车身漆面进行抛光、打蜡、封釉处理，这样车辆的外观看起来就会焕然一新。

漆面翻新流程：

1）首先对车辆的外观进行清洗，用清洗剂、洗车泥、板油清洗剂等清除漆面上的灰尘、污渍、沥青等。

2）外观清洗干净后，根据漆面的损伤情况，利用抛光机对漆面进行抛光处理，清理漆面的老化层和划痕。如果划痕过深，抛光是无法起到作用的，需要进行喷漆处理。

3）漆面抛光后，为了消除抛光留下的抛光纹，对漆面进行打蜡处理。

图6-48　漆面翻新

4）对漆面进行封釉处理，对漆面形成保护，封釉后的漆面防氧化、耐高温，而且让漆面有焕然一新的感觉；也可以对漆面进行镀膜、镀晶处理，提高对漆面的保护作用。

5）检查漆面翻新是否合格。

3. 车辆翻新鉴定

二手车经过整备翻新后，对延长车辆的使用寿命是有很大益处的，同时也能掩饰车辆过去的一些瑕疵和缺陷。但个别车商会对事故车、泡水车、火烧车等进行翻新处理，让车辆看似完好无损，对于消费者来说，很容易步入这些陷阱。

针对事故车翻新可以从以下几个方面着手检查。

（1）检查车身漆面光泽和厚度

1）绕车一周，重点检查车门、腰线和前后翼子板外表面漆层光泽度和平整度。检查车漆表面有无起伏痕迹，油漆光泽度是否均匀一致，经翻新处理过的车辆弧线难以达到平滑、圆润、自然的效果。

2）检查车门周边胶条是否粘有油漆痕迹，以此可以初步判断漆面是否补过漆，必要时可以借助工具（漆膜仪）来检查漆面的厚度是否过厚或者过薄，如果过厚，证明经过漆面修复处理；如果过薄，说明可能经过漆面翻新处理。

3）检查车身漆面是否有抛光留下的痕迹。

（2）发动机舱检查

1）检查车辆的发动机舱（图6-49）是否有油污。如果车辆年龄较大，但发动机舱特别干净整洁，同时可以闻到刺激性气味（通常是清洗剂的味道），则可以初步判断该车进行过翻新处理。

图 6-49　发动机舱检查

2) 检查发动机缸体、缸盖等表面是否有刷痕。如果经过翻新，表面会有刷子清洗过程中留下的痕迹。

(3) 内饰检查

1) 检查车辆的内饰（图 6-50），包括转向盘、座椅、仪表板、安全带、中控操作台、踏板、地板、内饰板等部件是否磨损正常。通过闻气味的方法判断内饰是否存留清洗剂的味道，如果车辆内饰新旧程度与车辆行驶里程不符，同时闻到刺鼻的气味，则该车极有可能经过内饰翻新处理。

2) 检查座椅的松软程度是否正常，仪表板、转向盘是否光滑、油腻，经过仪表翻新打蜡处理的车辆，用手触摸仪表板、转向盘时会产生油腻的感觉。

3) 检查仪表板、车门内饰板表面有无被刷子刷洗过的痕迹，如果表面普遍存在轻微的刷痕，则该车可能经过整备翻新处理过。

(4) 轮胎检查

经过翻新的轮胎较新，但是轮胎的磨损程度无法进行翻新，检查轮胎花纹的磨损程度，同时检查轮毂是否有划痕、修复痕迹（图 6-51），从而判断是否进行过翻新处理。

图 6-50　内饰检查

图 6-51　轮胎检查

(5) 路试

如果车辆的外观、漆面和内饰状况都较好，并结合以上检查项目，最后通过路试来检查车辆的动力性、制动性以及操控性等整车性能。观察车辆是否有动力不足、底盘异响等状况，换档是否平顺；观察汽车内饰部件是否有异响、松动迹象，从而判断车辆的整体性能状况是否正常，与车辆的年龄、里程、漆面新旧程度是否相符。例如：虽然车辆外观、漆面和内饰状况都很好，但是路试表现出发动机动力不足、有异响、舒适性较差等现象，则说明静态检查与动态检查相差很大，该车可能经过翻新处理。

在二手车行业中，一车一况，一车一价。即使同一年份的二手车，行驶里程、漆面、内饰、使用条件不同，也会对二手车的价格产生不同的影响。在进行二手车鉴定评估时，不能仅仅通过车辆的外观、里程等表面信息来确定二手车的价值，还需要对车辆进行整体的检测来做最终的判断。

【课后练习】

一、多选题

1. 轮胎的磨损情况需要综合（　　）方面的因素进行判断。
   A. 日期　　　　　　　　　　　B. 花纹深度
   C. 磨损均匀情况　　　　　　　D. 四个轮胎磨损情况
2. 轮胎的磨损情况与（　　）有直接关系。
   A. 驾驶人的驾驶习惯　　　　　B. 车辆使用环境
   C. 轮胎日期　　　　　　　　　D. 轮胎规格
3. 安全带的损伤形式有（　　）。
   A. 变形　　　　B. 开裂　　　　C. 水渍　　　　D. 霉斑
4. 下列鉴定安全带的方法正确的是（　　）。
   A. 看生产日期　　　　　　　　B. 与同车比较日期
   C. 查看拆卸痕迹　　　　　　　D. 读取故障码
5. 检查车辆是否有调表经历的主要方法包括（　　）。
   A. 检查内饰磨损程度
   B. 检查轮胎磨损是否与年限匹配
   C. 读取仪表行驶里程数据
   D. 查验维修保养、出险记录

二、判断题

1. 车辆发动机、内饰都比较新，车辆行驶里程数较少，可判断车辆无调表经历。（　　）
2. 某车玻璃的生产年份"3"前面有三个点表示是4月生产的。（　　）
3. 读取玻璃生产日期后可以直接判断玻璃是否更换过。（　　）
4. 检查车辆轮胎日期并与车辆的出厂日期做对比，作为判断车辆行驶里程是否真实的依据。（　　）
5. 车身所有原厂玻璃的生产年月一定都相同。（　　）
6. 轮胎生产日期为1218，表示轮胎是2012年第18周生产的。（　　）
7. 一般轮胎从生产之日起，库存不得超过三年，上车使用最长不超过8年。（　　）
8. 打开车门，内饰有刺激性气味时，要特别关注车辆是否有内饰翻新经历，重点检查

车辆行驶里程是否有调表经历。（　　）

9. 检查车辆功能部件时，观察是否有发动机故障码，检查电动座椅、天窗、玻璃升降器的功能是否正常。（　　）

10. 可以利用故障诊断仪进行安全气囊的鉴定和检查。（　　）

三、简答题

1. 如何鉴定发动机性能是否良好？
2. 如何鉴定车辆行驶里程是否真实？
3. 经过翻新处理的车辆如何辨别？

第 7 章

CHAPTER 7

二手车价格评估

【学习要点】

1. 了解二手车价格评估假设条件、计价标准、各种评估方法的联系与区别。
2. 理解二手车成新率概念，掌握其各种计算方法，重点掌握综合调整系数法。
3. 掌握重置成本法基本原理、影响因素、应用前提和适用范围，能够运用重置成本-综合调整系数法评估二手车。
4. 掌握现行市价法基本原理、影响因素、应用前提和适用范围，理解现行市价法评估二手车的思路和方法。
5. 掌握收益现值法基本原理、影响因素、应用前提和适用范围，能够运用收益现值法评估二手车。
6. 掌握清算价格法基本原理、影响因素、应用前提和适用范围，理解清算价格法评估二手车的思路和方法。

【章节导入】

汽车是一种资产，如何对其进行价格评估呢？影响二手车价格的因素又有哪些？我们通过本章知识的学习，可以掌握二手车价格评估方法，包括重置成本法、现行市价法、收益现值法、清算价格法等。

7.1 二手车价格评估基础

7.1.1 二手车价格评估的假设条件

二手车价格评估是指在二手车技术状况鉴定的基础上，根据二手车鉴定评估目的，运用资产评估的相关理论和方法，对二手车现时价格进行综合评定和估算。在二手车价格评估的每一项业务中，通常均采用一定的假设条件，以便做出合乎逻辑的推断。二手车价格评估的假设有继续使用假设、公开市场假设、破产清算假设。

1. 继续使用假设

继续使用假设是指二手车将按现行用途继续使用，或转换用途继续使用。对这些车辆的评估，就要从继续使用的假设出发，而不能按车辆拆零出售零部件所得收入之和进行估价。如一辆汽车用做营运，其估价可能是 4 万元；而将其拆成发动机、底盘等零部件分别出售时可能仅值 3 万元。可见同一辆车按不同的假设用做不同的目的，其评估价格是不一样的。继续使用假设体现了二手车交易的本质，对不能继续使用的车辆进行估价属于卖废品，不属于本教材的讨论范围。

在确定二手车能否继续使用时，必须充分考虑的条件是：车辆具有显著的剩余使用寿命，且使用功能保持完好，能继续为所有者提供服务，满足经营上或工作上期望的收益；车辆所有权明确；车辆从经济上和法律上允许转作他用。

2. 公开市场假设

公开市场假设是指繁荣、完全竞争的市场条件。公开市场假设强调二手车市场各类车型车源丰富，交易活跃，经常有与被评估车辆相同车型或类似车型交易；交易双方容易获得相关交易信息，如车辆性能、交易活跃程度、市场评价等，方便通过类比对车辆的功能、用途及其交易价格等做出理智的判断。

不同类型的二手车，其性能和用途不同，市场交易活跃程度也不一样。一般用途广泛、质量和性能消费者口碑好的车辆比用途狭窄、消费者口碑差的车辆市场活跃，交易双方容易获得该车型近期成功交易信息，按照成功交易价格或做适当调整，能够很快做出比较接近市场行情的二手车估价，容易获得消费者认同。

3. 清算假设

清算假设是指二手车所有者由于种种原因（如破产、抵押违约、停业清理等），急于将车辆快速出售变现。清算假设强调快速变现，即要求在一定的期限内将车辆售出收回现金。快速变现最有效的方法是以大大低于现行市场的价格出售。在这种情况下，二手车的评估价格往往明显低于继续使用或公开市场假设下的评估价格。

不同的假设适用不同的评估方法。同一辆二手车按不同的评估方法，其价格是不一样的。

7.1.2　二手车价格评估计价标准

资产评估的目的取决于经济活动的需要。而评估目的不同，其计价标准不同。目前，我国资产评估采用四种计价标准：重置成本标准、现行市价标准、收益现值标准、清算价格标准。资产评估计价标准是关于资产计价所适用的价格类型的法则。二手车作为一种资产，评估时也遵循这四种计价标准。二手车计价标准的选择由二手车评估目的决定。同一辆二手车根据不同的评估目的采用不同的计价标准进行估价，评估结果会产生差异。因此，在对二手车进行价格评估时，必须根据评估目的选择与二手车评估业务相匹配的计价标准。

1. 重置成本标准

重置成本标准是以复原重置成本或更新重置成本作为衡量被评估二手车的价格尺度。这一标准是国内二手车评估最常用的一个标准。

所谓二手车重置成本是指以现行市价重新购置与被评估车辆相同的新车所需要支付的全

部费用。二手车重置成本与原始成本一样,都是反映车辆在购置、运输、注册登记等过程中所支出的全部费用,它们的区别在于:重置成本是按现有技术条件和价格水平计算的。

重置成本标准适用的前提是车辆处于在用状态,一方面反映车辆已经投入使用;另一方面反映车辆能够继续使用,对所有者具有使用价值。

2. 现行市价标准

现行市价标准是以相同或相类似车型的现行交易价格作为衡量被评估二手车的价值尺度。这一计价标准强调二手车在公平市场上正常流通交易的现行市价。

现行市价是指车辆在公平市场上的销售价格。所谓公平市场,是指充分竞争的市场,买卖双方没有垄断和强制,双方的交易行为都是自愿的,都有足够的时间与能力了解市场行情。实际上,现行市价就是变现价格。非公平市场价格,如迫售价格或优惠价格尽管也是变现,但不能算作"现行市价"。

现行市价标准适用的前提条件有以下两个基本条件:

1) 存在一个交易活跃、公平的二手车市场。
2) 与被评估车辆相同或类似的车辆在市场上有一定的交易量,能够形成市场行情。

3. 收益现值标准

收益现值标准是以收益现值作为衡量被评估二手车的价值尺度。二手车收益现值是指被评估二手车在剩余寿命期内继续经营情况下所产生的预期收益累计总额,按照设定的折现率(行业平均收益率或社会基准收益率)折合成评估时点(即评估基准日)现值,并以此现值作为二手车未来收益能力的价值。这一评估标准依据的不是二手车收益现状,而是其在未来正常经营中可以产生的累计收益总额。

收益现值标准适用的前提条件是车辆投入使用后可连续获利。

4. 清算价格标准

清算价格标准是以相同或相似车型车辆的市场清算价格作为衡量被评估二手车的价值尺度。清算价格是指企业由于破产、抵押违约等原因,被要求在一定期限内将特定资产快速变现的价格。

清算价格与现行市价相比,两者的根本区别在于:现行市价是公平市场交易价格;而清算价格是非正常市场上的拍卖价格,由于在这种情况下的资产清理一般要求在较短时间内甚至强制条件下完成,因此,这类资产处理往往不能像正常出售那样获得"现行公平市价",买卖双方处于不平等地位,其清算价格一般都低于市场交易价格。

清算价格标准适用于企业破产清算、抵押违约资产处理业务。汽车是一种容易快速变现的资产,也适用清算价格标准。

7.1.3 二手车估价类型和估价方法

1. 二手车估价类型

根据二手车价格估算目的的不同,二手车价格评估可分为鉴定服务估价和收购估价两种。二手车鉴定服务估价是指二手车鉴定评估机构为委托方提供二手车技术鉴定和估价的一种第三方中介服务。其价格评估方法和资产评估方法一样,按照国家规定的重置成本法、收益现值法、现行市价法和清算价格法四种方法进行,评估价格具有约束性。二手车收购估价是指二手车经营企业开展二手车收购业务时,对被收购二手车进行价格估算,收购价格由买卖双方协商确定，具有灵活性。

2. 二手车鉴定服务估价和收购估价的区别

二手车鉴定服务估价和收购估价，其实质都是对二手车做现时价格评估。但两者相比较有明显的区别，主要表现在：

（1）估价的主体不同

二手车鉴定服务估价是第三方中介服务，估价主体是中介服务机构，它要求估价者遵循公正性、独立性原则，通过对被评估车辆技术鉴定的全面判断确定其客观市场价格，评估价格具有约束性，不可以随意变动；而二手车收购估价的主体是买卖双方，收购价（或卖出价）是买卖双方进行价格谈判、讨价还价的结果，是一种自由定价。

（2）估价的目的不同

二手车鉴定服务估价是评估机构接受委托人委托，为被评估车辆将要发生的经济行为提供价值依据，以服务为目的；二手车收购估价是二手车经营者为开展二手车收购业务时的价格估算，是一种买卖行为，以经营为目的。

（3）估价的方法和灵活性不同

二手车鉴定估价要求严格遵守国家颁布的有关评估法规，按特定的目的选择与之相匹配的评估标准和方法，具有约束性；二手车收购估价可以接受国家有关评估法规的指导，根据估价目的，参照评估的标准和方法进行，估价也可以通过讨价还价实现，具有灵活性。

（4）估价的价值概念不同

虽然鉴定服务估价与收购估价的价值概念都具有交易价值和市场价值，但由于估价出发点不同，两者价值概念存在较大差异。二手车鉴定服务估价要求客观反映二手车的真实现时价格，估价结果与现时市场价格一致；而二手车收购估价的目的是为了今后二手车卖出获取差价利润，因此，估价值要低于市场价格。

3. 二手车价格评估方法

汽车是一种资产，其价格评估参照资产评估方法，包括重置成本法、现行市价法、收益现值法、清算价格法。本书还将介绍折旧法，它从资产折旧角度估算重置成本法中的各种损耗和贬值。从本质上来说，折旧法是重置成本法的一种应用。

7.1.4 二手车价格评估方法比较与选择

1. 各种估价方法的相同点与不同点

（1）重置成本法与现行市价法的相同点与不同点

1）相同点：两者都是以评估车辆现时市场价格作为估价时的比较依据。

2）不同点：

① 参照对象不同。重置成本法的参照对象是与评估车辆同车型的新车售价，然后根据历史资料，比较评估车辆相对于全新车辆损耗和贬值了多少，考虑的是扣除各种损耗和贬值后的剩余价值，是一种历史资产与现实新资产相比较的方法。现行市价法的参照对象是现行市场上已成交过的同类车辆售价，通过比较评估车辆与参照车辆的因素差异直接得到评估价格，是一种二手车与二手车之间的类比方法。

② 受市场条件制约的程度不同。重置成本法从购买者角度参照市场价格，市场条件对其制约相对较弱；现行市价法是从销售者角度参照市场价格，需要以活跃的二手车市场为前

提，且二手车变现值要受市场条件的制约。

③ 资料的获得和指标的确定有着不同的思路。重置成本法是按被评估车辆的现时重置成本扣减其各项损耗来确定被评估车辆的评估值，因此只需要有一个新购置类似车辆做参考即可；运用现行市价法评估车辆价值时，被评估车辆的评估值高低在很大程度上取决于参考车辆成交价格水平，而参照车辆成交价不仅是参照车辆自身功能的市场体现，它还受买卖双方的交易动机、交易地位、交易期限等因素的影响。为了避免某个参照物个别交易中的特殊因素对成交价及评估值的影响，运用现行市价法时通常应选择三个或三个以上的可参照车辆。

(2) 重置成本法与收益现值法的相同点与不同点

1) 相同点：两者都是以单辆评估车辆为估价对象，计算其现时价值作为估价依据。

2) 不同点：

① 参照的估算价格不同。重置成本法参照的是同类新车现时市场价；收益现值法参照的是评估车辆本身未来使用可能的获利总额。

② 评估依据时间和估价结果不同。重置成本法是基于对二手车历史使用过程的分析，考虑和侧重的是二手车已使用的各种损耗和贬值，并以现在新车市场价为参考依据计算其剩余价值作为现时估价结果；而收益现值法是基于对二手车未来使用过程的预期，考虑和侧重的是二手车未来能给投资者带来多少收益，并将其折算为现时价值作为估价结果。

③ 评估依据指标不同。重置成本法以评估车辆实体性贬值、功能性贬值和经济性贬值为指标计算评估值；而收益现值法以收益期限、收益额、折现率为指标计算评估值。

(3) 重置成本法、现行市价法和收益现值法的相同点与不同点

1) 相同点：三者都采用比较方法，以二手车现时价值作为估价依据。

2) 不同点：重置成本法是以现时功能相同的新车价格为参照，强调评估车辆历史数据（如使用年限、使用强度、技术性能等）对评估车辆剩余价值的影响，它是从购买者角度参照市场价格的，评估价受市场条件的制约相对较弱；现行市价法是与现时公开市场同类二手车已成交价格比较，是从销售者角度参照市场价格的，强调成功交易的变现值，评估价受市场条件的制约；收益现值法从购买者角度考虑评估车辆未来使用收益的变现值，评估价主要受现在收益折现率和预计使用年限的制约。

(4) 现行市价法与清算价格法的相同点与不同点

1) 相同点：两者均以二手车市场价格为评估依据。

2) 不同点：现行市价法评估的二手车价格是公平市场价格；而清算价格法评估的价格是非正常市场上的拍卖价格，它以公平市场价格为参照，在受到清算期限限制和快速变现原则的要求下确定评估价，一般大大低于现行市价。

2. 各种价格评估方法适用范围与选择

二手车估价方法的选用与二手车评估目的有关，必须根据评估目的选择与二手车估价业务相匹配的估价方法。

7.2 二手车成新率的计算方法

在我国，人们常用成新率来表示一个已用过的物品的新旧程度。旧物品的新与旧本身是

一个模糊的概念,很难用精确的数值来描述,为了比较准确地反映旧物品的新旧程度,人们想到了用全新的、未使用过的相同物品与之比较,评价旧物品剩余新的部分占全新品的比例,这就是成新率的基本理念。所谓二手车成新率是指二手车的功能或使用价值占其新车功能或使用价值的比率,也可以理解为二手车的现时技术性能与其全新技术性能的比率。它与有形损耗率一起反映了同一车辆的损耗与剩余两个方面。损耗反映了车辆的损失部分;剩余表示车辆保留的部分。根据物质守恒定律可得成新率和有形损耗率有如下关系:

$$成新率 = 1 - 有形损耗率$$

因此,成新率是二手车剩余价值的计算参数。它反映了二手车的损耗,可作为重置成本法的损耗评价指标,如何科学、准确地确定该项指标是二手车鉴定评估中的重点和难点。目前在二手车鉴定估价中,成新率的估算方法通常可根据被评估车辆的客观情况灵活选用。

7.2.1 使用年限法

1. 计算方法

使用年限法是通过确定被评估二手车的尚可使用年限与规定使用年限的比值来确定二手车成新率的一种方法。其计算公式为

$$C_Y = \frac{Y_g - Y}{Y_g} \times 100\% = \left(1 - \frac{Y}{Y_g}\right) \times 100\%$$

式中 C_Y——使用年限成新率;

Y——二手车实际已使用年限,单位为年或月;

Y_g——车辆规定的使用年限,单位为年或月;

$(Y_g - Y)$——二手车的尚可使用年限,单位为年或月。

应用使用年限法估算二手车成新率是基于这样的假设:二手车在规定的使用寿命期间,实体性损耗与时间呈线性递增关系,二手车价值的降低与其损耗大小成正比。因此,可利用二手车的实际已使用年限与该车型规定使用年限的比值来判断其实体贬值率(程度),进而估算被评估二手车成新率。

2. 已使用年限与规定使用年限

(1)已使用年限

已使用年限是代表汽车运行量和工作量的一种计量,这种计量是以汽车正常使用为前提的,包括正常的使用时间和使用强度。已使用年限有以下两种表示方法。

① 推算法。它是根据被评估二手车从新车在公安交通管理机关注册登记之日起到评估基准日止所经历的时间推算得出的。

这种方法的优点是:简单、易懂,应用方便。缺点是:计算得到的已使用年限并没有真正反映二手车的实际使用损耗。假如二手车很少使用,则该车的技术状况是保持得很好的,从成新率角度看应该是很新的,但用该方法计算却反映该车一直在使用,因此计算的结果成新率较小,即损耗较大,与真实情况不一致。

② 折算法。折算法是以行驶里程数作为汽车运行量的计量单位,将汽车总的累计行驶里程与年平均行驶里程比较折算为已使用年限的一种方法。其计算公式为

$$折算年限 = \frac{总的累计行驶里程}{年平均行驶里程}$$

应用行驶里程折算为已使用年限，综合考虑了汽车已使用时间和实际运行情况，从理论上讲，这种方法既反映了汽车的使用情况（包括管理水平、使用水平和维护保养水平），又反映了汽车的使用强度和损耗，比推算法更符合实际。

折算法计算已使用年限的优点是：行驶里程很好地反映了汽车已使用状况，体现了汽车的使用损耗。缺点是：汽车的年平均行驶里程一般没有记录而不易获得，从而使折算年限计算困难；折算年限不能真实反映汽车的实际使用年限和停驶年限；在实际计算中，年平均行驶里程采用行业统计数据，或采用总的累计行驶里程除以已使用年限计算值。对评估具体二手车来说，计算结果与实际偏差可能较大。

基于上述原因，目前全国二手车评估通常采用推算法计算二手车的已使用年限，即取该车从新车在公安交通管理机关注册登记日起至评估基准日所经历的时间。

（2）规定使用年限

车辆规定使用年限是指《机动车报废标准》中对被评估车辆规定的使用年限。各种类型汽车规定使用年限应按《机动车报废标准》的规定执行。

3. 使用年限法的应用前提条件

应用使用年限法计算成新率的前提条件是：车辆在正常使用条件下，按正常使用强度（年平均行驶里程）使用。

4. 使用年限法的特点

利用使用年限法计算得到的成新率实际上反映的是车辆的时间损耗及时间折旧率，与车辆的日常使用强度和车况无关。

如果车辆的日常使用强度较大，在运用已使用年限指标时，应考虑乘以一个适当系数加以调整。

7.2.2 行驶里程法

1. 计算方法

行驶里程法是通过确定被评估二手车的尚可行驶里程与规定行驶里程的比值来确定二手车成新率的一种方法，反映了二手车使用强度对其成新率的影响。其计算公式为

$$C_S = \frac{S_g - S}{S_g} \times 100\% = \left(1 - \frac{S}{S_g}\right) \times 100\%$$

式中　C_S——行驶里程成新率；
　　　S——二手车实际累计行驶里程，单位为 km；
　　　S_g——车辆规定的行驶里程，单位为 km；
　　$(S_g - S)$——被评估二手车的尚可行驶里程，单位为 km。

2. 累计行驶里程与规定行驶里程

（1）累计行驶里程

二手车累计行驶里程是指被评估二手车从开始使用到评估基准日所行驶的总里程。

（2）规定行驶里程

车辆规定行驶里程是指《机动车报废标准》中规定的该车型的行驶里程。

3. 行驶里程法应用的前提条件

应用行驶里程法计算成新率的前提条件是：车辆里程表的记录必须是原始的，不能被人

为更改过。

4. 行驶里程法的特点

行驶里程较使用年限更真实地反映了二手车使用强度及使用过程中实际的物理损耗，反映了二手车使用强度对其成新率的影响。累计行驶里程越大，车辆的实际有形损耗也越大。但行驶里程法没有考虑使用条件、维护保养对二手车成新率的影响。

7.2.3 部件鉴定法

1. 计算方法

部件鉴定法是指评估人员在鉴定二手车各组成部分技术状况的基础上，按各组成部分整车的重要性和价值量的大小加权评分，最后确定成新率的一种方法。

采用部件鉴定法估算二手车成新率的计算公式为

$$C_B = \sum_{i=1}^{n} c_i \beta_i$$

式中 C_B——部件鉴定法二手车成新率；

c_i——二手车第i项部件的成新率；

β_i——二手车第i项部件的价值权重。

2. 计算步骤

此方法的基本步骤如下：

1）先确定二手车各主要总成、部件，再根据各部分的制造成本占整车制造成本的比重，确定其权重的百分比β_i（$i=1,2,\cdots,n$），表7-1为汽车各部分价值权重参考表。

表7-1 汽车各部分价值权重参考表

序号	车辆各主要总成、部件名称	价值权重（%）		
		轿车	客车	货车
1	发动机及离合器总成	26	27	25
2	变速器及万向传动装置总成	11	10	15
3	前桥、前悬架及转向系统总成	10	10	15
4	后桥及后悬架总成	8	11	15
5	制动系统	6	6	5
6	车架	2	6	6
7	车身	26	20	9
8	电气仪表	7	6	5
9	轮胎	4	4	5
	合计	100	100	100

2）以全新车辆对应的各总成、部件功能为满分（100分），功能完全丧失为零分，再根据被评估二手车各相应总成、部件的技术状态估算出其成新率c_i（$i=1,2,\cdots,n$）。

3）将各总成、部件估算出的成新率与权重相乘，得到各总成、部件的权重成新率$c_i\beta_i$（$i=1,2,\cdots,n$）。

4）最后将各总成、部件的权重成新率相加，即得出被评估车辆的成新率。

在不同种类、档次的车辆上，各组成部分对整车的重要性及其价值占整车的比重各不相同，有些类型车辆之间相差还很大。因此，表7-1只供评估师参考，不可作为唯一标准。在实际评估时，应根据被评估车辆各部分价值量占整车价值的比重，调整各部分的权重。

3. 特点及适用范围

从上述计算步骤可见，部件鉴定法依据专业技术人员对部件进行技术鉴定，计算加权成新率比较费时费力，但评估值更接近客观实际，可信度高。它既考虑了二手车实体性损耗，同时也考虑了二手车维修或换件等追加投资使车辆价值发生的变化。这种方法一般用于价值较高的二手车鉴定评估。

7.2.4 整车观测法

1. 计算方法

整车观测法是指评估人员采用人工观察的方法，辅助简单的仪器检测，判定被评估二手车的技术状况等级以确定成新率的一种方法。整车观测法观察和检测的技术指标主要包括二手车的现时技术状态、使用时间及行驶里程、主要故障经历及大修情况、整车外观和完整性等。二手车技术状况的分级可参考表7-2，表中数据是判定二手车成新率的经验数据，只能供评估人员参考，不能作为唯一标准。

表7-2 整车观测法二手车成新率评估参考表

车况等级	新旧情况	有形损耗率（%）	技术状况描述	成新率（%）
1	使用不久	0~10	刚使用不久，行驶里程3万~5万km，在用状态良好，能按设计要求正常使用	100~90
2	较新车	11~35	使用1年以上，行驶15万km左右，一般没有经过大修，在用状态良好，故障率低，可随时出车使用	89~65
3	旧车	36~60	使用4~5年，发动机或整车经过一次大修，大修较好地恢复原设计性能，在用状态良好，外观中度受损，恢复情况良好	64~40
4	老旧车	61~85	使用5~8年，发动机或整车经过二次大修，动力性能、经济性能、工作可靠性都有所下降，外观油漆脱落受损，金属件腐蚀程度明显。故障率上升，维修费用、使用费用明显上升。但车辆符合《机动车运行安全技术条件》，在用状态一般或较差	39~15
5	待报废处理车	86~100	基本达到或达到使用年限，通过《机动车运行安全技术条件》检查，能使用，但不能正常使用，动力性、经济性下降，燃料费、维修费增长速度快，车辆收益与支出基本持平，排放污染和噪声污染达到极限	15以下

2. 特点及适用范围

（1）特点

1）人为因素占比较大。由于该方法对二手车技术状况的评判是采用人工观察方法进行的，所以成新率的估值是否客观、实际取决于评估人员的专业水准和评估经验。

2）整车观测法简单易行，但其判断结果没有部件鉴定法准确。

（2）适用范围

1）用于初步估算中、低档二手车的价格。

2）用于二手车收购估价。

7.2.5 综合调整系数法

1. 估算方法

综合调整系数法是以使用年限法为基础，综合考虑二手车的实际技术状况、维修保养情况、原车制造质量、二手车用途及使用条件等多种因素对二手车价值的影响，以调整系数的形式确定成新率的一种方法。其计算公式为

$$C_K = C_Y K \times 100\%$$

式中 C_K——综合成新率；

C_Y——使用年限成新率；

K——综合调整系数，取值范围 0~1。

2. 综合调整系数

影响二手车成新率的主要因素有二手车技术状况、二手车维修保养、二手车原始制造质量、二手车用途、二手车使用条件 5 个方面。可采用表 7-3 推荐的综合调整系数，用加权平均的方法进行调整。

表 7-3 二手车成新率综合调整系数参考表

序号	影响因素	因素分级	调整系数	权重（%）
1	技术状况	好	1.0	30
		较好	0.9	
		一般	0.8	
		较差	0.7	
		差	0.6	
2	维修保养	好	1.0	25
		较好	0.9	
		一般	0.8	
		差	0.7	
3	制造质量	进口车	1.0	20
		国产名牌	0.9	
		国产非名牌	0.7	
4	车辆用途	私用	1.0	15
		公务、商务	0.9	
		营运	0.7	
5	使用条件	好	1.0	10
		一般	0.9	
		差	0.8	

综合调整系数计算公式为

$$K = K_1 \times 30\% + K_2 \times 25\% + K_3 \times 20\% + K_4 \times 15\% + K_5 \times 10\%$$

式中　K——综合调整系数；

K_1——二手车技术状况调整系数；

K_2——二手车维修保养调整系数；

K_3——二手车原始制造质量调整系数；

K_4——二手车用途调整系数；

K_5——二手车使用条件调整系数。

表7-3中的因素分级和调整系数只是一个参考，实际确定综合调整系数时，应根据具体情况做适当的调整，但各因素的调整系数取值不能超过1，综合调整系数计算结果也不能超过1。

3. 调整系数的选取

（1）二手车技术状况调整系数K_1

二手车技术状况调整系数是在对车辆技术鉴定的基础上对车辆技术状况进行分级，然后取调整系数来修正车辆的成新率。其取值范围参照表7-3，一般为0.6~1.0，技术状况好的取上限，反之取下限；技术状况特别差的车辆，系数可以取得更小。

（2）二手车维修保养调整系数K_2

维修保养调整系数反映了使用者对车辆使用、保养、修理的水平，不同的使用者对车辆使用、维护、保养的实际执行情况差别较大，因而直接影响到车辆的使用寿命和成新率，其取值范围参照表7-3，一般为0.7~1.0。维护保养好的取上限，反之取下限；特别差的车辆，系数可以取得更小。

（3）二手车原始制造质量调整系数K_3

在确定该系数时，应了解被评估的二手车是国产车还是进口车以及进口国别。如果是国产车，应了解是名牌产品还是非名牌产品。通常通过国家正规手续进口的车辆质量优于国产车辆，名牌产品优于普通产品，但又有较多例外，故在确定此系数时应慎重。按照目前汽车产业的技术发展和制造工艺水平，汽车原始制造质量都较好，其系数取值范围可提高些，为0.7~1.0。

（4）二手车用途调整系数K_4

二手车用途（或使用性质）不同，其运行频率不同，使用强度亦不同。车辆用途一般可分为私人工作和生活用车，机关、企事业单位的公务和商务用车，从事客运、货运、城市出租的营运用车。不同用途的汽车其年均行驶里程差异较大。

（5）二手车使用条件调整系数K_5

我国地域辽阔，各地自然条件差别很大，车辆的使用条件对其成新率影响很大。使用条件可分为道路使用条件和特殊环境使用条件。

1）道路使用条件。道路使用条件可分为清洁道路、沙石泥土路和野外无道路使用条件三类。

2）特殊环境使用条件。特殊环境使用条件主要指特殊自然条件，包括寒冷、沿海、风沙、山区等地区。

4. 特点及适用范围

综合调整系数法较为详细地考虑了影响二手车价值的各种因素，并用一个综合调整系数指标来调整二手车成新率，评估值准确度较高，因而适用于具有中等价值的二手车鉴定评估。这是目前我国二手车鉴定评估中最常用的方法之一。

7.2.6 综合成新率法

1. 计算方法

前面介绍的应用使用年限法、行驶里程法和部件鉴定法计算二手车成新率只从单一因素考虑了二手车的新旧程度，是不完全也是不完整的。为了全面地反映二手车的新旧状态，可以采用综合成新率来反映二手车的新旧程度。所谓综合成新率，就是采用定性和定量分析的方法，综合多种单一因素对二手车成新率估算结果，并分别赋以不同的权重，计算加权平均成新率。这样，就可以尽量减小使用单一因素成新率计算给评估结果所带来的误差，因而是一种较为科学的方法。以下介绍一种综合使用年限法、行驶里程法、技术鉴定法和整车观测法估算二手车成新率的方法。

综合成新率法的数学计算公式为

$$C_Z = C_1 \alpha_1 + C_2 \alpha_2$$

式中　C_Z——综合成新率；

　　　C_1——二手车理论成新率；

　　　C_2——二手车现场查勘成新率；

　α_1、α_2——权重系数，取值范围为 0~1，且 $\alpha_1 + \alpha_2 = 1$。

权重系数的取值由评估人员根据被评估二手车的实际情况而定。

2. 二手车理论成新率 C_1

二手车理论成新率包括使用年限法和行驶里程法计算的成新率，是根据二手车实际使用时间和行驶里程计算而得，是一种对二手车成新率的定量计算，它反映了二手车理论损耗和理论剩余价值，其结果一般不能人为改变。计算公式为

$$C_1 = C_Y \beta_1 + C_S \beta_2$$

式中　β_1、β_2——权重系数，取值范围为 0~1，且 $\beta_1 + \beta_2 = 1$。

权重系数 β_1、β_2 的大小根据二手车实际现状（主要看已使用年限和累计行驶里程）确定。如二手车实际使用年限短，但行驶里程大，则 β_1 可取的大些；反之，二手车虽然使用年限长，但行驶里程小（如平常较少使用），则 β_2 可取的大些。

3. 二手车现场查勘成新率 C_2

二手车现场查勘成新率是由评估人员根据现场查勘情况而确定的一个综合评价值。具体确定步骤是：评估人员先对二手车做技术状况现场查勘（包括静态检查和动态检查），得出鉴定评估意见，然后对整车和重要部件分别做综合评分、累加评分，其结果就是二手车现场查勘成新率。二手车现场查勘成新率是一个定性与定量相结合的结果，它体现了评估人员对二手车技术状况的实际判断。

（1）二手车技术状况现场查勘

被评估二手车技术状况现场查勘主要内容有：

1）车身外观。包括车身颜色、光泽、有无褪色及锈蚀情况，车身是否被碰撞过，车灯

是否齐全,前后保险杠是否完整等。

2)车内装饰。包括装潢程度、颜色、清洁程度、仪表及座椅是否完整和破损等。

3)发动机工作状况。包括发动机动力状况,有否更换部件(或替代部件)和修复现象、是否有漏油现象等。

4)底盘。包括有无变形、有无异响、是否有漏油现象、变速器状况是否正常、前后桥状况是否正常、传动系统工作状况是否正常、转向系统情况是否正常、制动系统工作状况是否正常等。

5)电气系统。包括电源系统是否工作正常、发动机点火器是否工作正常、空调系统是否工作正常、音响系统是否工作正常等。

以上查勘情况,一般应由评估委托方或车辆所有单位技术人员签名,以确认查勘情况是真实、客观的,不存在与实际车况不相符合的情况。确定查勘情况后,评估人员必须对被评估车辆做出查勘鉴定结论。上述资料经过整理,就可以编制成表7-4所示的《二手车技术状况调查表》。

表7-4 二手车技术状况调查表

评估委托方: 　　　　　　　　　　　　　　　评估基准日: 　年　月　日

车辆基本情况	明细表序号		车辆牌号		厂牌型号	
	生产厂家		已行驶里程		规定行驶里程	
	购置日期		登记日期		规定行驶年限	
	大修情况					
	改装情况					
	油耗量		是否达到环保要求		事故次数及情况	
现场勘查情况						
车辆实际技术状况	外形车身部分	颜色		光泽	褪色	锈蚀
		是否被碰撞		严重程度	修复	车灯是否齐全
		前、后保险杠是否完整		其他		
	车内装饰部分	装潢程度		颜色	清洁	仪表是否齐全
		座椅是否完整		其他		
	发动机总成	动力状况评分		是否更换部件	有否修补现象	有否替代部件
		漏油现象				
	底盘各部分	有否变形		有否异响	变速器	后桥状况
		前桥状况		传动状况	漏油现象	
		转向系统情况			制动系统情况	
	电气系统	电源系统		点火系统	空调系统	音响系统
		其他				
	鉴定意见					

资产占有单位技术人员签字: 　　　　　　　　　　　　　　　评估人员签字:

（2）二手车现场查勘成新率

在对上述二手车做技术状况现场查勘的基础上，对整车和重要部件做定性分析并以评分形式给予量化，可参考表7-5，总分就是二手车现场查勘成新率。

表7-5　二手车现场查勘成新率

序号	项目名称	达标程度	参考标准分	评分
1	整车	全新	20	
		良好	15	
		较差	5	
2	车架	全新	15	
		一般	7	
3	前后桥	全新	15	
		一般	7	
4	发动机	全新	30	
		轻度磨损	25	
		中度磨损	17	
		重度磨损	5	
5	变速器	全新	10	
		轻度磨损	8	
		中度磨损	6	
		重度磨损	2	
6	转向及制动系统	全新	10	
		轻度磨损	8	
		中度磨损	5	
		重度磨损	2	
	总分		100	

必须指出的是，被评估二手车理论成新率和现场查勘成新率的权重分配、使用年限成新率和行驶里程成新率的权重分配，要根据被评估二手车类型、使用状况、维修保养状况综合考虑，科学、合理地确定权重分配，这与二手车鉴定评估人员的工作实践经验和专业判断能力有很大关系，需要在实践中注意学习和总结。

7.3　重置成本法评估二手车

7.3.1　重置成本法的基本原理

1. 重量成本法的概念

重置成本法是指以在现时市场条件下重新购置一辆全新状态的被评估车辆所需的全部成本，减去被评估车辆的各种陈旧贬值后的差额作为该评估车辆现时价格的一种估价方法。其

评估思路可用数学式概括为

二手车评估值 = 二手车重置成本 − 二手车实体有形损耗 −
二手车功能性贬值 − 二手车经济性贬值

1) 二手车重置成本是指以现行市价重新购置与被评估车辆相同的新车所需要支付的全部费用。简单地说，二手车重置成本就是当前条件下再取得该车的成本。重置成本强调当前购买成本，而非当初购买时的原始成本。

2) 二手车实体有形损耗也称实体性贬值，是指二手车在存放和使用过程中，由于使用磨损和自然损耗（如锈蚀、老化等）而导致车辆实体发生的价值损耗。

3) 二手车功能性贬值是指由于新技术的发展导致车辆陈旧而带来的价值减少。这是一种无形损耗，无形损耗也叫功能陈旧贬值。

4) 二手车经济性贬值是由于外部经济环境变化引起的贬值。它也是一种无形损耗。影响经济性贬值的经济环境因素有：产品市场需求量减少、因市场竞争加剧导致产品售价下降、原材料供应方式改变、生产成本增高、信贷高利率、国家政策、通货膨胀、地域性等。如国家提高对汽车排放标准的要求，实施欧Ⅳ排放标准，原来执行欧Ⅲ排放标准的在用车就会因此而贬值。经济性贬值是由于外部环境而不是车辆本身或内部因素所引起的达不到原有设计能力而造成的贬值。外界因素对车辆价值的影响不仅是客观存在的，而且对车辆价值影响还相当巨大，所以在二手车评估中不可忽视。

2. 重置成本法的基本思想

重置成本法是以目前市场上同类型新车价格作为二手车重置成本，将考虑被评估车辆各种损耗贬值后的剩余价值作为估算价格。其基本思想是：根据替代性原则，在进行二手车交易时，购买者所愿意支付的价格不会超过按现时市场标准重新购置（或制造）该车所付出的成本减去各种损耗贬值后的剩余价值。

7.3.2 重置成本法的应用前提和适用范围

1. 影响重置成本法评估二手车价格的基本因素

1) 价格因素。指相同车型新车市场价格的影响，新车价格高，重置成本就高，从而决定被评估二手车的价格也高；反之，新车价格低，决定被评估二手车的价格也低。

2) 技术进步因素。采用新技术、新标准重置的新车，受技术进步的影响，具有功能性损耗小、使用寿命长的特点，从而决定了被评估二手车的价格偏高。

3) 有形损耗因素。有形损耗对二手车价值的影响较大，决定被评估二手车价格高低。有形损耗大，则被评估二手车价格低；反之，有形损耗小，则被评估二手车价格高。

4) 无形损耗因素。指车辆实体受技术进步影响或受经济因素影响而损耗的价值对被评估二手车价格的影响。其影响态势与有形损耗相同。

2. 重置成本法应用的前提条件

从重置成本法涉及的要素含义可知，重置成本法的应用是建立在现时和历史资料基础上的。比如实体性贬值的确定是依据被评估二手车的已使用年限和使用强度；而功能性贬值是由被评估二手车的技术相对落后造成的，需要与该车功能相同但性能更好的新车进行比较来确定贬值额。因此，应用重置成本法必须满足以下前提条件：

1) 二手车相关资料和经济环境资料可获得。

2）二手车能继续使用。
3）该车型市场上还有销售或可以复原制造。停产多年、不能再生产的二手车不能用重置成本法。

3. 重置成本法适用范围

重置成本法适用于继续使用假设条件下的、以产权转让、资产重置、补偿为目的的二手车评估业务，如二手车交易、抵押，保险与赔偿，以及企业的清产核资工作。

7.3.3 重置成本法的优缺点

重置成本法既考虑了被评估二手车的重置成本，又考虑了该二手车已使用年限内的磨损及功能性、经济性贬值，评价比较全面、客观，是我国二手车评估实践中广泛应用的一种评估方法。

1. 重置成本法的优点

1）比较充分地考虑了车辆的各方面损耗，反映了车辆市场价格的变化，评估结果更趋于公平合理，在不易估算车辆未来收益，或难以在市场上找到可类比对象的情况下可广泛应用。
2）可采用成新率计算二手车剩余价值，与评价二手物品的思维模式一致，评估结果容易得到交易双方的信任。

2. 重置成本法的缺点

1）对市场上不常见的某些进口车辆，不易查询到现时市场报价，一些已停产、淘汰多年的车型，不可能查询到相同车型新车的市场报价，因此很难准确地确定出它们的重置成本。
2）确定成新率时主观因素影响较大。

7.3.4 重置成本法的评估模型和计算

1. 重置成本法评估模型

损耗、贬值从字义上是模糊概念，不易用准确数值表达，人们常用成新率来综合反映使用过的物品的损耗和贬值，从而确定其剩余价值。计算公式为

$$二手车评估值 = 二手车重置成本 \times 成新率$$

用数学符号表达为基于成新率的重置成本法评估计算模型：

$$P = BC$$

式中　P——被评估二手车的评估值，单位为元；
　　　B——被评估二手车的现时重置成本，单位为元；
　　　C——被评估二手车的现时成新率。

式中的成新率综合考虑了各种贬值对二手车价值的影响。评估值实际上就是考虑二手车在扣除各种损耗和贬值后的剩余价值。这是一种定性和定量相结合的评估方法，比较符合中国人评判二手物品的思维模式，是我国目前二手车市场上应用最广泛的一种评估方法。

2. 重置成本的计算

由二手车重置成本的定义可知，二手车重置成本是重新购置新车所支付的全部费用。其构成如下：

$$B = B_1 + B_2$$

式中　B——二手车重置成本，单位为元；
　　　B_1——购置全新车辆的市场成交价，单位为元；

B_2——车辆购置价格以外国家和地方政府一次性缴纳的各种税费总和,单位为元。

(1) B_1 的确定

1) 新车市场上有同类车型的新车出售,此时,可通过新车市场询价确定且 B_1。

2) 新车市场上已绝迹、无同类车型的新车出售,如评估车辆已停产多年或是早年进口的车辆,现在已无法找到现时市场价格,但还知道车辆当初的原始购买价格。此时,可通过物价指数法或车辆价格变动指数估算其重置成本。

物价指数法也叫价格指数法,是指根据已掌握的历年来的价格指数,在二手车原始成本的基础上,通过现时物价指数确定其重置成本。其计算公式为

$$B = B_0 \frac{I}{I_0}$$

式中　B——车辆重置成本,单位为元;

　　　B_0——车辆原始成本,单位为元;

　　　I——车辆评估时物价指数;

　　　I_0——车辆当初购买时物价指数。

物价指数可通过当地经济相关统计年鉴资料获得。

(2) B_2 的确定

需要交纳的一次性税费主要包括车辆购置税、注册登记费(即牌照费),但不包括车辆成交后使用阶段的各项税费,如年审费、车船税、保险费、路桥费等。

(3) 二手车重置成本全价的确定

实际工作中,一般根据鉴定估价的经济行为确定重置成本的全价,具体有以下两种处理方法:

1) 对于以所有权转让为目的的二手车交易经济行为,按评估基准日被评估车辆所在地收集的现行市场成交价格(即 B_1)作为被评估车辆的重置成本全价,其他费用略去不计。其基本思想是:交易类二手车买卖多属于个人经济行为,消费者之所以买二手车大多图个便宜。因此,为了鼓励和促成二手车交易,确定重置成本全价时按最小原则计算,即不计算税费项 B_2。

2) 对企业产权变动的经济行为(如企业合资、合作和联营,企业分设、合并和兼并,企业清算,企业租赁等),本着资本保全的原则确定重置成本,其重置成本全价除了考虑被评估车辆的现行市场购置价格以外,还应将国家和地方政府规定对车辆加收的其他税费(如车辆购置税、车船税等;企业购置的应税车辆属于固定资产,按规定交纳的税应计入汽车成本)一并计入重置成本全价中。其基本思想是:企业产权变动是将资产作为投资(或还债)数计算的,数额越大,对企业越有利。因此,确定重置成本全价时按最大原则计算,即需要计算税费项 B_2。

3. 二手车成新率的计算

二手车成新率的计算应根据评估目的选择 7.2 节所介绍的方法。

7.3.5 重置成本法评估实例

使用重置成本法评估二手车的关键是确定成新率,以下各例均采用成新率计算方法。

1. 重置成本-使用年限法评估二手车

例1　一辆私人用 2017 款改款双发动机 1.8L E-CVT 先锋版丰田卡罗拉轿车,于 2017

年 3 月购买,购买价格为 149800 元,车辆购置税为 14980 元,初次登记日期是 2017 年 3 月,使用 1 年后于 2018 年 7 月进入二手车交易市场估价交易。经核对,相关证件齐全。经现场查勘,车身外观较好,无漆面脱落现象,经点火试驾,发动机运转平稳,无异常响声,档位清晰,制动系统良好,该车里程表显示累计行驶里程为 2 万 km,与实际情况比较吻合,评估基准日为 2018 年 7 月。在评估时,已知该车的新车市场销售价格为 139800 元,车辆购置税为 13980 元,其他税费不计。试评估该车的现时市场价值。

解:

① 据题目已知条件,选用重置成本-使用年限法进行评估。

② 该车为家用轿车,其报废年限无要求,按旧标准 15 年,即 180 个月计算。

③ 初次登记日期:2017 年 3 月,评估基准日:2018 年 7 月,已使用 16 个月。

④ 由于此项业务属于交易类业务,故重置成本不计车辆购置税等附加费用,该车的现时重置成本 $B = 139800$ 元。

⑤ 该车的年限成新率为

$$C_Y = \frac{Y_g - Y}{Y_g} \times 100\% = \left(1 - \frac{Y}{Y_g}\right) \times 100\% = \left(1 - \frac{16}{180}\right) \times 100\% \approx 91.11\%$$

⑥ 评估值 $P = BC_Y = 139800 \times 91.11\% \approx 127372$(元)。

该车评估价格为 12.7 万元。

2. 重置成本-行驶里程法评估二手车

例 2 使用重置成本-行驶里程法重新计算例 1 中该车的价值。

解:

① 据题目已知条件,选用重置成本-行驶里程法进行评估。

② 该车为家用轿车,根据《机动车报废标准》的规定,对行驶里程无要求,按建议报废里程 60 万 km 计算。

③ 该车的行驶里程成新率为

$$C_S = \frac{S_g - S}{S_g} \times 100\% = \left(1 - \frac{S}{S_g}\right) \times 100\% = \left(1 - \frac{2}{60}\right) \times 100\% \approx 96.67\%$$

④ 由于此项业务属于交易类业务,故重置成本不计车辆购置税等附加费用,该车的现时重置成本 $B = 139800$ 元。

⑤ 评估值 $P = BC_s = 139800 \times 96.67\% \approx 135145$(元)。

该车评估价格为 13.5 万元。

3. 重置成本-部件鉴定法评估二手车

例 3 一辆 2013 款一汽-大众迈腾 3.0FSI 旗舰型,其车况如下。

(1)车辆基本情况及手续

初次登记日期:2013 年 5 月

评估基准日:2018 年 5 月

累计行驶里程:8.3 万 km

该车配置:迈腾 2013 款 3.0FSI 旗舰型,前后驻车雷达,倒车影像,自适应巡航,自动泊车,自动驻车,电动天窗,铝合金轮圈,无钥匙起动,无钥匙进入,多功能转向盘,行车电脑显示屏,主副驾驶电动调节座椅,座椅记忆,前后排座椅加热,前后中央扶手,GPS 导航,胎压监测,中控台彩色大屏,蓝牙车载电话,车载电视,Dynaudio 音响,LED 日间行车灯,自动头灯,前照灯清洗,后视镜电动调节、加热、折叠、记忆,感应刮水器。

市场新车价格:363400 元。

车辆手续:该车为私人使用车辆,证件、税费齐全有效。

(2) 车况检查

1) 静态检查。对车辆的外观整体检查中发现保险杠有碰撞修补痕迹,车辆的左前侧雾灯下方有剐蹭痕迹造成的油漆脱落,车身情况保持得比较好。发动机舱线束整齐,观察车辆大梁、左右翼子板没有变形、锈蚀现象,油路也没有渗油现象,前端的整个车架部分还保持着原厂油漆的痕迹,各部位代码清晰可见,足以证明车辆保养比较专业。车内真皮座椅及内饰干净,丝毫没有二手车的感觉。电动门窗、倒车雷达、音响使用正常。

2) 动态检查。发动机性能比较稳定,轻踩加速踏板,在发动机转速 4500r/min 时达到了动力输出峰值。在车速较高的情况下,风噪声、胎噪声几乎听不到。急踩制动踏板,车辆反应迅速,制动没有跑偏现象。高速行驶略有摆振,当车速在 50km/h 左右时,前轮摇摆;车辆保持在低速 40km/h 以下行驶或高速超过 70km/h 行驶时,前轮摇摆现象消失;经检查发现左前轮补过轮胎,试验更换两个前胎,摆动现象消失,因此摆振现象是由于轮胎有过修补引起的动不平衡。乘坐较舒适,对地面的振动反应一般。

试根据上述条件,采用部件鉴定法计算该车的成新率及其市场价值。

解:

① 据题目已知条件及要求,选用重置成本法进行评估。

② 该车为家用轿车,其报废年限按 15 年,即 180 个月计算。

③ 初次登记日期:2013 年 5 月,评估基准日:2018 年 5 月,已使用 60 个月。

④ 由于此项业务属于交易类业务,重置成本不计车辆购置税,该车的现时重置成本 B = 363400 元。

⑤ 据对该车的检查结果,其成新率的估算参见表 7-6 进行。

值得注意的是,此车没有进行大件更换而产生附加费用。

使用年限法计算的成新率 C_Y 为

$$C_Y = \left(1 - \frac{Y}{Y_g}\right) \times 100\% = (1 - 60/180) \times 100\% \approx 66.7\%$$

表 7-6 该车成新率估算表

序号	车辆各主要总成、部件名称	价值权重(%)	成新率(%)	加权成新率(%)
1	发动机及离合器总成	26	66	17.16
2	变速器及万向传动装置总成	11	66	7.26
3	前桥、前悬架及转向系统总成	10	66	6.6
4	后桥及后悬架总成	8	66	5.28
5	制动系统	6	66	3.96
6	车架	2	66	1.32
7	车身	26	60	15.6
8	电气仪表	7	66	4.62
9	轮胎	4	50	2
	合计	100	—	63.8

⑥ 评估值 $P = B \times C_B = 363400 \times 63.8\% \approx 231849$ （元）。

该车评估价格为 23 万元。

4. 重置成本-整车观测法评估二手车

例 4 一辆宝来经典 2006 款 1.6L 手动豪华 HL，2008 年 11 月首次上牌，累计行驶里程 9 万 km。

外观：漆面保养良好，车身结构无修复，无重大事故。

内饰：干净整洁。安全指示灯正常，气囊等被动安全项正常，车辆内电子器件使用良好，车内静态、动态设备完善。

路试：车辆点火、起步、提速、过弯、减速、制动均无问题，加速迅猛，动力输出平稳舒适，无怠速抖动。

整体：整体车况一般。车体骨架结构无变形扭曲、无火烧泡水痕迹。车身有喷漆痕迹，整体漆面良好，排除大事故车辆。视野宽阔，空间宽敞明亮，通风性好，适合家庭代步车。

新车价格：139800 元。

评估基准日：2018 年 6 月。

试用整车观测法估算该车的价格。

解：

① 利用整车观测法，粗略估算该车的成新率：根据车况检查结果，该车的车况一般，使用时间已有 10 年，保养不错，车外观较好，没有明显的事故痕迹，可大致确定该车的成新率在 30% 左右。

② 粗略估算评估价。

评估值：重置成本 × 成新率 = 139800 × 30% = 41940（元）。

③ 综合评价：在二手车市场中，宝来的收购行情以及转手的价格都比较稳定。2008 年的宝来，如车况正常，应该可以得到 4 万元的收购价。结合二手车收购行情，该车评估价为 4.2 万元。

5. 重置成本-综合调整系数法评估二手车

例 5 一辆 2017 款奥迪 A6L 45 TFSI quattro 运动型，其车况如下。

（1）手续检验

初次登记日期：2017 年 4 月。年检有效期至 2019 年 4 月，已行驶里程 4.5 万 km。该车所有证件、手续齐全，真实合法。

评估基准日：2018 年 6 月。

（2）车辆使用背景

该车属私家车，有车库保管，为上下班用，车主长年工作在市区内，车辆使用道路条件较好，使用强度较大，全程 4S 店保养。

（3）车辆配置

新款 A6L 3.0T 四驱，棕色内饰。配置全车隐形车衣、全景天窗、360°全景摄像头、前后排加热座椅、后排独立空调、发动机自动起停系统、自动头灯、巡航定速、多媒体 DVD、后排隐私遮阳帘、换挡拨片及多功能真皮转向盘等。

（4）车况检查

1）静态检查。

① 左前翼子板有钣金喷漆迹象，但做漆质量上乘，前后保险杠表面有碰伤痕迹，整体

外观尚好。

② 车辆的内部装饰清洁整齐，座椅皮面保养较好，电器部件工作良好。

③ 发动机舱内布置整齐合理，但清洁度差，较多尘土，机油量在中线。

④ 将车辆举升检查发现：发动机保护钢板有剐蹭痕迹，其他部件尚好。

2）动态检查。

① 车辆起动后非常安静，无抖动现象，车辆起步加速反应良好，车辆行驶在60km/h情况下，车辆悬架平稳，没有振抖、异响，轮胎噪声正常，突然加速车辆也无特别的声响，滑行效果良好，乘坐人员反映车辆舒适性不错。在高速公路上行驶110km/h时车辆运行平稳，无振抖、异响、跑偏、摆偏、转向盘发抖等现象。

② 动态试验后车辆油温、水温正常，运动机件无过热，无漏水、漏油、漏电等现象。

已知该车型新车市场价为57.58万元。试用重置成本-综合调整系数法评估该车的价值。

解：① 根据题意，评估价值采用重置成本-综合调整系数法，其计算公式为

$$P = BC_K$$
$$BC_Y K \times 100\%$$

② 初次登记日为2017年4月，评估基准日为2018年6月，则已使用年限 $Y = 14$ 个月，规定使用年限为15年，$Y_g = 180$ 个月，则

$$C_Y = \frac{Y_g - Y}{Y_g} \times 100\% = \left(1 - \frac{Y}{Y_g}\right) \times 100\% = \left(1 - \frac{14}{180}\right) \times 100\% \approx 92.2\%$$

③ 重置成本的确定：由于此项业务属于交易类业务，故重置成本等于新车市场售价，即重置成本 $B = 57.58$ 万元。

④ 综合调整系数 K 的确定：根据技术鉴定情况，该车无须进行项目修理或换件，其综合调整系数：

该车技术状况良好，车辆技术状况调整系数 $K_1 = 0.90$；

使用、维修保养良好，使用与维修保养调整系数 $K_2 = 1.0$；

是国产名牌车，原厂制造质量调整系数 $K_3 = 0.9$；

该车为私人用车，车辆用途调整系数 $K_4 = 1.0$；

该车主要在市内行驶，使用条件良好，使用条件调整系数 $K_5 = 1.0$。

则综合调整系数：

$$K = K_1 \times 30\% + K_2 \times 25\% + K_3 \times 20\% + K_4 \times 15\% + K_5 \times 10\%$$
$$= 0.90 \times 30\% + 1.0 \times 25\% + 0.9 \times 20\% + 1.0 \times 15\% + 1.0 \times 10\%$$
$$= 95\%$$

⑤ 计算成新率 C_K：

$$C_K = C_Y K \times 100\% = 92.2\% \times 95\% \times 100\% = 87.59\%$$

⑥ 计算评估值 P：

$$P = BC_K = 57.58 \times 87.59\% \approx 50.43 \text{ 万元}$$

该车评估价为50万元。

6. 重置成本-综合成新率法评估二手车

例6 2018年8月吉林某公司委托当地一家二手车鉴定评估公司对欲处置的奥迪车进行评估。

(1) 车辆概况

车型：2011 款奥迪 A6L 2.0 TFSI 自动舒适型

乘员数（包括驾驶人）：5 人

生产商：一汽奥迪汽车公司

登记日期：2011 年 8 月

累计里程：85000km

(2) 试采用重置成本-综合成新率法评估其价值。

解：

1) 重置成本全价的确定

① 现行购置价的确定：经当地市场询价，该车型市场售价为 415200 元。

② 车辆购置税及相关税费的确定：

车辆购置附加税 = 415200 × 10% = 41520（元）

证照费、检车费 = 600 元

重置成本全价 B = 415200 + (41520 + 600) = 457320（元）

2) 成新率的确定

采用综合成新率法计算成新率。

① 计算理论成新率 C_1。

该车经检查没有调表，理论成新率 C_1 由行驶里程法成新率与使用年限法成新率计算而得。

该车为非营运轿车，根据《机动车报废标准》规定，对行驶里程无要求，按建议报废里程 60 万 km 计算。

该车的行驶里程成新率为

$$C_S = \frac{S_g - S}{S_g} \times 100\% = \left(1 - \frac{S}{S_g}\right) \times 100\% = \left(1 - \frac{8.5}{60}\right) \times 100\% \approx 85.8\%$$

该车登记日期为 2011 年 8 月，评估基准日为 2018 年 8 月，已使用 7 年，根据国家《机动车报废标准》，小型非营运载客汽车无规定使用年限，按旧标准为 15 年，所以

$$C_Y = \frac{Y_g - Y}{Y_g} \times 100\% = \left(1 - \frac{Y}{Y_g}\right) \times 100\% = \left(1 - \frac{7}{15}\right) \times 100\% \approx 53.3\%$$

取 $\beta_1 = \beta_2 = 0.5$，则

$$C_1 = C_Y \beta_1 + C_S \beta_2 = 53.3\% \times 0.5 + 85.8\% \times 0.5 \approx 69.6\%$$

② 计算现场查勘成新率 C_2。

评估人员在现场对该车的查勘中，分别对车辆的发动机、底盘、车身、内饰及电气系统进行鉴定打分，详见表 7-7。现场查勘成新率 C_2 = 现场勘察打分值/100 × 100% = 68%。

表 7-7 该车各总成鉴定评分

项目	鉴定标准	鉴定情况	评定分数
发动机、离合器总成	35 分 ① 气缸压力应符合标准 ② 机油无泄漏，冷却系统不漏水 ③ 燃油消耗量在正常范围内 ④ 在高中低速时无断火或其他现象	燃油消耗超标 -10 分 其他情况一般 -10 分	15 分

(续)

项目	鉴定标准	鉴定情况	评定分数
前桥总成	5分 无变形和裂纹，转向系统操作轻便灵活，转向节不应有裂纹	操作较灵活及准确，其他均正常	5分
后桥总成	10分 主动锥齿轮轴在1400~1500r/min时，各轴承温度不应高于60℃，差速器及半轴的齿轮没有敲击声及高低变化声响，各接合部位无漏油	符合要求	10分
变速器总成	5分 ① 变速器在运动中时，齿轮在任何档位均不应有脱档、跳档及异常响声 ② 变速杆不应有明显抖动现象，密封部位不漏油，变速杆操作灵便	符合要求	5分
车架总成	15分 车架应无变形，各焊口应无裂纹及损伤，连接件齐全无松动	符合要求	15分
车身总成	15分 车身无碰伤、脱漆、锈蚀现象，门窗玻璃完好，座椅完整	有脱漆、锈蚀现象，车辆维护一般	8分
轮胎	5分 依磨损量确定	中度磨损	3分
其他	10分 ① 制动系统：无损坏 ② 电气系统：电源、点火、信号、照明正常	工作情况一般	7分
合计			68分

$$C_Z = C_1 \times \alpha_1 + C_2 \times \alpha_2$$

取权重系数 $\alpha_1 = 0.4$、$\alpha_2 = 0.6$，则综合成新率：

$$C_Z = C_1\alpha_1 + C_2\alpha_2 = 69.6\% \times 0.4 + 68\% \times 0.6 \approx 68.6\%$$

3）评估值的确定

评估值 = 重置全价 × 综合成新率 = 457320 × 68.6% = 313900（元）

7.4　现行市价法评估二手车

7.4.1　现行市价法的基本原理

1. 现行市价法概念

现行市价法又称市场价格比较法，是指在活跃、公平的二手车市场上通过市场调查，选择若干与评估车辆相同或类似的已交易车辆作为参照车辆,将评估车辆与参照车辆进行对比分析,调整差异,最后从参照车辆已交易价格修正得出评估车辆价格的一种估价方法。其评估基本思路可用公式概括为

$$二手车评估值 = 参照车辆现行市价 \pm 评估车辆与参照车辆比较的差异金额$$

影响二手车市场价值的主要因素是比较因素。比较因素是一个指标体系,它是能够全面反映影响二手车价值的因素。一般来说,二手车的比较因素主要由时间因素、地区因素及功能因素的综合比较决定,其中:

① 时间因素指参照车辆成交时间与评估基准日时间差异对价格的影响。
② 地区因素指评估车辆所在地区条件对价格的影响。
③ 功能因素指评估车辆实体功能对价格的影响。

因为市场价格是反映各种影响车辆价值因素的综合体现,所以二手车现行市价实际上已经体现了被评估车辆的各种贬值因素,如有形损耗贬值、功能性贬值和经济性贬值。而现行市价法采用比较和调整的方法对评估车辆进行价格调整,因而,采用现行市价法评估二手车不需要专门计算这些贬值。

2. 现行市价法基本思想

现行市价法评估二手车的基本思想是:在了解评估车辆技术状况的基础上,用公开市场上已经成交的同类车辆的交易价格作为参照价格,通过比较它们在构造、功能、性能、新旧程度、地区差别、交易条件及成交价格等方面的差异,经过适当调整,最终估算出评估车辆的价格。

运用现行市价法要求充分利用类似二手车成交价格信息,根据替代原则,从二手车可能进行交易角度来判断二手车价值。运用已被市场检验了的结论来评估被评估二手车,显然是容易被买卖双方当事人接受的。因此,现行市价法是二手车鉴定评估中最为直接、最具说服力的评估途径之一,在二手车交易市场上被二手车经营者广泛使用。

7.4.2 现行市价法的应用前提和适用范围

1. 影响二手车现行市价的基本因素

(1) 新车价格

新车价格是决定二手车现行市价的价格基础。一般情况下,新车价格高,二手车价格也会高;二手车交易价格会与新车价格保持一定的差价关系。

(2) 供求关系

二手车供求关系受多种因素的影响,如车源供应量、热销与滞销、买卖力量竞争、国家政策等。当某车型热销、有多个买主购买、处于竞买状态时,这种买方的竞争可以导致二手车价格的上涨;反之,多个卖主向同一个买主竞卖同一辆二手车时,这种卖方的竞争可以导致二手车价格的下降。国家对汽车的扶持和限制政策也会直接影响二手车的供求关系。如国家鼓励小排量汽车发展促进了小排量二手车热销,而摇号上牌政策则导致了二手车市场的冷清。

(3) 质量因素

质量因素指二手车本身功能、品牌、制造工艺等技术参数。一般来说,二手车价格是"优质优价",知名品牌的二手车因其制造工艺先进、质量好而畅销,其成交价格高,具有

保值性；反之，不是知名品牌的二手车通常不好销售，其成交价格较低且易受市场需求的影响。

2. 现行市价法的应用前提

现行市价法是以同类二手车销售价格相比较的方式来确定被评估二手车价值的，运用这一方法时一般应具备三个基本的前提条件。

1）要有一个有效、公平的二手车交易市场。有效是指市场所提供的信息是真实可靠的，参照车辆在市场上的交易是活跃的；公平是指市场应该具备公平交易的所有条件，买卖双方没有垄断和强制，双方的交易行为都是在自愿和充分掌握信息的基础上做出的，并且假定这一价格不受不适当刺激的影响。

2）市场上经常有与被评估车辆相同或类似的参照车辆交易，能够形成市场行情。在市场上参照车辆交易越活跃、有较多的参照车辆可选取，则参考价格越容易形成，这是应用现行市价法评估二手车的关键。

3）市场上参照车辆与被评估二手车有可比较的指标，并且这些指标的技术参数等资料是可收集到的，并且价值影响因素明确，可以量化。

运用现行市价法，重要的是能够在交易市场上找到与被评估二手车相同或相类似的已成交过的参照车辆，并且参照车辆是近期的、可比较的。所谓近期，是指参照车辆交易时间与被评估二手车鉴定评估基准日时间相近，一般在一个季度之内；所谓可比，是指参照车辆在规格、型号、功能、性能、配置、内部结构、新旧程度及交易条件等方面与被评估二手车具有可比性。

此外，现行市价法选取的参照车辆最好是在同一市场或同一地区经常出现的交易车辆。只有在这一条件下获得的信息才有更好的可比性，相距较远的区域市场的参照车辆信息可比性相对较弱。目前我国各地二手车交易市场完善程度、交易规模差异很大，有些地区的汽车保有量少、车型少、二手车交易量少，寻找参照车辆较为困难。因此，现行市价法的实际运用在我国目前的二手车交易市场条件下将受到一定的限制。

3. 现行市价法的适用范围

现行市价法是从卖方的角度来考虑被评估二手车变现值的，二手车评估价值的大小直接受市场的制约。因此，它特别适用于畅销车型的评估，如二手车收购（尤其是成批收购）和典当等业务。畅销车型的数据充分可靠，市场交易活跃，评估人员熟悉其市场交易情况，采用现行市价法评估二手车时间会很短。

7.4.3 现行市价法的优缺点

1. 现行市价法的优点

1）能够客观反映二手车目前的市场情况，其评估的参数、指标直接从市场获得，评估值能反映二手车市场现实价格。

2）结果易于被各方面理解和接受。

2. 现行市价法的缺点

1）需要公开及活跃的二手车市场作为基础。然而在我国很多地方，二手车市场建立时间短，发育不完全、不完善，寻找参照车辆有一定困难。

2）可比因素多而复杂，即使是同一个生产厂家生产的同一型号的产品、同一天登记，也可能因不同的车主使用,其使用强度、使用条件、维护水平不同而带来车辆技术状况不同,造成二手年鉴定评估价值差异。

7.4.4 现行市价法的评估模型

根据是否有参照车辆,运用现行市价法评估二手车价值可分为有参照车辆和无参照车辆两种评估途径。有参照车辆的评估途径通常采用直接市价法和类比调整市价法。

1. 直接市价法

直接市价法是指在市场上能找到与被评估二手车完全相同的已成交参照车辆,并直接以其已成交价格作为被评估二手车评估价格的一种方法。直接市价法的应用有两种情况。

1)参照车辆与被评估二手车完全相同。所谓完全相同是指车辆型号、使用条件和技术状况相同,生产和交易时间相近。这样的参照车辆常见于市场保有量大、交易比较频繁的畅销车型,如北京现代,一汽捷达、速腾等。

2)参照车辆与被评估二手车相近。这种情况是参照车辆与被评估车辆类别相同、主参数和结构性能基本相同、变易时间相近的参照车辆。这种情况在我国汽车市场上是常见的,很多汽车厂商为了追求车型变化给消费者一个新的感受,每年都在原车型的基础上做一些小的改动,如车身的小变化、内饰配置的变化等。

直接市价法评估公式为

$$P = P'$$

式中 P——评估值,单位为元;

P'——参照车辆的市场价格,单位为元。

2. 类比调整市价法

类比调整市价法是指评估二手车时,在公开市场上找不到与之完全相同的车辆,但能找到与之相类似的车辆作为参照车辆,并根据车辆技术状况和交易条件的差异对参照车辆的成交价格做出相应调整,进而确定被评估二手车价格的一种评估方法。其基本计算式为

$$P = P' + \sum \text{各项差异调整值}$$

式中 P——评估值,单位为元;

P'——参照车辆的市场成交价格,单位为元。

类比调整市价法不像直接市价法对参照车辆的条件要求那么严格,只要求参照车辆与被评估二手车车型、级别大致相近即可,这样大大降低了参照车辆的选择难度,方便、易于操作。因此,类比调整市价法充分体现了资产评估的替代性原则。

7.4.5 现行市价法的操作步骤

现行市价法评估二手车的操作步骤如下。

1. 收集被评估二手车资料

收集被评估二手车的相关资料,包括:车辆的类别名称、车辆型号和技术性能参数、生产厂家和出厂年月、车辆用途、目前使用情况和实际技术状况、尚可使用的年限等,为参照车辆资料收集和选择提供依据。

2. 选取参照车辆

根据收集到的被评估二手车资料，按照可比性原则，进行市场调查、收集相同或类似已成交车辆的市场基本信息资料，从中寻找可类比的参照车辆，参照车辆的选择应在两辆以上。车辆的可比因素主要包括：

1) 车辆型号和生产厂家。
2) 车辆用途，指的是私家车还是公务车，是乘用车还是商用车等。
3) 车辆使用年限和行驶里程。
4) 车辆实际技术性能和技术状况。
5) 车辆所处地区，由于地区经济发展的不平衡，收入水平存在差别，在不同地区的二手车交易市场，同样车辆的价格会有较大的差别。
6) 市场状况，指的是二手车交易市场处于低迷、复苏还是繁荣，车源丰富还是匮乏，车型涵盖面如何，交易量如何，新车价格趋势如何等。
7) 交易动机和目的，指车辆出售是以清偿为目的还是以淘汰转让为目的；买方是获利转手倒卖还是购买自用。不同情况下的成交价格往往有较大差别。
8) 成交数量，单辆与成批车辆交易的价格会有一定差别。
9) 成交时间，应采用近期成交的车辆做类比对象。由于国家经济、金融和交通政策以及市场供求关系会随时发生一些变化，市场行情也会随之变化，二手车价格会随之波动。

3. 类比和调整

对被评估二手车和参照车辆之间的差异进行分析和比较，并进行适当的量化后调整为可比因素。主要差异及量化方法如下。

1) 结构性能的差异及量化：汽车型号、结构上的差别都会集中反映到汽车的功能和性能的差别上，功能和性能的差异可通过功能、性能对汽车价格的影响进行估算。

$$结构性能差异调整值 = 结构性能差异值 \times 成新率$$

2) 销售时间的差异与量化：在选择参照车辆时，应尽可能选择评估基准日近期的成交案例，以免去销售时间差异的量化。若参照车辆的交易时间在评估基准日之前较早时间，可采用价格指数法将销售时间差异量化并调整。物价指数调整值为

$$销售时间差异调整值 = B_0 \left(\frac{I_1}{I_0} - 1 \right)$$

式中　B_0——参照车辆成交价，单位为元；
　　　I_0——参照车辆成交时物价指数；
　　　I_1——被评估二手车评估时物价指数。

3) 新旧程度的差异及量化：被评估二手车与参照车辆在新旧程度上存在一定的差异，要求评估人员能够对二者做出基本判断，取得被评估二手车和参照车辆成新率后，以参照车辆成交价乘以被评估二手车与参照车辆成新率之差，即可得到两者新旧程度的差异调整值。

$$新旧程度差异调整值 = 参照车辆成交价 \times (被评估二手车成新率 - 参照车辆成新率)$$

4) 销售数量的差异及量化：销售数量的大小、采用何种付款方式均会对二手车成交单价产生影响。这两个因素在被评估二手车与参照车辆之间的差别应首先了解清楚，然后根据

具体情况做出必要的调整。一般来讲,卖主充分考虑货币的时间价值,会以较低的单价吸引购买者(常为经纪人)多买,尽管价格比零售价格低,但可提前收到货款。当被评估二手车是成批量交易时,以单辆汽车作为参照车辆是不合适的;而当被评估二手车只有一辆时,以成批汽车作为参照车辆也不合适。销售数量的不同会造成成交价格的差异,必须对此差异进行分析,适当调整被评估二手车的价值。

5)付款方式的差异及量化:在二手车交易中,绝大多数为现款交易。在一些经济较活跃的地区已出现二手车的银行按揭销售。银行按揭的二手车与一次性付款的二手车价格差异由两部分组成:一是银行的贷款利息,贷款利息按贷款年限确定;二是汽车按揭保险费,各保险公司的汽车按揭保险费率不完全相同,会有一些差异。

4. 计算评估值

将各可比因素差异的调整值加以汇总,并据此对参照车辆的成交市价进行调整,从而确定被评估二手车的评估价格。

7.4.6 现行市价法的评估实例

在对某辆二手车进行评估时,评估人员选择了三个近期成交的与被评估二手车类别、结构基本相同,经济技术参数相近的车辆做参照车辆。参照车辆与被评估二手车的一些具体经济技术参数见表7-8。试采用现行市价法对该车进行价值评估。

表7-8 参照车辆与被评估二手车经济技术参数

序号	技术经济参数	参照车辆A	参照车辆B	参照车辆C	被评估二手车
1	车辆交易价格	50000	65000	40000	—
2	销售条件	公开市场	公开市场	公开市场	公开市场
3	交易时间	6个月前	2个月前	10个月前	—
4	物价指数	每月上升0.5%			
5	已使用年限/年	5	5	6	5
6	尚可使用年限/年	5	5	4	5
7	成新率(%)	60	75	55	70
8	年平均维修费用/元	20000	18000	25000	20000
9	百公里耗油量/L	25	22	28	24

解:

1. 对被评估二手车与参照车辆之间的差异进行比较、量化

(1)销售时间的差异

搜集到的资料表明,在评估基准日之前的1年内,物价指数大约每月上升0.5%。

1)被评估二手车与参照车辆A相比较晚6个月,物价指数上升3%,其差额为
$$50000 \times 3\% = 1500(元)$$

2)被评估二手车与参照车辆B相比较晚2个月,物价指数上升1%,其差额为

$$55000 \times 1\% = 550 \text{（元）}$$

3）被评估二手车与参照车辆C相比较晚10个月，物价指数上升5%，其差额为

$$40000 \times 5\% = 2000 \text{（元）}$$

（2）车辆性能的差异

1）各参照车辆与被评估二手车每年由于燃油消耗的差异所产生的差额，按每日营运150km、每年平均出车250天，燃油价格按每升6.5元计算。

① 参照车辆A每年比被评估二手车多消耗燃料的费用为

$$(25 - 24) \times 6.5 \times \frac{150}{100} \times 250 \approx 2438 \text{（元）}$$

② 参照车辆B每年比被评估二手车少消耗燃料的费用为

$$(24 - 22) \times 6.5 \times \frac{150}{100} \times 250 = 4875 \text{（元）}$$

③ 参照车辆C每年比被评估二手车多消耗燃料的费用为

$$(28 - 24) \times 6.5 \times \frac{150}{100} \times 250 = 9750 \text{（元）}$$

2）各参照车辆与被评估二手车每年由于维修费用的差异所产生的差额如下。

① 参照车辆A与被评估二手车每年维修费用的差额为

$$20000 - 20000 = 0 \text{（元）}$$

② 参照车辆B比被评估二手车每年少花费的维修费用为

$$20000 - 18000 = 2000 \text{（元）}$$

③ 参照车辆C比被评估二手车每年多花费的维修费用为

$$25000 - 20000 = 5000 \text{（元）}$$

3）各参照车辆与被评估二手车每年由于营运成本的差异所产生的差额如下。

① 参照车辆A比被评估二手车每年多花费的营运成本为

$$2438 + 0 = 2438 \text{（元）}$$

② 参照车辆B比被评估二手车每年少花费的营运成本为

$$4875 + 2000 = 6875 \text{（元）}$$

③ 参照车辆C比被评估二手车每年多花费的营运成本为

$$9750 + 5000 = 14750 \text{（元）}$$

4）适用的折现率 $i = 5\%$，则在剩余的使用年限内，各参照车辆比被评估二手车多（或少）花费的营运成本如下。

① 参照车辆A比被评估二手车多花费的营运成本折现累加为

$$2438 \times \frac{(1 + 5\%)^5 - 1}{10\% \times (1 + 5\%)^5} = 2438 \times 2.16 \approx 5266 \text{（元）}$$

② 参照车辆B比被评估二手车多花费的营运成本折现累加为

$$6875 \times \frac{(1 + 5\%)^5 - 1}{10\% \times (1 + 5\%)^5} = 6875 \times 2.16 \approx 14850 \text{（元）}$$

③ 参照车辆C比被评估二手车多花费的营运成本折现累加为

$$14750 \times \frac{(1 + 5\%)^4 - 1}{10\% \times (1 + 5\%)^4} = 14750 \times 1.77 \approx 26108 \text{（元）}$$

(3) 成新率的差异

1) 参照车辆 A 比被评估二手车由于成新率的差异所产生的差额为
$$50000 \times (70\% - 60\%) = 5000（元）$$

2) 参照车辆 B 比被评估二手车由于成新率的差异所产生的差额为
$$65000 \times (70\% - 75\%) = -3250（元）$$

3) 参照车辆 C 比被评估二手车由于成新率的差异所产生的差额为
$$40000 \times (70\% - 55\%) = 6000（元）$$

2. 根据被评估二手车与参照车辆之间差异的量化结果，确定车辆的评估值

(1) 初步确定被评估二手车的评估值

1) 与参照车辆 A 相比分析调整差额，初步评估的结果为
$$车辆评估值 = 50000 + 1500 + 5266 + 5000 = 61766（元）$$

2) 与参照车辆 B 相比分析调整差额，初步评估的结果为
$$车辆评估值 = 65000 + 550 - 14850 - 3250 = 47450（元）$$

3) 与参照车辆 C 相比分析调整差额，初步评估的结果为
$$车辆评估值 = 40000 + 2000 + 26108 + 6000 = 68108（元）$$

(2) 综合定性分析，确定被评估二手车的评估值

从上述初步估算的结果可知，按三个不同的参照车辆进行比较测算，初步评估的结果最多相差 20658 元。其主要原因是三个参照车辆的成新率不同。另外，在选取有关的经济技术参数时也可能存在误差。为减少误差，结合考虑被评估二手车与参照车辆的相似程度，决定采用加权平均法确定评估值。参照车辆 B 的交易时间离评估基准日较接近（仅隔两个月），且已使用年限、尚可使用年限、成新率等都与被评估二手车最相近。由于它的相似程度比参照车辆 A、C 更大，故决定取参照车辆 B 的加权系数为 60%，参照车辆 A 的加权系数为 30%，参照车辆 C 的加权系数为 10%。加权平均后，被评估二手车的评估值为
$$车辆评估值 = 47450 \times 60\% + 61766 \times 30\% + 68108 \times 10\% \approx 53811（元）$$

取整 53000 元。

7.5 收益现值法评估二手车

7.5.1 收益现值法的基本原理

1. 收益现值法的概念

收益现值法是将被评估车辆剩余寿命期内的预期收益总额，用适当的折现率折现为评估基准日的现值，以此估算被评估车辆价值的一种估价方法。也就是说，将未来每年的收益额折算到现在值多少钱，这些钱加起来就是二手车今后运营的收益现值，将其作为二手车的评估值，现值的确定依赖于未来预期收益。

2. 收益现值法的基本思想

收益现值法是从"以利索本"的角度来评估二手车现时价值的，评估值实际上就是为获得车辆未来预期收益的权利现在需支付的货币总额。应用收益现值法的基本思想是：根据

替代性原则，投资者购买二手车时所付出的代价，不应多于他购买该项资产的未来预计收益的折现值，这一现值就是购买者未来能得到好处的价值体现。通常，在折现率相同的情况下，车辆未来的效用越大，获利能力越强，其评估值就越大。

7.5.2 收益现值法的应用前提和适用范围

1. 决定收益现值的基本因素

在继续经营的条件下，决定二手车未来收益现值的基本因素如下。

（1）二手车技术状况

通常情况下二手车技术状况好，出勤率就高。在企业生产经营正常、收益率不变的情况下，车辆出勤率高，其收益额必定多，反之则必定少。

（2）超额利润

这是指企业使用车辆的获利能力较大，超出其他企业的获利能力。这个因素是二手车购买者（投资者）最重视、最关心的问题。因为获得超额收益将使其收益率增大、收益额增多，由此而使收益现值增加。

（3）折现率

折现率反映收益折成现值的能力。在年收益额一定的情况下，折现率高，其现值就高。

2. 收益现值法应用的前提

1）被评估二手车必须是经营性车辆，且具有继续经营和获利的能力。
2）继续经营的预期收益可以预测，而且必须能够用货币金额来表示。
3）二手车购买者获得预期收益所承担的风险可以预测，并可以用货币衡量。
4）被评估二手车预期获利年限可以预测。

由以上应用的前提条件可见，运用收益现值法进行评估时，是以车辆投入使用后连续获利为基础的。在二手车交易中，人们购买营运性质二手车的目的往往不是在于车辆本身，而是车辆的获利能力。

因此，收益现值法较适用于投资营运的车辆。

7.5.3 收益现值法的优缺点

1. 收益现值法的优点

1）与投资决策相结合，容易被交易双方接受。
2）能真实和较准确地反映车辆本金化的价格。

2. 收益现值法的缺点

1）预期收益额和折现率以及风险报酬率的预测难度大。
2）受主观判断和未来不可预见因素的影响较大。

7.5.4 收益现值法的评估模型

1. 计算模型

应用收益现值法求二手车鉴定评估值的计算，实际上就是对被评估二手车未来预期收益进行折现的过程。

被评估二手车的评估值等于剩余寿命期内各收益期的收益折现值之和。其基本计算公

式为

$$P = \sum_{t=1}^{n} \frac{A_t}{(1+i)^t}$$

式中　P——评估值,单位为元;
　　　A_t——未来第 t 个收益期的预期收益额,单位为元;
　　　n——收益期限(即二手车剩余使用寿命年限);
　　　i——折现率,在经济分析中如果不做其他说明,一般指年利率或收益率;
　　　t——收益期,一般以年计。

由于二手车的收益期是有限的,所以式中的 A_t 还包括期末车辆的残值,一般估算时忽略不计。

2. 收益现值法各评估参数的确定

(1) 收益期限 n 的确定

收益期限指从评估基准日到二手车报废的年限,各类营运车辆的报废年限国家《机动车报废标准》都有具体规定。如果剩余使用寿命期长,则计算的收益期就多,车辆的评估价格就高;反之,则评估价格就低。因此,必须根据二手车的状况对其收益期限做出正确的评定。

(2) 预期收益额 A_t 的确定

运用收益现值法时,未来每年收益额的确定是关键。预期收益额是指,被评估二手车在其使用寿命期内的使用过程中可能带来的年纯收益额。确定车辆预期收益额时应注意:

1) 预期收益额是通过预测分析获得的。对投资者来说,判断车辆是否有价值,应判断该车辆能否带来收益。对车辆收益能力的判断,不仅要看现在的收益能力,更重要的是预测未来的收益能力。

2) 收益额的构成。为了准确反映经营者预期收益,收益额采用税后利润计算,其计算公式为

收益额 = 税前收入 − 应交所得税 = 税前收入 × (1 − 所得税率)
税前收入 = 一年的毛收入 − 车辆使用的各种税、费和人员劳务费等

(3) 折现率 i 的确定

折现率是指将未来预期收益额折算成现值的比率。从本质上讲,折现率是一种期望投资报酬率,是投资者在投资风险一定的情况下,对投资所期望的回报率。折现率由无风险报酬率和风险报酬率两部分组成,即

折现率 i = 无风险报酬率 + 风险报酬率

无风险报酬率一般是指同期银行利率,它实际上是一种无风险收益率。风险报酬率是指超过无风险收益率以上部分的投资回报率。

7.5.5　收益现值法的评估实例

2014 年 1 月,某人打算在二手车市场购置一辆捷达轿车用于个体出租车运营。该车的基本信息及经营预测如下。

该车于 2010 年 10 月购买,并于当月完成车辆登记手续,已行驶 36 万 km。目前车辆技

术状况良好，能正常运行。如用于出租车运营，全年预计可出勤 320 天。根据市场经营经验，该车型每天平均毛收入约 400 元，每天油耗费用约 100 元，年检、保险及各种应支出费用折合平均每天 25 元，年日常维修保养费用约 5000 元，年平均大修费用约 6000 元，人员劳务费 30000 元。根据目前银行储蓄年利率、行业收益等情况，确定资金预期收益率为 10%，风险报酬率为 5%。

假设每年的纯收入相同，试结合上述条件评估该车可接受的最大投资额是多少。

解：

① 根据题目条件，评估方法采用收益现值法。

② 收益期限 n 的确定：从车辆登记日（2010 年 10 月）至评估基准日（2014 年 12 月）止，该车已使用时间 4 年。根据国家《机动车报废标准》的规定，出租车规定运营年限为 8 年，因此该车剩余使用寿命为 4 年，即收益期限 $n=4$。

③ 预期收益额 A_t 的确定。

根据题设条件，计算预计年毛收入，具体计算见表 7-9。

表 7-9　计算该车预计年毛收入　　　　　　　　　　单位：元

预计年收入		400×320=128000
预计年支出	年燃油消耗费用	100×320=32000
	每年日常维修保养费用	5000
	年平均大修费用	6000
	人员劳务费	30000
	年检、保险及各种应支出费用	25×320=8000
预计年毛收入		47000

计算预计年纯收入：根据国家个人所得税条例规定，应缴纳个人所得税为（47000−36000）×10%=1100（元），年预计纯收入为 47000−1100=45900（元）。

$$\text{预期收益额 } A_t = \text{年预计纯收入} = 45900 \text{ 元}$$

④ 折现率 i 的确定：折现率 i = 无风险报酬率 + 风险报酬率 = 10% + 5% = 15%。

⑤ 评估值 P 的确定：

$$P = \sum_{t=1}^{n} \frac{A_t}{(1+i)^t} = \sum_{t=1}^{4} \frac{45900}{(1+15\%)^t} = 98356 \text{（元）}$$

最大投资额不超过 16 万元为好。

7.6　清算价格法评估二手车

7.6.1　清算价格法的基本原理

1. 清算价格法的概念

清算价格法是以清算价格为依据来估算二手车价格的一种方法。所谓清算价格，是指企业由于破产和其他原因，被要求在一定期限内将特定资产（包括车辆）拍卖出售快速变现的价格。

清算价格法的理论基础是清算价格标准。

2. 清算价格法的基本原理

清算价格法在原理上基本与现行市价法相同，所不同的是迫于停业或破产，清算价格往往远远低于现行市场价格。这是由于企业被迫停业或破产，急于将车辆拍卖出售变现。

7.6.2 清算价格法的应用前提和适用范围

1. 决定清算价格的主要因素

在二手车鉴定评估中，影响清算价格的主要因素包括资产处置权、债权人处置车辆的方式、车辆清理费用、拍卖时限、公平市价和参照车辆价格等。

（1）资产处置权

资产处置权是影响清算价格的重要因素之一。包括：

1）丧失资产处置权。此时出售资产一方无讨价还价的可能，即以买方出价决定车辆售价。

2）未丧失资产处置权。此时出售资产一方尚有讨价还价余地，即以双方议价决定车辆售价。

（2）债权人处置资产的方式

按抵押时的合同契约规定由债权人自行处置，如公开拍卖或收归己有。典当二手车的绝当就属于这种情况。

（3）清理费用

在企业破产等情况下评估车辆价格时，应对车辆清理费用及其他费用给予充分的考虑。这些费用太高，拍卖变现后所剩无几，则失去了拍卖还债的意义。

（4）拍卖时限

一般来说，拍卖时限长，售价会高些；时限短，则售价会低些。这是由资产快速变现原则产生的特定买方市场所决定的。

（5）公平市价

公平市价是指车辆交易成交时，使交易双方都满意的价格。在清算价格中卖方满意的价格一般不易求得。

（6）参照车辆价格

参照车辆价格是指在市场上出售相同或类似车辆的价格。一般来说，市场参照车辆价格高，车辆出售的价格就会高；反之则低。

2. 清算价格法的应用前提

以清算价格法评估车辆价格的前提条件有以下三点。

1）以具有法律效力的破产处理文件或抵押合同及其他有效文件为依据。

2）车辆在市场上可以快速出售变现。

3）所卖收入足以补偿因出售车辆的附加支出总额。

3. 清算价格法的适用范围

清算价格法适用于企业破产、资产抵押、停业清理等情况下的二手车鉴定评估业务。

7.6.3 清算价格法的评估模型

目前，对于清算价格的确定方法，从理论上还难以找到十分有效的依据，但在实践上仍有一些方法可以采用，主要方法有如下三种。

1. 评估价格折扣法

首先，根据被评估二手车的具体情况及所获得的资料，选择重置成本法、收益现值法或现行市价法中的一种方法确定被评估二手车的价格。然后，根据市场调查和快速变现原则，确定一个合适的折扣率。用评估价格乘以折扣率，所得结果即为被评估二手车的清算价格。

2. 模拟拍卖法

模拟拍卖法，也称意向询价法。这种方法是假定所评估车辆马上拍卖，向其潜在的购买者征询报价，以此确定所评估车辆可能实现的变现价值。用这种方法确定的清算价格受供需关系影响很大，要充分考虑其影响的程度。

3. 竞价法

竞价法是由法院按照破产清算的法定程序或由卖方根据评估结果提出一个拍卖底价，在公开市场上由买方竞争出价，谁出的价格高就卖给谁。

7.6.4 清算价格法的评估实例

某法院欲在近期内将其扣押的一辆轻型载货汽车拍卖出售，至评估基准日止，该汽车已使用了 1 年 6 个月，车况与其新旧程度相符，据市场调查，全新的同类型车目前的售价为 15 万元。试评估该车的清算价格。

解：

① 根据题目已知条件，采用重置成本法确定评估价格。

② 求已使用年限和规定使用年限：该车已使用年限为 1 年 6 个月，折合为 18 个月。根据国家规定，被评估车辆的使用年限为 10 年，折合为 120 个月。

③ 确定车辆的重置成本全价：根据有关规定，购置此型车时，要交纳 10% 的车辆购置税，3% 的货运附加费，故被评估车辆的重置成本全价 B 为

$$B = 150000 \times (1 + 10\% + 3\%) = 169500 \text{（元）}$$

④ 确定车辆的成新率：被评估车辆的价值不高，且车辆的技术状况与其新旧程度相符，采用使用年限法确定其成新率。故被评估车辆的成率 C_Y 为

$$C_Y = \frac{Y_g - Y}{Y_g} \times 100\% = \left(1 - \frac{Y}{Y_g}\right) \times 100\% = \left(1 - \frac{18}{120}\right) \times 100\% = 85\%$$

⑤ 确定被评估车辆在公平市场条件下的评估值：在公平市场条件下，该车的评估值 P 为

$$P = BC_Y = 169500 \times 85\% = 144075 \text{（元）}$$

⑥ 确定折扣率：根据市场调查，折扣率取 75% 时，可在清算日内出售车辆，故确定折扣率为 75%。

⑦ 确定被评估车辆的清算价格：

$$\text{车辆的清算价格} = 144075 \times 75\% \approx 108056 \text{（元）}$$

该车的清算价格取 108000 元。

【课后练习】

一、单选题

1. 对二手车市场流通的车辆进行鉴定评估最常用的方法是（　　）。
   A. 现行市价法　　　　　　　　B. 重置成本法
   C. 收益现值法　　　　　　　　D. 清算价格法

2. 重置成本法是指（　　）。
   A. 参照相同或者类似资产的市场价格，评定重估价值
   B. 根据该项资产在全新情况下的重置成本，减去按重置成本计算的已使用年限的累积折旧额，考虑资产功能变化、成新率等因素，评定重估价值
   C. 根据被评估资产合理的预期获利能力和适当的折现率，计算出资产的现值，并以此评定重估价值
   D. 根据企业清算时其资产可变现的价值，评定重估价值

3. 在使用市场价格比较法评估二手车时，参照物的价格应为（　　）。
   A. 新车的报价
   B. 预测的车价
   C. 新车的现行市价
   D. 二手车市场的现行市价

4. 现行市价法对于市场上只有唯一一辆的车辆是（　　）。
   A. 一般适用的　　B. 80%可用的　　C. 完全适用的　　D. 不适用的

5. 通常，二手车评估具有（　　）的特点。
   A. 以技术鉴定为基础、以单一车辆为评估对象、考虑车辆使用强度
   B. 要考虑税费附加值、以技术鉴定为基础、考虑车辆规格型号
   C. 以技术鉴定为基础、以单一车辆为评估对象、要考虑税费附加值
   D. 以单一车辆为评估对象、要考虑税费附加值考虑车辆使用范围

6. 如果一个市场参照物的价格受到买卖双方特殊关系的影响，则该价格（　　）。
   A. 就是被评估车辆的价格
   B. 什么都不影响
   C. 可作为评估的基础
   D. 不可作为评估的基础

7. 车辆的实际技术状况是评估的（　　）。
   A. 间接依据　　B. 一般依据　　C. 重要依据　　D. 次要依据

8. 要评估一辆轿车，评估师从二手车市场获得的市场参照物与被评估车辆各方面都基本相同，只是参照物后视镜被损坏需更换，约需200元；同时，被评估车辆改装了一套真皮座椅面，价值6500元。参照物的市场价为205000元，则被评估车辆的评估价值为（　　）。
   A. 250000元　　B. 211700元　　C. 256400元　　D. 191170元

9. 市场价格比较法中的比较因素是指（　　）。
   A. 影响销售的因素　　　　　　B. 影响外观的因素

C. 影响使用的因素 D. 影响价格的因素

10. 二手车的评估价值应是（　　）。
A. 从重置成本中扣减在使用过程中的各种陈旧性贬值
B. 从二手车的价格中减去陈旧性贬值
C. 从二手车的售价中扣减各种陈旧性贬值
D. 从二手车的成本中扣减资料陈旧性贬值

11. 电喷车辆出现后，化油器车辆发生贬值，这种贬值是（　　）。
A. 功能性贬值 B. 经济性贬值
C. 实体性贬值 D. 各种贬值都有

12. 无论是国产车还是进口车，一律采用国内现行市场（　　）作为被评估车辆的重置成本全价。
A. 预测的价格　　B. 销售商的报价　　C. 二手车的价格　　D. 新车的价格

13. 营运性功能性贬值是由于（　　）引起的。
A. 有形损耗 B. 科学技术的进步
C. 科学技术进步及有形损耗共同 D. 都不是

14. 私家轿车的报废标准由原来规定的使用年限15年改为无使用年限限制，从而使车辆（　　）。
A. 价值不变　　B. 增值　　C. 贬值　　D. 无任何影响

15. 对于非营运9座以下（含9座）的载客汽车，规定使用年限由原来的15年调整为无固定年限，这将使二手车（　　）。
A. 贬值　　B. 不确定　　C. 升值　　D. 无影响

16. 国家宏观政策对于二手车评估价值产生的影响主要是（　　）。
A. 功能性贬值 B. 各种陈旧性贬值
C. 实体性贬值 D. 经济性贬（升）值

17. 因为二手车的技术状况和市场价格都随时间变化而变动，所以（　　）是非常重要的信息。
A. 评估基准日 B. 检验日期
C. 车辆的出厂日期 D. 初次注册登记日

18. 累计行驶里程越多，二手车贬值损失（　　）。
A. 越高　　B. 越低　　C. 不变　　D. 不影响

19. 涉及事故越严重，事故车贬值损失（　　）。
A. 越高　　B. 越低　　C. 不变　　D. 不影响

二、判断题

1. 二手车交换价值是二手车在公平市场条件下能够实现的交易价值。（　　）
2. 二手车的各种陈旧性贬值一般包括实体性贬值、功能性贬值和经济性贬值。（　　）
3. 无论是国产车还是进口车，一律采用国内现行市场内二手车的市场价作为被评估车辆的重置成本全价。（　　）
4. 产品市场需求量减少、原材料供应能力或方式改变、国家政策、通货膨胀、地域性等因素都会影响二手车经济性贬值。（　　）

5. 在实际评估中，一般均使用更新重置成本作为重置成本全价，即被认为已考虑了车辆一次性功能性贬值和经济性贬值。（   ）

三、简答题

1. 二手车评估是建立在哪些假设条件之上的？为什么要设立这些假设条件？
2. 二手车评估计价标准有哪些？它们的适用前提是什么？
3. 二手车鉴定服务估价和收购估价有哪些区别？
4. 二手车价格评估主要有哪些方法？各种估价方法之间的联系与区别是什么？
5. 成新率的定义是什么？用其来进行二手车估价有什么好处？
6. 成新率计算方法有哪几种？各种方法的应用前提是什么？
7. 什么是综合调整系数法？如何确定各个调整系数？
8. 什么是二手车重置成本？重置成本法评估二手车考虑了哪些因素？重置成本法应用的前提和适用范围是什么？
9. 什么是现行市价法？应用现行市价法评估二手车的关键是什么？
10. 现行市价法的优缺点有哪些？
11. 什么是收益现值法？其应用前提和适用范围是什么？
12. 什么是清算价格法？其应用前提和适用范围是什么？

第 8 章
CHAPTER 8　事故车辆损伤评估

【学习要点】

1. 了解什么是事故车,以及事故对车辆的影响。
2. 熟悉汽车碰撞机理的分析。
3. 能够判断出事故车碰撞类型及其产生的损伤。
4. 会使用简单的检测工具检测事故车辆损伤程度。

【章节导入】

近年来,汽车交通事故、车辆泡水、自燃事故等屡有发生,对汽车事故损伤进行评估,在处理汽车事故的过程中具有十分重要的意义。你了解事故车的损伤机理吗?如何进行碰撞损伤的检验与测量?通过本章的学习,掌握汽车主要零部件的损伤评估方法,完成碰撞贬值损失的计算。

在二手车的鉴定评估业务中经常遇到事故车的损伤评估,理解和掌握事故车损伤评估方法是二手车鉴定评估师的一项重要技术素质。事故车的损伤程度与受力大小、方向、障碍物的类型、接触面积等很多因素有关。要想准确地把握车辆的损伤程度,必须掌握碰撞受力分析等基础理论。这不仅对车辆损伤的判定具有重要意义,而且对今后的修复工作、费用报价、事故车价格评估同样具有指导意义。

8.1　事故车辆损伤原理

1. 碰撞冲击力

在汽车碰撞过程中,碰撞冲击力的方向总是同某点冲击力特定角度相关。因此,冲击合力可以分成分力,通过汽车向不同方向分散。

冲击力造成大面积的损伤也同样取决于冲击力与汽车质心相对应的方向。一种情况为冲击力指向汽车非质心,产生使汽车发生横摆的力,如图 8-1a 所示。另一种情况是冲击力指向汽车质心，汽车不会旋转，大部分能量将被汽车零部件吸收，造成的损伤是非常严重的，如图8-1b所示。

驾驶人的反应经常影响到冲击力的方向，尤其是正面碰撞。驾驶人意识到碰撞不可避免时，其第一反应就是转动转向盘，以避免正面碰撞，如图8-2a所示。驾驶人的第二反应就是试图制动，汽车进入制动状态，汽车前保险杠向下俯冲，如图8-2b所示。

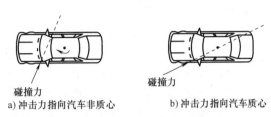

图8-1 碰撞方向与汽车质心的关系

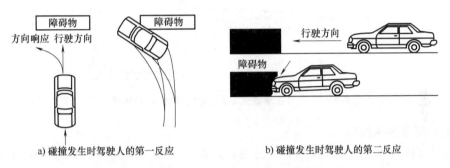

图8-2 驾驶人方向反应对碰撞方向的影响

2. 碰撞接触面积

假设汽车以相同的速度和相近的载货量行驶，碰撞的类型不同，损伤的程度也就不同。接触面积越小，损伤就越严重。如图8-3所示，保险杠、发动机舱盖、散热器等都发生严重的变形。发动机向后移动，碰撞所带来的影响甚至扩展到后悬架。另一种情况是，一辆汽车撞击另一辆正在运动的汽车。此外，还有许多其他类型的碰撞和混合碰撞类型，要做出精确的损失评估，弄清楚汽车碰撞是如何发生的非常重要。

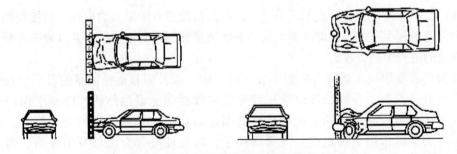

图8-3 不同的碰撞接触面积产生的损伤

3. 冲击力的传递原理

现代汽车车身上有许多焊接缝，这些焊接缝可以作为汽车结构的刚性连接点，这些刚性连接点将冲击力传递给整个汽车上与之连接的钣金件和汽车零部件，因此大大降低了汽车的结构变形。

想要完全掌握现代汽车，特别是承载式车身汽车的碰撞损伤，了解汽车的冲击力传递原理是非常重要的，否则就不能理解轻微损伤可能会引起汽车在操纵控制和运行性能上发生严重故障的事实。

图 8-4 所示是冲击力在承载式车身结构上的分布和传递分析。当汽车前角受到一个力 F_0 作用给 A 区域时，B 区域将会变形而吸收能量，冲击力减到 F_1 并传递到 C 点，金属将发生变形，力继续减小到 F_2，传递到 D 点，并分解成两个方向，其中 F_3 继续减弱传递给 E，F_4 继续减小，汽车顶盖金属轻微变形，在 F 点几乎不再有冲击力，也不再发生变形。刚性连接点、结构件和钣金件都可以吸收能量，碰撞能量大部分都被变形汽车零部件所吸收。

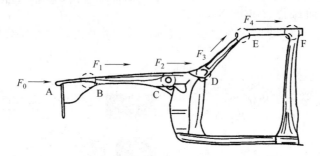

图 8-4　冲击力在承载式车身结构上的分布和传递分析

4. 汽车碰撞损伤类型

按汽车碰撞行为，汽车碰撞损伤可分为直接损伤（或一次损伤）和间接损伤（或二次损伤）。

（1）直接损伤

汽车碰撞直接接触点的车身损伤，称直接损伤。由于车辆结构、碰撞力和角度以及其他因素的差异，所形成的损伤区域是多种多样的，如翼子板变形和开裂，以及零件破碎等可见的、不需要测量的损伤、车灯损伤。对于直接损伤，一般是在完成所有间接损伤的修理后，采用对车身填料的方法对直接损伤进行修理，由于钣金件非常薄，对其修理是非常有限的。

（2）间接损伤

间接损伤是指发生在直接损伤区域之外，并离碰撞点有段距离的损伤。间接损伤是在碰撞力向后传递过程中形成的，即碰撞力从冲击区域延伸到车身连接区，并且碰撞能量在向毗邻板件移动的过程中被吸收。

间接损伤程度取决于碰撞力的大小和作用方向，以及吸收碰撞能量的各个结构件的强度。很多承载式汽车车身被设计成能压缩并能吸收碰撞能量的结构，以便于保护车内乘员。间接损伤也可由动力传动系统和后桥的惯性力造成。车辆因碰撞突然停止，机械零部件的惯性力全部作用到固定点和支撑构件上，可能使毗邻金属件发生皱曲、撕裂或开焊等现象。因此，在事故车检查时必须注意检查悬架、车桥、发动机和变速器的固定点是否损伤。

汽车碰撞损伤变形可归纳为五大类，即侧弯、凹陷、褶皱或压溃、菱形损伤和扭曲，如图 8-5 所示。

（1）侧弯

汽车的前部、中部或后部在冲击力的作用下，偏离原来的行驶方向发生的碰撞损坏被称为侧弯，如图 8-5a 所示。

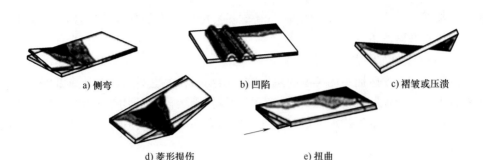

a) 侧弯　　b) 凹陷　　c) 褶皱或压溃

d) 菱形损伤　　e) 扭曲

图 8-5　汽车损伤变形种类

(2) 凹陷

凹陷一般是由于正面碰撞或追尾碰撞引起的，有可能发生在汽车的一侧或两侧，损坏的车身或车架背部呈现凹陷形状，如图 8-5b 所示。

(3) 褶皱或压溃

褶皱就是在车架上（非承载式汽车车身）或侧梁上（承载式汽车车身）的微小弯曲。如果仅仅考虑车架或侧梁上的褶皱位置，则是另一种类型的损伤。

压溃是一种简单的、具有广泛性的褶皱损伤，这种损伤使汽车框架的任何部分都比规定要短，如图 8-5c 所示。在决定严重压溃损伤的修理方法时，必须记住：在承载式车身上，高强度高加热后金属件易于拉伸，但这种方法要严格限制，因为这些钢材如果加热处理不当，会使其强度降低。

(4) 菱形损伤

菱形损伤就是一辆汽车的一侧向前或向后发生位移，使车架或车身不再是方形，如图 8-5d 所示。

(5) 扭曲

扭曲，即汽车的一角比正常的要高，而另一角比正常的要低，如图 8-5e 所示。当一辆汽车以高速撞击到路边或高速公路中间分界之安全岛时，有可能发生扭曲损坏。只有非承载汽车车身才能真正发生菱形损坏，承载式汽车车身前后横架并没有连接，因此并不存在真正意义上的"菱形损伤"。

5. 碰撞点发生形式分析

(1) 以碰撞点形成的损伤

在汽车碰撞过程中，不同碰撞冲击力的方向造成的损伤不同。例如，在一次汽车碰撞过程中，冲击力以垂直和侧向角度撞击汽车的右前翼子板，冲击合力可以分解成为两个分力：水平分力和侧向分力，这两个分力都被汽车零部件所吸收。水平分力使汽车右前翼子板变形方向指向发动机舱盖中心。侧向分力使汽车的右前翼子板向后变形。这些分力的大小及对汽车造成的损伤与碰撞角度有关，水平分力通过散热器框架传递给左侧翼子板及纵梁，间接造成左侧翼子板、纵梁变形。所以，正确的受力分析对做好车损评估、减少遗漏至关重要。

冲击力造成的损伤程度也同样取决于冲击力与汽车质心相对应的方向。如果冲击力的方向并不是沿着汽车的质心方向，一部分冲击力将形成使汽车绕着质心旋转的力矩，该力矩使汽车旋转，地面与轮胎的摩擦消耗了大量能量，从而减小冲击力对汽车零部件的损伤，损伤程度较轻。如果冲击力指向汽车的质心，汽车不会旋转，大部分能量将被汽车零部件所吸收，造成的损伤非常严重。

（2）以碰撞接触面形成的损伤

汽车以相同的速度碰撞不同类型的障碍物，损伤的程度也不同。如果撞击到一面墙，撞击的面积较大，损伤程度就较小；如果撞击到电线杆等接触面积小的障碍物，保险杠、发动机舱盖、散热器等都会发生严重变形，使发动机向后移动，甚至扩展到后悬架等，碰撞损伤程度就很严重。

8.2 碰撞损伤的检验与测量

8.2.1 碰撞损伤分区检验

通常将汽车碰撞损伤分为五个区域，分别如下。

区域1：直接碰撞损伤区，又称一次损伤区，如图8-6a所示。

区域2：间接碰撞损伤区，又称二次损伤区，如图8-6b所示。

区域3：机械损伤区，即汽车机械零件、动力传动系统零件、附件损伤区，如图8-6c所示。

区域4：乘员舱区，即车厢的各种损坏，包括内饰件、灯、附件、控制装置、操纵装置和饰层等，如图8-6d所示。

区域5：外饰和漆面区，即车身外饰及外部各零部件的损伤，如图8-6e所示。

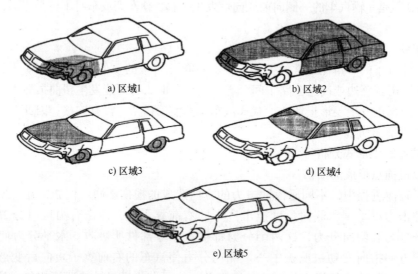

图8-6 汽车碰撞损伤区域

当使用检验区概念时，应遵从下列原则：

1）检查应从车前到车后（在追尾碰撞的情况下，从车后到车前）。
2）检查应从车外到车里。
3）首先列出主要总成，然后列出比较小的部件以及未包含在总成里的附件。

8.2.2 区域1（一次损伤区）的检验与测量

区域1系统性检验的第一步是检视，然后列出汽车碰撞直接接触点的车身一次损伤，如图8-7所示。在前部碰撞的情况下，检查区域还包括（可能更多）保险杠系统、散热器格栅、发动机舱罩等。

图8-7 区域1（一次损伤区）检验

区域1检验应首先检查外板、塑料镶板、玻璃、漆面和外板下的金属结构件，如保险杠、车灯、玻璃、车门、车轮、油液泄漏等。

检查损伤区域时，注意检查裂痕、边缘损坏、点焊崩开、金属变形等各项，应特别注意结构件。

8.2.3 区域2（二次损伤区）的检验与测量

1. 二次损伤的标志

二次损伤常见标志有钣金件皱曲、漆面褶皱和伸展、钣金件缝隙错位和开焊等（图8-8）。对于遭受猛烈的前部碰撞的车辆，应检查前风窗玻璃立柱和车门窗框前上角区域之间的缝隙是否增大。

图8-8 二次损伤

检查外板是否翘曲。严重的碰撞通常会导致车顶盖在中心向后翘曲。

开启发动机舱盖和行李舱盖，检查漆面是否存在油漆皱纹现象、覆盖焊点的保护层是否开裂。

2. 二次损伤的测量

（1）测量工具

测量二次损伤部位可使用钢卷尺和滑轨式测尺（图 8-9）进行。

图 8-9 测量工具

（2）车身前部的测量

当车身前部因碰撞损坏时，应测量前部钣金件的尺寸，以确定损坏的程度。即使车身只有一侧受到碰撞，另一侧通常也会受损。因此，必须测量变形程度，注意检查那些对称的尺寸。

当用滑轨式测尺检查汽车前部尺寸时，测量点的区域最好应选在悬架系统装配点和机械构件上，因为这些点对正确定位调整至关重要，如图 8-10 所示。

（3）车身侧面的测量

车身侧面结构件任何损伤和变形都能在打开和关闭车门时发现，应注意因变形位置不同而可能造成的漏水问题。因此，一定要采取正确的测量方法，主要用追踪式滑轨式测尺来测量车身侧板。

（4）车身后部的测量

当打开行李舱盖时，车身后部的任何损伤都可以通过外形的改变和不对称粗略地加以评估（如拍摄照片）。由于变形的位置特殊或可能漏水，因此必须采用正确的测量方法（图 8-11）。

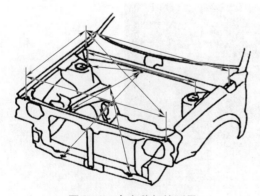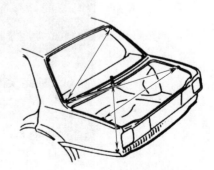

图 8-10 车身前部的测量　　　　图 8-11 车身后部的测量

当使用滑轨式测尺时，必须注意下列要点：
1）测量点应为车辆上的装配点，如螺栓、螺塞或孔口。
2）点到点的测量是两点间的实际测量尺寸。
3）滑轨点应该与车身平行。

8.2.4　区域 3（机械损伤区）的检验与测量

完成车身一次损伤和二次损伤检查后，应把注意力集中到区域 3（车辆机械零部件损伤区）。

根据碰撞的严重程度，发动机和变速器也可能会受到损坏。若可能，则应起动发动机，并使发动机暖风至正常工作温度。

打开空调并确定是否工作正常。检查仪表灯、充电指示灯、机油压力指示灯等。发动机自检指示灯及其他设备也可以指示发动机舱盖下面是否发生机械和电气故障。

机械损坏有时不是由直接碰撞造成的，而是二次损伤的结果。

在检查发动机舱盖下的情况之后，举升车辆并用支架支撑车辆。然后依次检查转向系统零部件和悬架系统零部件是否弯曲，制动软管是否弯折，制动管、燃料管以及接头是否泄漏。

8.2.5　区域 4（乘员舱区）的检验与测量

乘员舱损伤可能是碰撞造成的直接结果，如侧面碰撞。内饰和配件的损伤也可能是由车厢内乘员或物体造成的。

检查转向盘是否损坏。

检查各把手、操纵杆、风窗玻璃和内饰是否损伤。

检查座椅是否损伤。

检查车门是否损伤。扶手、内饰板和车门内板可能因乘员动量损伤。

检查乘员的约束系统。如果汽车装备了被动约束系统，则应确定安全带收紧和释放是否完全自如，有无黏滞和滞后现象。

8.2.6　区域 5（外饰和漆面区）的检验与测量

接通车灯并检查前照灯、尾灯、转向信号指示灯和闪光灯。

如果漏检了区域 1 或区域 2 的减振器，则现在应该检查它们。

仔细地检视漆面情况。

8.3　主要零部件的损伤评估

8.3.1　车身板件损伤评估

1. 保险杠

保险杠的功能是保护车辆避免汽车低速碰撞造成车身前部和后部损坏。保险杠的结构如图 8-12 所示。

传统保险杠由厚弹簧钢板制成并镀铬，现在仍被用于高级轿车、厢式汽车或货车，但大

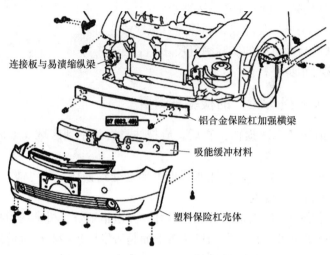

图 8-12 保险杠的结构

多数轿车已装备了塑料保险杠。这些塑料可以是氨基甲酸酯、聚合碳纤维或合成材料。

钢制保险杠损坏后，可用碰撞修复设备矫正和修复。塑料保险杠损坏后，经常伴随护罩的损坏。这些塑料部件可以用原厂件、拆车旧件或翻新件更换。

保险杠评估工时主要分为拆卸和更换工时，以及保险杠大修工时。

拆卸和安装工时包括拆卸和重装保险杠总成的工时。拆卸和安装是更换吸能器或修理车身围板所必需的作业。

2. 发动机舱盖

发动机舱盖位于发动机舱两翼子板之间，用于保护发动机免受灰尘和湿气侵袭，也能吸收发动机噪声。

典型的发动机舱盖（图 8-13）由一块外板和内板构成。内、外板外部边缘用点焊连接，内、外板的结合面用胶黏剂粘接到一起。

双板结构发动机舱盖的变形很难矫正。当发动机舱盖必须更换时，原厂件、修复件或同类同品质件皆可。

发动机舱盖的拆装和更换工时包括拆卸和更换发动机舱盖、拆卸和安装发动机舱盖降噪层，以及将发动机舱盖装到铰链上加以调整的工时。

铰链轻微损坏后可以修理，而当铰链严重歪曲或扭曲时就需要更换。

图 8-13 发动机舱盖

3. 翼子板

车辆翼子板（图 8-14）用螺栓固定在临近的支撑结构板上，对于承载式车身，翼子板被固定在侧围板、护板、散热器之间以及挡泥板上，翼子板与发动机舱盖、前围板和保险杠总成一起形成车身前端的外表面轮廓。

翼子板拆卸和更换工时包括如下作业：

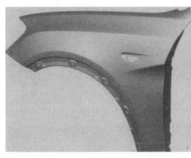

a) 外围　　　　　　　　　　b) 内衬

图 8-14　翼子板

1）翼子板的拆卸和更换。
2）松开保险杠和装填板件（必要时）。
3）与翼子板线连接的所有部件的拆卸和安装。
4）标准配备车灯（辅助标志等）的拆卸和安装。

下列这些作业所需工时未被包含在翼子板拆卸和更换工时之内：

1）表面修整。
2）从损坏件上拆下粘接嵌条、商标、厂标和车标，然后装到新件上。
3）胶带、图案或覆盖层作业。
4）安装天线。
5）拆卸和更换内板件和轮罩。
6）调整前照灯。
7）安装嵌条、商标，天线钻孔。
8）拆卸和安装后视镜。
9）涂漆和防腐材料的作业。

4. 风窗玻璃

近年来，多数汽车上采用的玻璃不是夹层玻璃就是钢化玻璃。

夹层玻璃和钢化玻璃都可以染色，着色玻璃包括遮光的乙烯树脂材料，可以滤去大部分太阳光。

玻璃上也可以安装除霜系统或天线，自动除霜玻璃有导电栅格，虽然看不见，但能够传导电流，以加热玻璃。

在车损报告中列出正确的玻璃类型是重要的，碰撞评估指南包含玻璃的清晰度、色调、色差、加热装置等信息，同时应说明玻璃中有无被引入或嵌入的天线。

在许多承载式车身车辆上，风窗玻璃被视为承载式结构的一部分，它使车身更加坚固，这些风窗玻璃用氨基甲酸乙酯胶黏剂固定。

车损报告必须包含胶黏剂和其他安装材料的费用。

5. 车门

车门是最复杂和最昂贵的车身板件之一。典型车门由内板件和外板件（也叫外壳）组成。板件通常由金属薄板制成，但外壳也可用金属材料、玻璃纤维或塑料制成。

车门外面板拆卸和更换的作业包含：

1）车门的拆卸和安装。
2）内装饰板的拆卸和安装。
3）连接件的拆卸和更换。
4）车门外把手、锁芯、车门边缘风雨密封条的拆卸和更换或拆卸和安装。
5）更换夹式嵌条。

车门外面板的拆卸和更换所列工时不包括以下作业：
1）车门玻璃、金属件、后视镜、导槽的拆卸和更换或拆卸和安装。
2）更换隔音板材料。
3）锁芯重新编码。
4）粘接类型的外部饰条的拆卸和安装，或安装新的粘接饰条。
5）安装饰条、贴纸、更换件或涂层。
6）安装外部饰条、钻孔。
7）整修板件。

8.3.2 机械零部件损伤评估

1. 动力传动系统

动力传动系统一般分为前轮驱动式和后轮驱动式两种。

（1）发动机

碰撞可能对发动机内部零件造成损坏。

曲轴带轮通过传动带将能量传递给其他辅助设备，如空调压缩机、动力转向泵及水泵。发动机支座将发动机固定在一个特定的位置上并且有效进行隔离。

对于侧面碰撞，下纵梁有足够的移动量使带轮弯曲，然后再反弹回原位。

发动机支座可能在正面或侧面碰撞中遭受严重的损伤。在碰撞中，下纵梁和散热器支架以及附在其上面的任何零部件都可能发生易位，发动机支座经常以这种方式弯曲。观察支座、发动机以及纵梁的位置。通常支座与发动机和纵梁以直角方式连接，因此，除了直角以外，任何角度均表明发动机和纵梁发生了位移。

如果正时罩盖或油底壳是由冲压薄板材料制作的，并存在轻微碰痕，则可以将其拆卸下来进行修理并对其表面抛光。

（2）变速器

如果变速器外部零件受损，或者怀疑内部零件已损坏，则应将变速器解体并检查，因为碰撞可引起变速器不能正常工作。

2. 冷却系统

冷却系统主要由散热器、冷却液泵、水套、风扇、散热器盖、软管、节温器、水温表和风扇罩等零件组成。

对于碰撞修理来说，冷却系统中最容易损坏的零件的是散热器，这是因为它位于散热器格栅与发动机之间。

风扇既可能仅仅打坏散热器芯的表面（一般容易修复），也可能彻底损坏散热器芯，这取决于碰撞的严重程度。有时散热器似乎在碰撞中没有任何明显的损坏。

更换散热器的作业工时包括：

1）排放冷却液，检查和重新加注冷却液。
2）拆卸和重新连接软管。
3）拆卸和重新装配电动风扇总成。
4）拆卸和重新连接传输管路。
5）拆卸和重新安装风扇罩。

已损坏或者弯曲的叶片应该更换新叶片。

由于传动带和软管是柔性的，所以一般不会因为碰撞而损坏，但有时需要将完好的传动带从损坏的带轮上拆下。

3. 空调系统

汽车空调系统主要由压缩机、冷凝器、储液/干燥器、制冷控制器、蒸发器等组成。

空调的大部分零部件在碰撞中都容易损坏，有些零件可以修复，而有些则需要用新件更换。

当压缩机在碰撞中被损坏时，首先会造成离合器和带轮总成的损坏。

冷凝器所处的位置决定了它在汽车正面碰撞时容易损坏。冷凝器可以进行清洗和矫形，泄漏可采用锡焊加以修理。当冷凝器损坏时，应检查集液器（干燥器）是否已损坏。

蒸发器、调温膨胀阀以及吸入节流阀在碰撞中很少损坏。

无论何时进行任何操作，都需要拆卸一条制冷剂管，并且附加操作时必须包括排空系统和填充系统需要的时间。

4. 转向系统

当汽车前部发生碰撞事故时，必须检查齿条和齿轮是否损坏，以及固定支架是否变形。

8.3.3 汽车修理工时费的确定

$$汽车修理费 = 配件费 + 工时费$$
$$工时费 = 工时定额 \times 工时费率$$

工时定额可查阅厂家工时手册，而工时费率按当地汽车修理厂类别（分为一类维修企业、二类维修企业及三类业户）根据实际情况确定。

8.4 事故车碰撞贬值损失

1. 事故车贬值损失的概念

车辆贬值损失是指车辆发生交通事故受损，经修复后使用性能虽然恢复，但车辆的使用寿命、安全性能、操控性能等很难恢复到以前状态，实际价值必然降低而形成的损失，及因事故导致车辆价值降低而形成的损失。

2. 评估依据

随着整个社会公民法律意识不断增强，索赔车辆贬值损失的事情经常发生，而且这种要求也得到了法律的认可。目前还没有关于车辆贬值损失的相关标准和法规可以参考，只能通过正规二手车鉴定评估机构进行评估，法院也只能以评估机构的结果作为判决的依据。

车辆碰撞贬值损失是一种客观存在的直接财产损失，无过错方的索赔要求应得到支持。

车辆被碰撞后估价比事故前要低是客观事实。无过错方的合法权益应该得到保护。法院的判决体现了法律对公民正当利益的保护。

根据《中华人民共和国民法通则》第117条规定："损害国家、集体的财产或者他人财产的，应当恢复原状或者折价赔偿。"也就是说，应当将受损的物件恢复到物件原有的功能、价值等。无法恢复的，则应对相关损失依法给予折价赔偿、补偿等。

民事侵权赔偿以赔偿全部损失为原则。尽管我国道路交通安全等有关法律中没有"车辆贬值损失"这一赔偿项目，但这并不意味着出现车辆贬值损失就不应该赔偿。只要车辆贬值是属于受害人遭受的损失，侵害人就应该赔偿。

3. 车辆碰撞贬值损失评估司法流程

交通事故中无责任受害方可按以下程序办理：

1）去机动车鉴定评估机构咨询车辆碰撞贬值损失的额度。
2）去所在地法院立案。
3）去法院摇号，选出负责本次车辆贬值损失案件的鉴定评估机构。
4）鉴定评估机构对车辆进行现场查勘鉴定。
5）接到鉴定结果，等待调解或判决。
6）接收调解或得到判决结果。

4. 准备的材料

一般需要准备机动车行驶证、机动车登记证、机动车购车发票、交通事故责任认定书、车辆维修结算单、车辆维修说明、事故现场照片、车辆维修历史记录等相关资料。

5. 车辆碰撞贬值损失评估过程

确定事故车辆碰撞贬值损失之前，应首先确定该车辆事故前的价格，因为车辆的贬值损失是相对于该车辆事故前的评估价值而言的，车辆事故前的评估价值比较好确定。在确定好事故前车辆的价值后，根据被评估车辆的碰撞部位、事故程度及维修质量，结合市场对于此种事故车辆的交易价格并借鉴有经验的评估师的从业经验，确定出事故之后的车辆价值，从而确定车辆碰撞贬值损失的额度。

6. 评估考虑的主要因素

汽车碰撞贬值损失涉及因素比较广，在对车辆做碰撞贬值损失评估时应该考虑的主要因素见表8-1。

表8-1 碰撞贬值损失因素

主要因素	对贬值损失的影响
车辆价值	车辆价值越高，车辆贬值损失越高
使用年限	使用年限越长，车辆贬值损失越低
累计行驶里程	累计行驶里程越多，车辆贬值损失越低
碰撞部位	所占权重越大，车辆贬值损失越高
修复质量	修复质量越高，车辆贬值损失越低
事故维修历史	涉及事故越严重，车辆贬值损失越高

还需要注意的是，车辆使用年限和使用里程超过国家规定中建议的报废车限的1/3或曾经出现过严重碰撞事故的，一般不建议进行碰撞贬值损失评估。车辆价值较高、古董车、特种车则根据实际情况而定。

车辆被碰撞部位为车身部分的13个车身覆盖件（如图8-15所示车身部位），而没有伤到车身骨架的，一般不予进行车辆碰撞贬值损失评估。

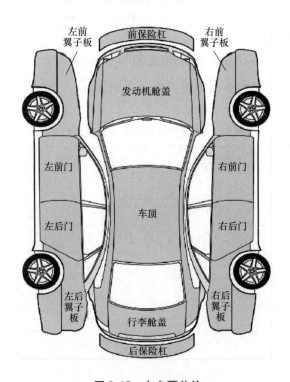

图8-15　车身覆盖件

车辆碰撞部位涉及图8-16所示的车身关键结构件的13个部位中的两处及两处以上的，可以进行碰撞贬值损失评估。

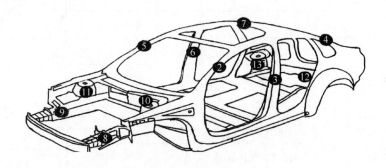

图8-16　车身关键结构件

1—车体左右对称性　2—左A柱　3—左B柱　4—左C柱　5—右A柱　6—右B柱　7—右C柱　8—左纵梁　9—右纵梁　10—左前减振器悬架部位　11—右前减振器悬架部位　12—左后减振器悬架部位　13—右后减振器悬架部位

7. 碰撞贬值损失的评估计算方法

被碰撞贬值损失的计算公式：$D_B = (P_Q - P_H) \times \eta$

式中 D_B——车辆碰撞贬值损失价值；

P_Q、P_H——分别为车辆碰撞前、碰撞修复后的评估价格，且应为二手车销售者所能接受的价格，称之为收购价格或市场价格，而不是卖给个人用户或企业的零售价格；可采用重置成本法、现行市价法估算车辆重置成本和车辆碰撞前及车辆碰撞后的评估价格。

η——碰撞贬值评估计算专家调整系数，受车辆价值、使用年限、累计行驶里程、碰撞损失部位、维修质量及事故维修历史等因素影响。具体取值参见表 8-2。

表 8-2 碰撞贬值损失专家调整系数 η

影响因素	因素分级	调整系数	权重（%）
车辆价值	150 万以上	1	25
	70 万 ~ 150 万元	0.95	
	35 万 ~ 70 万元	0.9	
	15 万 ~ 35 万元	0.85	
	15 万元以下	0.8	
使用年限	1 年以内	1	25
	1 ~ 2 年	0.95	
	2 ~ 3 年	0.9	
	3 年以上	0.85	
碰撞部位	3 处以上	1	20
	2 处	0.95	
	1 处	0.9	
修复质量	较差	1	15
	一般	0.9	
	较高	0.8	
事故维修历史	无事故维修历史	1	15
	有，未在本次损伤部位	0.9	
	有，在本次损失部位	0.8	

注：因素分级中，车辆价格及其年限包括起点，而不含终点。例如："70 ~ 150 万元" 是指车价在大于等于 70 万元而小于 150 万元的区间。

【课后练习】

一、选择题

1. 根据 GB/T 30323—2013《二手车鉴定评估技术规范》，下列车身骨架的哪个部位变形扭曲将被判定为事故车。（   ）
   A. A 柱　　　　　B. 保险杠　　　　C. 车门　　　　D. 发动机舱盖

2. 根据 GB/T 30323—2013《二手车鉴定评估技术规范》，下列车身骨架的哪个部位更换或褶皱将被判定为事故车。（   ）
   A. 行李舱盖　　　　　　　　　B. 减振器悬架部位
   C. 前翼子板　　　　　　　　　D. 后视镜

3. 汽车车身玻璃年份前面有两个点，表示是（   ）月份生产的。
   A. 5　　　　　　B. 6　　　　　　C. 11　　　　　D. 12

4. 一辆私家车，其里程表显示是 3 万 km，正常行驶是否需要更换轮胎？（   ）
   A. 需要　　　　B. 不需要　　　　C. 都行　　　　D. 不确定

5. 下面不属于事故车的是（   ）。
   A. 泡水车　　　　　　　　　　B. 大修车
   C. 严重碰撞或撞击的车辆　　　D. 过火车辆

6. 下列选项中，（   ）最不能证明车辆有可能发生过交通事故。
   A. 保险杠与车身其他部位色差较大
   B. 车辆线条明显弯曲
   C. 车辆后视镜少一个
   D. 前风窗玻璃上没有国家安全玻璃认证

7. 对小型汽车的号牌，标准形式为（   ）。
   A. 黄底黑字黑线框　　　　　　B. 蓝底白字白线框
   C. 黑底白字白线框　　　　　　D. 白底黑字黑线框

8. 依照相关法规，二手车评估中发现非法车辆、伪造证明或车牌、擅自更改发动机号或车架号、调整里程表的，应当（   ）。
   A. 照常评估技术状态　　　　　B. 不加过问
   C. 及时向执法部门举报，配合调查　　　D. 不予评估，也不举报

二、判断题

1. 碰撞或撞击后，车架大梁弯曲变形、断裂后修复的属于事故车。（   ）
2. 散热器及散热器支架被撞伤后修复或更换的不属于事故车。（   ）
3. 车身后翼子板碰撞后被切割或更换的不属于事故车。（   ）
4. 车辆涉水深度超过车轮半径的就属于泡水车。（   ）
5. 只要发动机舱或乘客舱发生过火烧现象的，不管着火大小统统称为过火车辆。（   ）
6. 凡是经过大修的车辆，无疑是增加了车辆的使用寿命，对成新率的估算应当增加。（   ）
7. 一般来说，只要参照车辆与被评估车辆的类别相同、主要参数相同、结构性能相同，

只是生产序号不同、只做局部改进的车辆，则可认为是完全相同的。（   ）

8. 事故车是指发生严重碰撞、泡水、过火后，虽经修复并在使用，但仍存在安全隐患的车辆。（   ）

三、简答题

1. 车辆哪些部位受损可以被定义为事故车？
2. 车辆碰撞损伤的类型有哪些？

四、计算题

2015 年款某车型，当时市场价为 68.66 万元，行驶里程 5.3 万 km，购买时间为 2015 年 3 月 20 日，交通事故时间为 2017 年 8 月 15 日。受委托方×××地方法院的委托，对该车在 2017 年 10 月 30 日进行车辆碰撞贬值损失评估。

经过现场勘查鉴定，该车在正面直接碰撞后，前保险杠、左前 A 柱、左前照灯、前横梁、纵梁受损严重，维修费用合计 10 万元。由于被评估车辆车身骨架处有损伤修复痕迹，根据《二手车鉴定评估技术规范》中对事故车的定义，该车为事故车。

同年查询有类似的车辆买卖的价格分别为 30 万元、28.5 万元、26.8 万元等。

计算被评估车辆发生事故后车辆贬值多少？

第 9 章

CHAPTER 9

鉴定评估报告撰写

【学习要点】

1. 了解二手车鉴定评估报告编制、确认、复议和管理的基本制度
2. 了解二手车鉴定评估报告的概念及作用
3. 熟悉二手车鉴定评估报告的基本要求
4. 熟悉二手车鉴定评估报告的基本内容
5. 熟悉编制二手车鉴定评估报告的步骤及注意事项
6. 能正确撰写二手车鉴定评估报告

【章节导入】

作为二手车评估师，编制二手车鉴定评估报告是工作的重要组成部分。那么，什么是二手车鉴定评估报告呢？该如何进行编写？编写的步骤和注意事项有哪些？本章将对上述问题一一解答。

9.1 二手车鉴定评估报告的撰写

9.1.1 二手车鉴定评估报告的基本制度

二手车鉴定评估报告制度是规定二手车鉴定评估机构在完成二手车鉴定评估工作后，应向委托方出具鉴定评估报告书的一系列有关的制度，包括二手车鉴定评估报告的编制、二手车鉴定评估报告的确认、二手车鉴定评估报告书的复议和管理等相关内容。

1. 鉴定评估报告的编制

编制二手车鉴定评估报告书是完成评估工作的最后一道"工序"，也是评估工作中一个很重要的环节。评估人员通过评估报告不仅要真实准确地反映评估工作情况，而且表明评估人员在今后一段时期里对评估的结果和有关的全部附件资料承担相应的法律责任。二手车鉴

定评估报告是记述鉴定评估成果的文件，是鉴定评估机构向委托方和二手车鉴定评估管理部门提交的主要成果。鉴定评估报告质量的高低，不仅反映鉴定评估人员的业务水平，而且直接关系到有关各方的利益。这就要求编制报告的评估人员要思路清晰，做到文字简练准确、格式规范，有关的取证与调查材料和数据真实可靠。为了达到这些要求，评估人员应按下列步骤进行评估报告的编制。

（1）评估资料的分类整理

被评估汽车的有关背景资料、技术鉴定情况资料及其他可供参考的数据记录等评估资料是编制二手车鉴定评估报告的基础。一个较复杂的评估项目是由两个或两个以上评估人员合作完成的，评估过程中需将评估资料进行分类整理，包括鉴定评估作业表的审核、评估依据的说明，最后形成评估的文字材料。

（2）鉴定评估资料的分析讨论

在完成资料整理工作后，应召集参与评估工作的有关人员，对评估的情况和初步结论进行分析讨论。如果发现其中有提法不妥、计算错误、作价不合理等方面的问题，特别是涉及机动车的配置、维修保养情况及技术状况，以及汽车品牌在市场中的影响力等方面的问题，就必须及时进行必要的调整。若采用两种不同评估方法并得出两个结论，则需要在充分讨论的基础上得出一个正确的结论。

（3）鉴定评估报告的撰写

评估报告编制负责人应根据评估资料讨论后的修正意见，进行资料的汇总编排和评估报告书的撰写工作，然后将二手车鉴定评估的基本情况和评估报告书初稿的初步结论与委托方交换意见。听取委托方的反馈意见后，在坚持客观、公正、科学、可行的前提下，认真分析委托方提出的问题和意见，考虑是否修改评估报告书。对报告书中存在的疏忽、遗漏和错误之处进行修正后，最后形成正式的二手车鉴定评估报告书。

（4）评估报告的审核

先由项目负责人审核评估报告，再报评估机构经理审核签发，同时要二手车鉴定评估人员盖章并加盖评估机构公章。送达客户签收时，要提醒客户签收并填写回执。

2. 二手车鉴定评估报告的确认

对于二手车鉴定评估报告，一般情况下由委托方确认，涉及国有资产的，除资产占有方确认外，还必须由上级主管部门认可。

关于二手车鉴定评估报告的确认，因委托方不同和委托目的不同，大致可以分成以下几种情况：

1）交易类的二手车鉴定评估由买卖双方和二手车交易机构确认。

2）抵押类的二手车鉴定评估由抵押人和银行共同确认。

3）司法鉴定类的二手车鉴定评估经法庭质证后写入判决书或调解书，即表示确认。其中，刑事案件中的二手车鉴定评估须先经公安机关和检察机关确认后，再经法庭质证后最终确认，而有些二手车鉴定评估报告还要经过二审程序。按国家有关法律规定，有时鉴定评估人员还被要求作为鉴定人或证人上庭，详细叙述鉴定过程和鉴定结论，并回答法官、律师及原、被告的提问。因此，司法鉴定类的二手车鉴定评估是最为复杂的一种，要求极高。

4）置换类的二手车鉴定评估由车主和汽车经销商共同确认。

5）拍卖类的二手车鉴定评估要求确定委托拍卖底价，因此由拍卖企业和委托拍卖人共同确认。

6）企业合并、分设等资产重组类的二手车鉴定评估由董事会或管理层确认。

3. 二手车鉴定评估报告的复议和管理

（1）二手车鉴定评估报告的复议

二手车鉴定评估机构出具二手车鉴定评估报告后，由于各种原因委托方往往对评估结论，即评估报告持有异议，在复议的有效期内委托方可以委托原评估机构对原出具的二手车鉴定评估报告进行复议，也可以委托另一家资质较高的二手车鉴定评估机构进行复议或重新评估。

（2）二手车鉴定评估报告书的档案管理

与二手车鉴定评估报告书相关的档案管理制度包括二手车鉴定评估报告书的归档制度、保管制度、保密制度和借阅利用档案制度。

二手车鉴定评估报告书是记录、描述或反映整个二手车鉴定评估过程和结果的各类文件的统称。它属于专门业务文书，主要有以下三种。

1）二手车鉴定评估委托书。委托书是一种合同契约文件，由委托方与受托方共同签字。委托书应如实提供标的的详细资料，如机动车登记证书、机动车行驶证、附加税完税凭证、道路运输证等，将其作为委托书的附件。

2）二手车鉴定评估的调查资料。

① 以国家有关法律、法规中与该项业务直接或间接相关的条款作为二手车鉴定评估的法律依据。

② 委托标的的详细资料及有关证明材料。对于重要的标的，还应附有照片、图像资料（特别是机动车受损较为严重的部位），必要时要有汽车修理企业或保险公司的修理清单。

③ 与二手车鉴定评估有关的其他资料，如相关机动车的价格行情、价格指数，以及汇率、利率、参照车辆等。

3）二手车鉴定评估报告书。它是反映评估过程和成果的综合性文件，是二手车鉴定评估的成果形态。二手车鉴定评估报告书一般根据委托方的要求和二手车鉴定评估业务的具体情况来确定，基本内容包括结论书正文和附件两部分。

9.1.2　二手车鉴定评估报告的概念及作用

1. 二手车鉴定评估报告书的概念

二手车鉴定评估报告是指二手车鉴定评估机构按照评估工作制度有关规定在完成鉴定评估工作后，向委托方和有关方面提交的说明二手车鉴定评估过程和结果的书面报告。它是按照一定格式和内容来反映评估目的、程序、依据、方法、结果等基本情况的报告书。广义的报告还是一种工作制度，它规定评估机构在完成二手车鉴定评估工作之后必须按照一定的程序和要求，以书面形式向委托方报告鉴定评估过程和结果。狭义的鉴定评估报告，即鉴定评估结果报告书，既是二手车鉴定评估机构完成对二手车的作价，提交给委托方的具有公正性的报告，也是二手车鉴定评估机构履行评估合同情况的总结，还是二手车鉴定评估机构为其所完成的鉴定评估结论承担相应法律责任的证明文件。

按照二手车鉴定评估报告的有关规定，二手车鉴定评估报告书应该包括二手车鉴定评估报告书正文以及相关附件。

2. 二手车鉴定评估报告书的作用

二手车鉴定评估报告书对管理部门及各类交易的市场主体都是十分重要的。一份二手车鉴定评估报告书，特别是涉及国有资产的评估报告资料，不仅是一份评估工作的总结，而且是其价格的公证性文件和资产交易双方认定资产价格的依据。由于目的的不同，其作用可从两个方面进行分析。

（1）委托方（客户）对二手车鉴定评估报告书作用的理解

1）作为产权变动交易作价的基础材料。二手车鉴定评估报告书的结论可以作为车辆买卖交易谈判底价的参考依据，或作为按比例出资的投资证明材料，特别是对涉及国有资产的二手车的客观公正的作价，可以有效防止国有资产流失，确保国有资产价格的客观、公正和真实。

2）作为各类企业进行会计记录的依据，按评估值对会计账目所做的调整必须由相关机关批准。

3）作为法庭辩论和裁决时确认财产价格的举证材料。尤其是涉及财产纠纷案件的二手车鉴定评估，其评估结果可作为法庭做出裁决的证明材料。

4）作为支付评估费用的依据。当委托方（客户）收到评估资料及报告后没有提出异议，也就是说评估的资料和结果符合委托方的条款，委托方应以此为前提和依据向受托方，即评估机构付费。

5）二手车鉴定评估报告书是反映和体现评估工作情况，明确委托方、受托方及有关方面责任的根据。受托方采用文字的形式，将二手车鉴定评估的目的、背景、产权、依据、程序和方法等内容，以及评定的结果进行说明和总结，体现了评估机构的工作成果。同时，二手车鉴定评估报告也反映和体现了受委托的二手车鉴定评估机构与鉴定评估人员的权利和义务，并依此来明确委托方和受托方的法律责任。撰写评估结果报告书还行使了二手车鉴定评估人员在评估报告书上签字的权利。

（2）评估机构对二手车鉴定评估报告书作用的理解

1）它是评估机构工作成果的体现，是一种动态管理的信息资料，体现了评估机构的工作情况和工作质量。

2）二手车鉴定评估报告书是建立评估档案、归集评估档案资料的重要信息来源。

3. 二手车鉴定评估报告书的类型

二手车鉴定评估报告书有定型式、自由式和混合式三种。

1）定型式。定型式二手车鉴定评估报告书又称封闭式二手车鉴定评估报告书，采用固定格式。评估人员必须按要求填写，不得随意增减。其优点是通用性好，写作省时省力；缺点是不能根据评估对象的具体情况而深入分析某些特殊事项。如果能针对不同的评估目的和不同类型的机动车做相应的调整，则可以在一定程度上弥补这一缺点。

2）自由式。自由式二手车鉴定评估报告书又称开放式二手车鉴定评估报告书，是由评估人员根据评估对象的情况而自由创作的无一定格式的评估报告书。其优点是可深入分析某些特殊事项，但缺点是易遗漏一般事项。

3）混合式。混合式二手车鉴定评估报告书是兼取前两种二手车鉴定评估报告书的格式，兼顾了定型式和自由式两种报告书的优点。一般来说，专办案件以采用自由式二手车鉴定评估报告书为优，而例行案件以采用定型式二手车鉴定评估报告书为佳。

不论二手车鉴定评估报告书的形式如何，均应客观、公正、翔实地记载评估结果和过程。如果仅以结论告知，必然会使委托评估方或二手车鉴定评估报告书的其他使用者心理上的信任度降低。二手车鉴定评估报告书的用语要力求准确、肯定，避免模棱两可或易生误解的文字，而对于难以确定的事项，则应在报告书中说明，并描述其可能影响二手车价格的情形。

9.1.3 撰写二手车鉴定评估报告的基本要求

国家国有资产管理局以国资办发【1993】55号文发布了《关于资产评估报告书的规范意见》，对资产评估报告书的撰写提出了比较系统的规范要求，结合二手车鉴定估价的实际情况，主要要求如下：

1）鉴定评估报告必须依照客观、公正、实事求是的原则由二手车鉴定评估机构独立撰写，如实反映鉴定评估的工作情况。

2）鉴定评估报告应有委托单位（或个人）的名称、二手车鉴定评估机构的名称和印章、二手车鉴定评估机构法人代表或其委托人和二手车鉴定评估师的签字，以及提供报告的日期。

3）鉴定评估报告要写明评估基准日，并且不得随意更改。所有在评估中采用的税率、费率、利率和其他价格标准，均应采用基准日的标准。

4）鉴定评估报告中应写明评估的目的、范围、二手车的状态和产权归属。

5）鉴定评估报告应说明评估工作遵循的原则和依据的法律法规，简述鉴定评估过程，写明评估的方法。

6）鉴定评估报告应有明确的鉴定估算价值的结果，鉴定结果应有二手车的成新率，以及二手车原值、重置价值、评估价值等。

7）鉴定评估报告还应有齐全的附件。

9.1.4 二手车鉴定评估报告的基本内容

二手车鉴定评估报告书不论是定型式、自由式还是混合式，其基本内容都是相同的，主要包括以下内容。

1. 封面

二手车鉴定评估报告书的封面须载明下列内容：二手车鉴定评估机构报告书名称、鉴定评估机构出具鉴定评估报告的编号、二手车鉴定评估机构全称和鉴定评估报告提交日期等。有服务商标的，评估机构可以在报告封面载明其图形标志。

2. 首部

（1）标题

标题应简练清晰，含有"×××（评估项目名称）鉴定评估报告"字样，位置居中偏上。

（2）报告书序号

报告书序号应符合公文的要求，包括评估机构特征字、公文种类特征（例如"评报""评咨"和"评函"）。评估报告书正式报告应用"评报"，报告书预报告应用"评预报"）、年份和文件序号。例如：×××评报（2018）第18号，位置本行居中。

3. 绪言

写明该评估报告委托方全称、受委托评估事项及评估工作整体情况，应采用包含下列内容的表达格式：

"×××（鉴定评估机构）接受×××的委托，根据国家有关资产评估规定，本着客观、独立、公正、科学的原则，按照公认的资产评估方法，对××（车辆）进行了鉴定评估。本机构鉴定评估人员按照必要的程序，对委托鉴定评估车辆进行了实地查勘与市场调查，对其在××××年××月××日表现的市场价值做出了公允反映。现将车辆评估情况及鉴定评估结果报告如下……"。

4. 委托方与车辆所有方简介

应写明委托方、委托方联系人、车主的名称、联系电话及住址。

5. 评估目的

应写明本次车辆评估是为了满足委托方的何种需要，及其所对应的经济行为类型。

6. 评估对象

须简要写明纳入评估范围车辆的厂牌型号、号牌号码、发动机号、车辆识别代号、车架号、注册登记日期、年审检验合格有效日期、购置附加税（费）证号、车船使用税缴纳有效期。

7. 鉴定评估基准日

写明车辆鉴定评估基准日的具体日期，式样为鉴定评估基准日是××××年××月××日。

8. 评估原则

写明评估工作过程中遵循的各类原则，以及本次鉴定评估遵循国家及行业规定的公认原则。对于所遵循的特殊原则，应做适当阐述。

9. 评估依据

评估依据一般可划分为行为依据、法律法规依据、产权依据和取价依据等。行为依据主要是指二手车鉴定评估委托书、法院的委托书等经济行为文件。法律法规依据应包括车辆鉴定评估涉及的有关法律、法规等。产权依据是指被评估车辆的机动车登记证书或其他能够证明车辆产权的文件等。评定及取价依据应为鉴定评估机构收集的国家有关部门发布的统计资料和技术标准资料，以及评估机构收集的有关询价资料和参数资料等。对评估中所采用的特殊依据应在本节内容中披露。

10. 评估方法及计算过程

简要说明评估人员在评估过程中所选择并使用的评估方法，简要说明选择评估方法的依据或原因。如对某车辆评估采用一种以上的评估方法，应适当说明原因并说明该资产评估价值确定方法。对于所选择的特殊评估方法，应适当介绍其原理与适用范围。写明各种评估方法计算的主要步骤等。

11. 评估过程

评估过程应反映二手车鉴定评估机构自接受评估委托之日起至提交评估报告的工作过程，包括接受委托、验证、现场查勘、市场调查与询证、评定估价、提交报告等内容。

12. 评估结论

写明最终评估额，评估额应同时有大小写，并且大小写数额一致。

13. 特别事项说明

评估报告中陈述的特别事项是指在已确定评估结果的前提下，评估人员揭示在评估过程中已发现可能影响评估结论，但非评估人员执业水平和能力所能评定估算的有关事项；提示评估报告使用者应注意特别事项对评估结论的影响；揭示鉴定评估人员认为需要说明的其他问题。

14. 评估报告的法律效力

揭示评估报告的有效日期，特别提示对评估结论的影响以及评估报告的使用范围等。

15. 鉴定评估报告提出日期

写明评估报告提交委托方的具体时间。原则上应在确定的评估基准日后1周内提出评估报告。

16. 附件

附件应包括二手车鉴定评估委托书、二手车鉴定评估作业表、车辆行驶证复印件、购置附加税（费）复印件、车辆登记证书复印件、二手车鉴定评估人员资格证书影印件、鉴定评估机构营业执照影印件、鉴定评估机构资质影印件和二手车照片等。

17. 尾部

写明出具评估报告的评估机构名称，并盖章；写明评估机构法定代表人姓名并签名；二手车鉴定评估人员盖章并签名；高级二手车鉴定评估师审核签章以及报告日期。

9.1.5 撰写二手车鉴定评估报告的技术要点及注意事项

1. 撰写二手车鉴定评估报告书的技术要点

撰写二手车鉴定评估报告书的技术要点是指在二手车鉴定评估报告中的主要技能要求。它包括文字表达、格式和内容方面的技能要求，以及复核与反馈等方面的技能要求。

（1）文字表达方面的技能要求

二手车鉴定评估报告书既是一份对被评估的车辆价值有咨询性和公证性作用的支持材料，又是一份用来明确鉴定评估机构和评估人员工作职责的文字依据，所以它的文字表达技能要求既要清楚、准确，又要提供充分的依据说明，还要全面地叙述整个鉴定评估的过程。其文字表达必须清楚，不得模棱两可，要把有关问题说明清楚，不得带有任何诱导、恭维和推荐性的陈述。当然，在文字表达上也不能带有大包大揽的语句，尤其是涉及承担责任条款的部分。

（2）格式和内容方面的技能要求

对二手车鉴定评估报告书格式和内容方面的技能要求，按照行业要求执行。

（3）鉴定评估报告书的复核与反馈方面的技能要求

鉴定评估报告书的复核与反馈也是鉴定评估报告书编制的具体技能要求。通过对工作底稿、作业表、技术鉴定资料和鉴定评估报告书正文的文字、格式及内容的复核和反馈，可以将有关错误、遗漏等问题在出具正式报告书之前就加以修正。对鉴定评估人员来说，由于知识、能力、经验、阅历及理论方法的限制，难免会产生工作盲点和疏忽，所以，对鉴定评估报告书初稿进行复核就成为必要。就被鉴定评估车辆情况的熟悉程度而言，大多数车辆评估委托方和所有方对委托鉴定评估车辆的成新率、使用强度、维修保养情况、车辆性能、事故情况等可能比评估机构和评估人员更熟悉。所以，在出具正式报告之前征求委托方意见，收集反馈意见也很有必要。

对鉴定评估报告进行复核，必须明确复核人的职责，防止复核时流于形式。收集反馈意见主要是通过委托方或所有方熟悉车辆具体情况的人员来完成。对委托方或车辆所有方意见的反馈应慎重对待，应本着独立、客观、公正的态度接受其反馈意见。

2. 撰写鉴定评估报告书的注意事项

二手车鉴定评估报告书的编制者除了需要掌握上述三个方面的技术要点外，还应注意以下事项：

1）实事求是，切忌出具虚假报告。报告书必须建立在真实、客观的基础上，不能脱离实际情况，更不能无中生有。报告拟订人应是参与鉴定评估并全面了解被评估车辆的主要鉴定评估人员。

2）坚持一致性做法，切忌出现相互矛盾。报告书文字、内容要前后一致，正文、评估说明、作业表、鉴定工作底稿、格式，甚至数据，要相互一致，不能出现相互矛盾、不一致的情况。

3）提交报告书要及时、齐全和保密。在正式完成二手车鉴定评估报告编制工作后，应按合同书的约定时间及时将报告书送交委托方。送交报告书时，报告书及有关文件要送交齐全。

9.1.6 二手车鉴定评估业务实例

例1

致委托估价方函

×××公司：

受您委托，我公司对×××公司两辆盗抢返还的广州本田雅阁车进行了客观、公正的评估。经估价人员认真、周密地测算，确定该车在2016年7月7日的汽车市场价值如下：

品牌	车 牌 号	登 记 日 期	评估价格/元
广州本田雅阁	京A×××××	2011年09月28日	93000
广州本田雅阁	京E×××××	2010年06月19日	92000

评估过程、结果及有关说明详见《机动车估价报告书》。

北京×××机动车鉴定评估有限公司
2016年07月07日

北京×××机动车鉴定评估有限公司
机动车估价报告书

京××评报字［2016］第010号

1. 绪言

北京×××机动车鉴定评估有限公司接受×××公司委托，根据国家有关资产评估的规定，本着客观、独立、公正、科学的原则，按照公认的资产评估方法，对×××公司两辆盗抢小客车进行了鉴定评估。本机构鉴定评估人员按照必要的程序，对委托鉴定评估车辆进行了实地查勘与市场调查，并对其在2016年07月07日所表现的市场价值做出了公允反映。现将车辆评估情况及鉴定评估结果报告如下。

2. 委托方与车辆所有方简介

1）委托方：×××公司，联系人：王五，联系电话：（010）××××××××

2）根据机动车证件所示，委托车辆原车主：

广州本田雅阁：京A×××××，张三

广州本田雅阁：京E×××××，李四

3. 评估目的

根据委托方的要求，本项目评估目的：

☐交易　☐转籍　■拍卖　☐置换　☐抵押　☐担保　☐咨询　☐司法裁决

4. 评估对象

1）评估车辆的品牌型号（广州本田雅阁），号牌号码（京A×××××），发动机号码（×××××××××××××），车辆识别代号/车架号（××××××××××××××××××），注册登记日期（2011年09月28日），车辆类型（小型客车），所有人（张三），年审检验合格至2015年09月，车辆购置税完税证明（无）。

2）评估车辆的品牌型号（广州本田雅阁），号牌号码（京E×××××），发动机号码（×××××××××××××），车辆识别代号/车架号（××××××××××××××××××），注册登记日期（2010年06月19日），车辆类型（小型客车），所有人（李四），年审检验合格至2016年06月，车辆购置税完税证明（无）。

5. 鉴定评估基准日

鉴定评估基准日：2016年07月07日。

6. 评估原则

严格遵循"客观性、独立性、公正性、科学性"原则。

7. 评估依据

（1）行为依据

二手车评估委托书第010号。

（2）法律、法规依据

1）《国有资产评估管理办法》（国务院令第91号）。

2）《国有资产评估管理办法施行细则》（国资办发［1992］36号）。

3）商务部、发改委、公安部、环境保护部令2012年第12号《机动车强制报废标准规定》。

4）其他相关法律、法规等。

（3）产权依据

委托鉴定评估车辆的机动车登记证书编号：

品　　牌	车　牌　号	登记证号
广州本田雅阁	京A×××××	××××××××××
广州本田雅阁	京E×××××	××××××××××

（4）评定及取价依据

1）《资产评估常用数据与参数手册》。

2）2016年第二季度新车和二手车市场行情。

8. 评估方法

■重置成本法　☐现行市价法　☐收益现值法　☐其他

1）广州本田雅阁（京A×××××）计算过程如下：

采用重置成本法计算评估值，采用现行市价法确定重置成本，采用综合分析法确定成新率。重置成本确定为21万元。

$$评估值 = 21万元 \times 65\% \times 68\% = 92820元（取整93000元）$$

2）广州本田雅阁（京 E×××××）计算过程如下：
采用重置成本法计算评估值，采用现行市价法确定重置成本，采用综合分析法确定成新率。重置成本确定为 21 万元。

$$评估值 = 21 万元 \times 59\% \times 74\% = 91686 元（取整 92000 元）$$

9. 评估过程
按照接受委托、验证、现场查勘评定估算和提交报告的程序进行。

10. 评估结论
广州本田雅阁，京 A××××× 车辆评估价格：93000 元，金额大写：玖万叁仟元整。
广州本田雅阁，京 E××××× 车辆评估价格：92000 元，金额大写：玖万贰仟元整。

11. 特别事项说明
在估价基准日委托评估对象未设定抵押权、租赁权、担保权、购置税、车船使用税情况，无交通违章、执法机关查封，车辆在检验有效期内检验合格。
本报告之估价结果不含可能发生的交易税费、手续费。

12. 评估报告法律效力
1）本项评估结论有效期为 90 天，自评估基准日至 2016 年 10 月 4 日止。
2）当评估目的在有效期内实现时，本评估结果可以作为作价参考依据，超过 90 天，重新评估。另外，在评估有效期内若被评估车辆的市场价格或因交通事故等原因导致车辆新的价值发生变化，对车辆评估结果产生明显影响时，委托方也需重新委托评估机构重新评估。
3）鉴定评估报告书的使用权归委托方所有，其评估结论仅供委托方为本项目评估目的使用和送交旧机动车鉴定评估主管机关审查使用，不适用于其他目的，因使用本报告书不当而产生的任何后果与签署本报告书的鉴定评估师无关；未经委托方许可，本鉴定评估机构承诺不将本报告书的内容向他人提供或公开。

附件：
一、二手车鉴定评估作业表
二、机动车辆保险权益转让书（略）
三、二手车照片（要求外观清晰，车辆牌照能够辨认）（略）
四、机动车鉴定估价师执业证书复印件（略）
五、鉴定评估机构营业执照复印件（略）
注册二手车鉴定评估师（签字、盖章）

李××：国家注册二手车鉴定评估师

陈××：国家注册二手车鉴定评估师

复核人（签字、盖章）
刘××：国家注册高级二手车鉴定评估师

北京×××机动车鉴定评估有限公司
2016 年 07 月 07 日

备注：本报告书和作业表一式四份，委托方两份，受托方两份。

第9章 鉴定评估报告撰写

附件一 二手车鉴定评估作业表

1. 二手车京A×××××鉴定评估作业表

北京×××机动车鉴定评估有限公司
二手车鉴定评估作业表

评估基准日：2016 年 07 月 07 日

车主		×××公司		联系电话		×××××××	
住址				×××××××			
	鉴定评估目的：□交易　□转籍　■拍卖　□置换　□抵押　□担保　□咨询　□司法裁决						
原始情况	品牌型号		广州本田雅阁		号牌号码		京A×××××
	车辆识别代号/车架号				××××××××××××××		
	发动机号		××××××××××		颜色		灰
	总质量/核定载质量/准牵引总质量		1850kg		核定载客/排量功率/燃料种类		5 人/汽油
	注册登记日期		2011 年 9 月	已使用年限	58 个月	规定使用年限	180 个月
	累计行驶里程		12 万 km	车辆类型	小型客车	现实状态	在用/闲置 ___ 个月
检查核对交易证件	证件		■原始发票　■机动车登记证书　■机动车行驶证　■法人代码证或身份证　□其他				
	税费		■购置附加税　□车船使用税　■其他				
车况说明	此车为盗抢返还车辆，多年未年检，各技术状况、维修保养、工作性质、工作条件等性能严重降低，直接影响车辆的正常价格，无随车工具，车身多处划痕，车前部有明显碰撞现象，发动机舱盖有明显漆面爆裂，前部发动机支撑有焊接痕迹，车顶部漆面有修补痕迹，此车翻过车，行李舱备胎下部有明显托底痕迹，有明显漏油痕迹，音响CD机损坏无法使用，左侧电动座椅损坏无法使用						
调整系数（取值）0.68	技术状况：■好 0.8　■一般 0.7　■差 0.6　×权重 30%						
	维修保养：■好 0.8　■一般 0.7　■差 0.6　×权重 25%						
	制造质量：■进口 0.8　■国产名牌 0.7　■国产非名牌 0.6　×权重 20%						
	工作性质：■私用 0.8　■公务用车 0.7　■营运 0.6　■盗抢 0.5　×权重 15%						
	工作条件：■好 0.8　■差 0.6　■一般 0.7　×权重 10%						
价值反映	账面原值/元				车主报价		
	重置成本/元	210000	成新率（%）		65	评估价格/元	93000

鉴定评估说明：
采用重置成本法计算评估值，采用综合分析法确定成新率。
　　　　　　　　重置成本 = 同种车型现行新车市价 + 车辆购置税 + 上牌费用
　　　　　评估值 = 重置成本 × 成新率 × 调整系数 = 21 万元 ×65% ×68% = 93000 元（取整）
采用现行市价法计算评估值。

国家注册二手车鉴定评估师（签章）　　　　　　　　　　　　　　　　复核人（签章）
2016 年 07 月 07 日　　　　　　　　　　　　　　　　　　　　　　2016 年 07 月 07 日

填表说明：
① 现时技术状况：必须如实填写对车辆进行技术鉴定的结果，客观真实地反映出旧机动车主要部分（含车身、底盘、发动机、电气、内饰等）以及整车的现时技术状况。
② 鉴定评估说明：应详细说明重置成本的计算方法、成新率的计算方法，以及评估价格的计算方法。

2. 二手车京E×××××鉴定评估作业表

北京×××机动车鉴定评估有限公司
二手车鉴定评估作业表

评估基准日：2016年07月07日

车主		×××公司	联系电话		×××××××
住址			××××××××		
	鉴定评估目的：□交易 □转籍 ■拍卖 □置换 □抵押 □担保 □咨询 □司法裁决				
原始情况	品牌型号	广州本田雅阁		号牌号码	京E×××××
	车辆识别代号/车架号			×××××××××××××	
	发动机号	××××××××××		颜色	灰
	总质量/核定载质量/准牵引总质量l	1850kg		核定载客/排量功率/燃料种类	5人/汽油
	注册登记日期	2010年6月	已使用年限	73个月	规定使用年限	180个月
	累计行驶里程	17.5万km	车辆类型	小型客车	现实状态	在用/闲置 个月
检查核对交易证件	证件	□原始发票 ■机动车登记证书 ■机动车行驶证 ■法人代码证或身份证 □其他			
	税费	■购置附加税 □车船使用税 □其他			
车况说明	此车为盗抢返还车辆，多年未年检，各技术状况、维修保养、工作性质、工作条件等性能严重降低，直接影响车辆的正常价格，无随车工具，车身多处划痕，发动机异响严重，有明显漏油痕迹，CD机损坏无法使用，左侧电动门窗不灵活				
调整系数（取值）0.68	技术状况：■好0.8 □一般0.7 □差0.6 ×权重30%				
	维修保养：■好0.8 □一般0.7 □差0.6 ×权重25%				
	制造质量：□进口0.8 ■国产名牌0.7 □国产非名牌0.6 ×权重20%				
	工作性质：□私用0.8 □公务用车0.7 □营运0.6 ■盗抢0.5 ×权重15%				
	工作条件：■好0.8 □差0.6 □一般0.7 ×权重10%				
价值反映	账面原值/元		车主报价		
	重置成本/元	210000	成新率（%）	59	评估价格/元	92000

鉴定评估说明：
采用重置成本法计算评估值，采用综合分析法确定成新率。

重置成本 = 同种车型现行新车市价 + 车辆购置税 + 上牌费用

评估值 = 重置成本 × 成新率 × 调整系数 = 21万元 × 59% × 74% = 93000元（取整）

采用现行市价法计算评估值。

国家注册二手车鉴定评估师（签章）　　　　　　　　　　　　复核人（签章）
2016年07月07日　　　　　　　　　　　　　　　　　　　　2016年07月07日

填表说明：
① 现时技术状况：必须如实填写对车辆进行技术鉴定的结果，客观真实地反映出旧机动车主要部分（含车身、底盘、发动机、电气、内饰等）以及整车的现时技术状况。
② 鉴定评估说明：应详细说明重置成本的计算方法、成新率的计算方法以及评估价格的计算方法。

例 2

二手车鉴定评估委托书（示范文本）

委托书编号：<u>0001</u>

委托方名称（姓名）：×××　　法人代码证（身份证）号：××××××××××××

鉴定评估机构名称：×××　　法人代码证：××××××××××××

委托方地址：×××××××　　鉴定评估机构地址：×××××××

联系人：×××　　电话：×××××××

因 ■交易 □典当 □拍卖 □置换 □抵押 □担保 □咨询 □司法裁决需要，委托人与受托人达成委托关系，号牌号码为<u>吉 A×××××</u>，车辆类型为<u>小型轿车</u>，车架号（VIN 码）为<u>LFV×××××××××××××</u>的车辆进行技术状况鉴定并出具评估报告书，<u>2018</u>年<u>10</u>月<u>10</u>日前完成。

委托评估车辆基本信息

	厂牌型号	奥迪×××××××	使用用途	营运□ 非营运■
车辆情况	总质量/座位/排量	1600kg/5/2.0T	燃料种类	汽油
	初次登记日期	2014 年 1 月 3 日	车身颜色	白
	已使用年限	53 个月	累计行驶里程/万 km	3
	大修次数	发动机（次）	整车（次）	
	维修情况	1 次		
	事故情况	1 次		
价值反映	购置日期	2014 年 1 月 2 日	原始价格/元	329900
备注：该车右后车门有钣金喷漆经历，左前车门有划痕				

委托方：（签字、盖章）×××　　　　受托方：（签字、盖章）

　　　　　　　　　　　　　　　　　　（二手车鉴定评估机构盖章）

2018 年 6 月 10 日　　　　　　　　　2018 年 6 月 10 日

1. 委托方保证所提供的资料客观真实，并负法律责任。
2. 仅对车辆进行鉴定评估。
3. 评估依据：《机动车运行安全技术条件》《二手车鉴定评估技术规范》等。
4. 评估结论仅对本次委托有效，不作他用。
5. 鉴定评估人员与有关当事人没有利害关系。
6. 委托方如对评估结论有异议，可于收到《二手车鉴定评估报告》之日起 10 日内向受托方提出，受托方应给予解释。

二手车鉴定评估报告书（示范文本）

×××鉴定评估机构评报字（2018 年）第××号

一、绪言

<u>×××××××</u>（鉴定评估机构）接受<u>×××</u>的委托，根据国家有关评估及《二手车流通管理办法》和《二手车鉴定评估技术规范》的规定，本着客观、独立、公正、科学的原则，按照公认的评估方法，对牌号为<u>吉 A×××××</u>的车辆进行了鉴定。本机构鉴定评估人员按照

必要的程序，对委托鉴定评估的车辆进行了实地查勘与市场调查，并对其在2018年6月10日所表现的市场价值做出了公允反映。现将该车辆鉴定评估结果报告如下。

二、委托方信息

委托方：×××　　　　　　　　　　委托方联系人：×××

联系电话：××××××××　　　　车主姓名/名称：×××

三、鉴定评估基准日<u>2018</u>年<u>6</u>月<u>10</u>日

四、鉴定评估车辆信息

厂牌型号：<u>奥迪×××××××</u>　　　牌照号码：<u>吉A×××××</u>

发动机号：<u>××××××</u>　　　　　车辆VIN码：<u>LFV×××××××××××××</u>

车身颜色：<u>白</u>　表征里程：<u>3km</u>　初次登记日期：<u>2014年1月3日</u>

年审检验合格至：<u>2019年1月</u>　　交强险截止日期：<u>2019年1月</u>

车船税截止日期：<u>2019年1月</u>

是否查封、抵押车辆：□是　■否　　车辆购置税（费）证：■有　□无

机动车登记证书：■有　□无　　　　机动车行驶证：■有　□无

未接受处理的交通违法记录：□有　■无

使用性质：□公务用车　■家庭用车　□营运用车　□出租车　□其他

五、技术鉴定结果

技术状况缺陷描述：<u>左前车门有划痕、右后车门有补漆经历</u>

重要配置及参数信息：<u>一键起动、定速巡航、真皮座椅、座椅加热、自感应式刮水器</u>

技术状况鉴定等级：<u>一级</u>　等级描述：<u>95</u>

六、价值评估

价值估算方法：□现行市价法　■重置成本法　□其他

价值估算结果：车辆鉴定评估价值为人民币<u>300000</u>元，金额大写：<u>叁拾万元整</u>

七、特别事项说明[1]

八、鉴定评估报告法律效力

本鉴定评估结果可以作为作价参考依据。本项鉴定评估结论有效期为90天，自鉴定评估基准日至2018年9月8日止。

九、声明

（1）本鉴定评估机构对该鉴定评估报告承担法律责任。

（2）本报告所提供的车辆评估价值为评估基准日的价值。

（3）该鉴定评估报告的使用权归委托方所有，其鉴定评估结论仅供委托方为本项目鉴定评估目的使用和送交二手车鉴定评估主管机关审查使用，不适用于其他目的，否则本鉴定评估机构不承担相应法律责任；因使用本报告不当而产生的任何后果与签署本报告书的鉴定评估人员无关。

（4）本鉴定评估机构承诺，未经委托方许可，不将本报告的内容向他人提供或公开，否则本鉴定评估机构将承担相应法律责任。

附件：

一、二手车鉴定评估委托书

二、二手车技术状况鉴定表

第9章 鉴定评估报告撰写

三、车辆行驶证、机动车登记证书复印件（略）

四、被鉴定评估二手车照片（要求外观清晰，车辆牌照能够辨认）（略）

二手车鉴定评估师（签字、盖章）　　　　　　　　　　复核人[2]（签字、盖章）

　　　　　　　　　　　　　　　　　　　　　　　　　（二手车鉴定评估机构盖章）

2018年6月10日　　　　　　　　　　　　　　　　　2018年6月10日

[1] 特别事项是指在已确定鉴定评估结果的前提下，鉴定评估人员认为需要说明在鉴定过程中已发现可能影响鉴定评估结论，但非鉴定评估人员执业水平和能力所能鉴定评定估算的有关事项以及其他问题。

[2] 复核人是指具有高级二手车鉴定评估师资格的人员。

备注：① 本报告书和作业表一式三份，委托方二份，受托方一份。

　　　② 鉴定评估基准日即为《二手车鉴定评估委托书》签订的日期。

附录三　二手车技术状况鉴定表（示范文本）

	项目				
车辆基本信息	厂牌型号	奥迪××××××	牌照号码	吉A×××××	
	发动机号	××××××	VIN码	LFV××××××××××××	
	初次登记日期	2014年1月3日	表征里程	3万km	
	品牌名称	奥迪A4L　■国产　□进口	车身颜色	白	
	年检证明	■有（至2019年1月）□无	购置税证书	■有　□无	
	车船税证明	■有（至2019年1月）□无	交强险	■有（至2019年1月）□无	
	使用性质	□营运用车　□出租车　□公务用车　■家庭用车　□其他			
	其他法定凭证、证明	■机动车号牌　■机动车行驶证　■机动车登记证书　■第三者强制保险单　□其他			
	车主名称/姓名	×××	企业法人证书代码/身份证号码	××××××××××××××××	
重要配置	燃料标号	95	排量	2.0T	缸数	4
	发动机功率	137kW	排放标准	国四	变速器形式	8档无级变速
	气囊	7	驱动方式	前驱	ABS	■有　□无
	其他重要配置	一键起动、定速巡航、真皮座椅、座椅加热、自感应式刮水器			
是否为事故车	□是　■否	损伤位置及损伤状况			
鉴定结果	分值	95	技术状况等级	一级	
车辆技术状况鉴定缺陷描述	鉴定科目	鉴定结果（得分）	缺陷描述		
	车身检查	15	19HH3 22XF2		
	发动机检查	20	无		

(续)

车辆技术状况鉴定缺陷描述	车内检查	10	无
	起动检查	20	无
	路试检查	15	无
	底盘检查	15	无

二手车鉴定评估师：<u>×××</u>　　　　　　　　　　　鉴定单位：（盖章）

鉴定日期：<u>2018</u> 年<u>6</u> 月<u>10</u> 日

声明：

本二手车技术状况表所体现的鉴定结果仅为鉴定日期当日被鉴定车辆的技术状况表现与描述，若在当日内被鉴定车辆的市场价值或因交通事故等原因导致车辆的价值发生变化，对车辆鉴定结果产生明显影响时，本技术状况鉴定说明书不作为参考依据。

说明：

本二手车技术状况表由二手车经销企业、拍卖企业、经纪企业使用，作为二手车交易合同的附件。车辆展卖期间，放置在驾驶舱前风窗玻璃左下方，供消费者参阅。

9.2　车辆损伤评估报告的撰写

1. 车损评估报告格式

当完成车辆损伤鉴定与核查后，需要列出具体损伤零件和所需维修工时，编写车辆损伤评估报告。

2. 车损报告的具体内容

（1）基本信息

车损报告中的基本信息主要是指车主姓名、地址、电话号码、保险信息、VIN 码、油漆代码、牌照号、行驶里程等。

（2）确定是否有重要选装件

1）特定大小的发动机尺寸或其他。

2）汽车天窗。

3）中波/调频收音机，立体声音响录音机及 CD 播放器（仅限原装件）。

4）遥控门锁、车窗自动升降器和座椅自动调节器。

5）巡航控制与倾斜式转向盘。

6）真皮座椅，特制轮毂罩盖，行李舱（原装件）和专用修理包。

（3）判断事故前损伤

1）旧划痕和凹痕。

2）锈、腐蚀或喷漆抛光的缺口和瑕疵。

3）在保险杠、框架、护罩上的塑料件和橡胶件的裂缝、凹痕。

4）座椅或内饰撕裂口。

5）座椅、地毯和内部表面的污点和损坏。

6）玻璃或后视镜的破碎和裂纹。

7）轮箍罩盖或装饰条的损坏或缺失。

8）灯罩开裂或破碎，以及灯泡烧损。

9）单独选配设备的损坏，如空调、暖风、后防霜等。

（4）确定更换零件及其价格

根据碰撞方向和程度，确定受损零件。其确定方法是：从直接碰撞点开始检查，向内检查整个损坏区域，列出受影响的全部零件。按照冲击力贯穿全车的路径进行检查。在最常见的前端碰撞事故中，检查过程是从汽车前端开始，逐渐向后。

（5）确定维修项目及价格

对于需要维修的板件和车架，必须合理确定维修项目，分别列出需维修矫正的零件。

3. 填写车损评估表的注意事项

1）避免缩写。除非缩写已在评估报告中被定义，否则不要过多地使用缩写。

2）字迹要整洁。干净、整洁的表格会给用户和理赔员留下深刻的印象。这很好理解，也容易做到。

3）特殊说明。任何特殊说明都应当清楚地在输入项中予以注明。

4）顾客要求。如果顾客希望进行条款未规定的附加作业（如修复事故前的损坏），则应被视为"顾客要求"修理。

5）审阅车损报告。在完成车损报告编制并汇总和核查数字后，与委托方共同审阅报告。

6）拍照记录。一般事故车损坏处的摄影照片属于车损报告的一部分。

4. 车损评估表示例

某辆桑塔纳轿车发生了正前面碰撞事故，承保公司在观察现场及车损情况后填写了评估表，如表9-1所示。

表9-1 车损评估表

报案号：×××　　　　　　　　条款类别：×××　　承保公司：×××

被保险人：吉林省长春市×××	出险时间：2014年4月12日
保险单号：×××	出险地点：长春市亚泰大街
保险金额：8000元	事故责任：□全部□主要□同等 □次要□无责□单方
牌照号码：吉A×××××	
厂牌型号：奥迪牌 FV7203BBCWG 奥迪 A4L	
制造年份：2013年12月7日	定损时间：2014年5月19日
车架号码（VIN号）：××××××××××××××	定损地点：长春市亚太大街
发动机型号：2.0T	变速器类型：□手动□自动
送修时间：　　　修复竣工时间：	报价公司：□总公司□省公司□地市公司
损坏部位及程度概述： 右前门……后门，右后翼子板刮伤	
维修费总计金额：　（大写）伍仟柒百捌拾元整（￥：5780元）	
残值作价金额：　（大写）柒拾元整（￥：70元）	

【课后练习】

一、单选题

1. 根据 GB/T 30323—2013《二手车鉴定评估技术规范》，车辆技术状况评分为 95 分的，技术状况等级属于（　　）。

   A. 一级　　　　　B. 二级　　　　　C. 三级　　　　　D. 四级

2. 根据 GB/T 30323—2013《二手车鉴定评估技术规范》，车辆技术状况评分为 70 分的，技术状况等级属于（　　）。

   A. 一级　　　　　B. 二级　　　　　C. 三级　　　　　D. 四级

3. 根据 GB/T 30323—2013《二手车鉴定评估技术规范》，车辆技术状况评分为 43 分的，技术状况等级属于（　　）。

   A. 一级　　　　　B. 二级　　　　　C. 三级　　　　　D. 四级

4. 根据 GB/T 30323—2013《二手车鉴定评估技术规范》，在对车身外观鉴定时，若发动机舱盖有划痕，面积小于等于 $100mm \times 100mm$，应描述为（　　）。

   A. 14HH1　　　　B. 14BX2　　　　C. 15HH2　　　　D. 15BX1

5. 抵押类的二手车鉴定评估报告由（　　）共同确认。

   A. 车主和汽车经销商

   B. 抵押人和银行

   C. 拍卖企业和委托拍卖人

   D. 买卖双方和二手车交易机构

6. 下列关于二手车鉴定评估的目的与任务的叙述不正确的是（　　）。

   A. 确定二手车交易的成交额

   B. 协助借、贷双方实现抵押贷款

   C. 法律诉讼咨询服务

   D. 拍卖

7. 二手车鉴定服务估价是指（　　）为委托方提供二手车技术鉴定和估价的一种第三方中介服务。

   A. 二手车经纪公司

   B. 二手车鉴定评估机构

   C. 二手车经销公司

   D. 二手车市场

8. 如果二手车买卖合同发生争议，（　　）不属于正确的解决方式。

   A. 仲裁　　　　　B. 单方处理　　　C. 协商　　　　　D. 诉讼

9. 在检验有效期届满后连续（　　）个机动车检验周期内未取得机动车检验合格标志的将处以报废。

   A. 1　　　　　　　B. 2　　　　　　　C. 3　　　　　　　D. 4

10. 机动车号牌是准予机动车上路行驶的法定标志，其号码要与（　　）上的号牌号码完全一致。

A. 机动车行驶证　　　　　　　B. 车架号
C. 发动机编号　　　　　　　　D. 车辆识别码

二、判断题

1. 二手车评估报告有效期为1年。（　　）

2. 二手车鉴定评估师还有一个重要任务就是鉴定、识别走私车、盗抢车、拼装车、报废车及手续不全的车，严禁这些车辆在二手车市场上交易。（　　）

3. 二手车成新率是指二手车的功能或使用价值占其新车功能或使用价值的比率。（　　）

4. 闲置存放的汽车，由于自然力作用，产生的腐蚀、老化，或由于管理不善，丧失工作能力而形成的损耗是汽车的无形损耗。（　　）

三、简答题

1. 二手车鉴定与评估报告的概念和作用分别是什么？
2. 二手车鉴定评估报告的基本要求有哪些？
3. 二手车鉴定评估报告的基本内容有哪些？
4. 编制二手车鉴定评估报告的步骤有哪些？有哪些注意事项？
5. 车辆损伤评估报告撰写的基本内容有哪些？有哪些注意事项？

附录 A 奥迪品鉴二手车 110 项检测单

经销商名称：
客户名称： 品牌车型： 号牌号码： 表征里程：
检测日期： 整备后日期： 销售日期：

车辆基本信息：

内部	合格	检修	N/A	其他	合格	检修	N/A	车身	合格	检修	N/A
1.检查喇叭	□	□	□	27.检查示宽灯	□	□	□	53.检查左侧车身	□	□	□
2.检查时钟	□	□	□	28.检查牌照灯	□	□	□	54.检查车顶	□	□	□
3.检查仪表板反光镜照明及调节功能	□	□	□	29.检查前雾灯	□	□	□	55.检查前风窗	□	□	□
4.检查电动反光镜调节及记忆功能	□	□	□	30.检查倒车灯	□	□	□	56.检查发动机舱盖	□	□	□
5.检查后视镜功能	□	□	□	31.检查制动灯	□	□	□	57.检查右侧车身	□	□	□
6.检查车窗功能	□	□	□	32.检查转向灯	□	□	□	58.检查后风窗	□	□	□
7.检查前后风窗刮水器雨刷调节，必要时进行喷嘴喷调整	□	□	□	33.检查雾灯罩灯其他	□	□	□	59.检查行李舱盖	□	□	□
8.检查前后风窗刮水器雨刷调节，必要时进行喷嘴喷调整	□	□	□	34.检查和调整中控锁功能	□	□	□	60.检查后保险杠	□	□	□
9.检查警告灯开关	□	□	□	35.检查防盗报警系统	□	□	□	61.检查已升起车辆底部	□	□	□
10.检查车暖风和风扇开关	□	□	□	36.检查刮水器片磨损老化程度	□	□	□		合格	检修	N/A
11.检查天窗功能	□	□	□	37.调整前照灯清洗系统开启时喷嘴	□	□	□	62.检查排气管状况	□	□	□
12.检查杂物箱开关	□	□	□	38.检查发动机舱盖开启机构	□	□	□	63.检查减振器	□	□	□
13.检查内饰磨损情况及污垢	□	□	□	39.检查灰尘、花粉过滤装置	□	□	□	64.检查后悬架的安装和稳定杆的紧固情况	□	□	□
14.检查电动座椅磨损情况，加热及安全带功能	□	□	□	40.检查发动机机油液面	□	□	□	65.检查后桥漏油和磨损及防尘罩情况	□	□	□
15.检查前座椅磨损情况，加热及安全带功能	□	□	□	41.检查助力转向系统液面	□	□	□	66.检查半轴漏油和磨损及防尘罩情况	□	□	□
16.检查后座椅磨损情况及安全带功能	□	□	□	42.检查冷却系统液面	□	□	□	67.检查所有制动液管接头的腐蚀和泄漏	□	□	□
17.检查后座椅安全带功能	□	□	□	43.检查风窗玻璃清洗液液面	□	□	□	68.检查所有制动拉索外侧破损和安全	□	□	□
18.检查后座椅安全带功能	□	□	□	44.检查及调整轮胎压力	□	□	□	69.检查三元催化器的漏油情况	□	□	□
前部照明	合格	检修	N/A	45.检查及调整轮胎扭力矩	□	□	□	70.检查变速器的漏油情况	□	□	□
19.检查示宽灯	□	□	□	46.检查轮胎盖锁止机构	□	□	□	71.检查发动机的漏油情况	□	□	□
20.检查近光灯	□	□	□	47.检查行李舱盖锁止机构	□	□	□	72.检查助力转向系统是否泄漏	□	□	□
21.检查前雾灯	□	□	□	48.检查工具箱	□	□	□	73.检查转向系统的随动性	□	□	□
22.检查远光灯、超车灯	□	□	□	49.检查警示牌	□	□	□	74.检查转向节	□	□	□
23.检查转向灯	□	□	□	50.检查备胎磨损程度 mm	□	□	□	75.检查所有V形传动带的磨损和张紧状况	□	□	□
24.检查警告灯	□	□	□	51.检查备胎状态及胎压	□	□	□	76.检查车辆底部的损坏情况	□	□	□
25.检查近光灯照明角度，必要时调整	□	□	□	52.检查所有车门链接铰链	□	□	□				
26.检查雾灯罩灯其他	□	□	□								

附录 A 奥迪品鉴二手车 110 项检测单

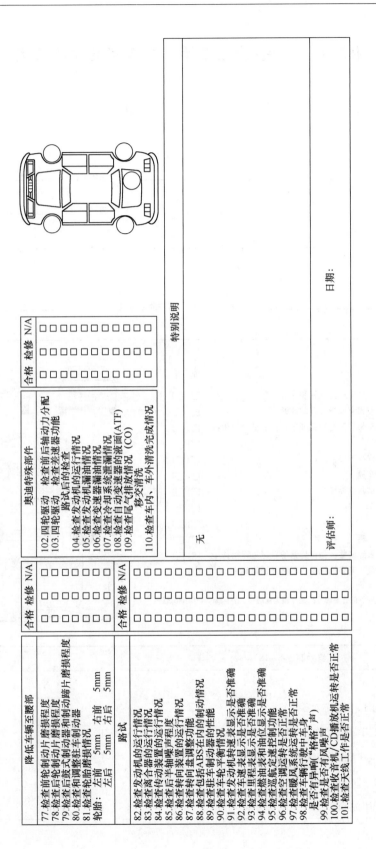

降低车辆至腰部

	合格	检修	N/A
77. 检查前轮制动片磨损程度	□	□	□
78. 检查后轮制动片磨损程度	□	□	□
79. 检查后鼓式制动器和制动蹄片磨损程度	□	□	□
80. 检查和调整驻车制动器	□	□	□
81. 检查轮胎磨损情况	□	□	□
轮胎：左前 5mm 右前 5mm			
左后 5mm 右后 5mm			

路试

	合格	检修	N/A
82. 检查发动机的运行情况	□	□	□
83. 检查离合器的运行情况	□	□	□
84. 检查传动装置的运行情况	□	□	□
85. 检查半轴装置的运行情况	□	□	□
86. 检查转向盘装置在车内的性能	□	□	□
87. 检查包括 ABS 在内的制动性能	□	□	□
88. 检查驻车制动器情况	□	□	□
89. 检查车轮平衡情况	□	□	□
90. 检查调整噪声情况	□	□	□
91. 检查车速表显示是否准确	□	□	□
92. 检查车里程表显示是否准确	□	□	□
93. 检查发动机转速显示是否准确	□	□	□
94. 检查燃油表和油位显示是否准确	□	□	□
95. 检查巡航定速控制功能	□	□	□
96. 检查空调运转是否正常	□	□	□
97. 检查暖风系统运转是否正常	□	□	□
98. 检查天窗行驶中车身是否有异响"格格"声	□	□	□
99. 检查是否有风噪声	□	□	□
100. 检查收音机/CD 播放机运转是否正常	□	□	□
101. 检查天线工作是否正常	□	□	□

奥迪特殊部件

	合格	检修	N/A
102. 四轮驱动 检查前后轴动力分配	□	□	□
103. 四轮驱动 检查差速器功能	□	□	□
路试后的检查			
104. 检查发动机的运行情况	□	□	□
105. 检查发动机漏油情况	□	□	□
106. 检查变速器漏油情况	□	□	□
107. 检查冷却系统泄漏情况	□	□	□
108. 检查自动变速器的液面(ATF)	□	□	□
109. 检查尾气排放情况（CO）	□	□	□
110. 检查车内、车外清洗完成情况	□	□	□

特别说明

无

评估师：　　　　　　　　　　日期：

附录 B 一汽-大众二手车 133 项质量检验表

认证检测编号：_____

● 车辆信息

车型：_____   颜色：_____   车牌号码：_____

VIN号：_____   发动机号：_____

生产日期：_____   初次登记日期：_____   里程数：_____

● 客户信息

客户名称：_____   客户联系电话：_____

认证前检查	是	否
车辆按照厂方规定进行使用和保养	☐	☐
车辆未经过非国家政策允许的改装	☐	☐
发动机号、车架号码与登记证书、行驶证登记相符	☐	☐
车龄少于7年	☐	☐
车辆行驶里程少于15万km	☐	☐
非三包退回车辆	☐	☐
车辆无任何结构性损坏	☐	☐
车辆非水泡车	☐	☐
车辆非火烧车	☐	☐
车辆非运营车辆	☐	☐
车辆里程表未经调整，与售后系统登记里程相符	☐	☐
车辆手续齐全，无盗抢记录，不涉及法律纠纷	☐	☐

如果以上任一回答的答案为"否"，则车辆无法通过二手车Das WeltAuto认证。

1	车身检测（1~18）				
		是	否	已修复	不适用
01 车身平顺无损坏，且左右对称		☐	☐	☐	☐
02 前、后保险杠安装可靠，外观平顺、无损坏		☐	☐	☐	☐
03 车辆 A、B、C 柱无变形和修复痕迹		☐	☐	☐	☐
04 前翼子板内缘、散热器框架、横拉梁无变形或修复痕迹		☐	☐	☐	☐
05 车门开启和关闭功能正常		☐	☐	☐	☐

(续)

1	车身检测（1~18）				
		是	否	已修复	不适用
	06 车门铰链和限位工作可靠，无异响	□	□	□	□
	07 前风窗玻璃、后风窗玻璃、天窗和车窗玻璃无损坏	□	□	□	□
	08 车门、车窗无损坏、密封功能正常（包括天窗密封）	□	□	□	□
	09 发动机舱盖平顺，无损坏	□	□	□	□
	10 发动机舱盖解锁和锁止机构工作可靠，灵活	□	□	□	□
	11 前纵梁及悬架支撑座无变形，无损坏	□	□	□	□
	12 发动机、变速器、四驱装置等部件底部正常	□	□	□	□
	13 散热器格栅无损坏	□	□	□	□
	14 灯罩无损坏	□	□	□	□
	15 车顶外观平顺、无损坏	□	□	□	□
	16 车外后视镜功能正常	□	□	□	□
	17 行李舱、尾门外观平顺，无损伤，密封可靠	□	□	□	□
	18 行李舱盖、尾门开启及锁止机构工作可靠、灵活，加油口盖功能正常	□	□	□	□
2	内饰检测（19~32）				
		是	否	已修复	不适用
	19 前、后座椅功能正常，无损坏	□	□	□	□
	20 座椅头枕调节功能正常	□	□	□	□
	21 座椅安全带功能正常	□	□	□	□
	22 安全气囊功能正常	□	□	□	□
	23 仪表板及出风管道、遮阳板、化妆镜正常，无损坏	□	□	□	□
	24 车内储物装置（杂物箱、中央扶手、眼镜盒、烟灰缸、车门内拉手、饰物盒等）整洁、功能正常、无损坏	□	□	□	□
	25 车内后视镜功能正常	□	□	□	□
	26 遮阳帘（手动/电动）工作正常，无损坏	□	□	□	□
	27 变速杆及护罩无损坏	□	□	□	□
	28 内饰（车顶、车门、地毯）整洁，无损坏	□	□	□	□
	29 中控锁功能正常	□	□	□	□
	30 儿童安全锁功能正常	□	□	□	□
	31 所有随车钥匙功能正常	□	□	□	□
	32 随车物品齐全，符合要求	□	□	□	□

（续）

3	动力系统（33~55）	是	否	已修复	不适用
33	发动机机油液位正常，机油品质良好	□	□	□	□
34	发动机舱管线无裂痕，整齐可靠	□	□	□	□
35	传动带功能正常，无异常磨损	□	□	□	□
36	传动带张紧器工作正常	□	□	□	□
37	气门室盖、缸体正常	□	□	□	□
38	气缸工作压力正常	□	□	□	□
39	火花塞工作正常	□	□	□	□
40	点火线圈工作正常	□	□	□	□
41	进、排气门及活塞工作正常	□	□	□	□
42	燃油喷嘴正常	□	□	□	□
43	燃油导轨、燃油分配器工作正常	□	□	□	□
44	燃油系统工作压力正常	□	□	□	□
45	排气管及三元催化器正常	□	□	□	□
46	燃油箱和供油管路正常	□	□	□	□
47	涡轮增压工作正常	□	□	□	□
48	冷却液液位、浓度正常，品质良好无泄漏	□	□	□	□
49	自动/手动变速器液位正常，油质良好	□	□	□	□
50	发动机冷却风扇工作正常	□	□	□	□
51	冷却液泵工作正常	□	□	□	□
52	散热器工作正常	□	□	□	□
53	机油滤清器功能正常	□	□	□	□
54	空气滤清器正常	□	□	□	□
55	空调滤清器正常	□	□	□	□
4	行驶系统（56~68）	是	否	已修复	不适用
56	车辆底部车架无损坏	□	□	□	□
57	前、后悬架及横向稳定杆正常	□	□	□	□
58	减振器正常	□	□	□	□
59	后桥正常	□	□	□	□
60	驱动轴正常，防尘罩完好	□	□	□	□
61	轮毂无变形，无破损	□	□	□	□
62	轮毂轴承工作正常	□	□	□	□
63	轮胎旋转方向正确	□	□	□	□
64	轮胎规格一致且无偏磨、无鼓包、无损伤	□	□	□	□
65	轮胎胎纹不低于最低磨损限位 左前：mm 左后：mm 右前：mm 右后：mm	□	□	□	□
66	轮胎气压正常	□	□	□	□
67	轮胎螺栓紧固力矩正常	□	□	□	□
68	备胎气压及磨损程度正常	□	□	□	□

附录 B 一汽-大众二手车 133 项质量检验表

（续）

5	转向系统（69~76）	是	否	已修复	不适用
69	转向盘位置调整装置功能正常	□	□	□	□
70	转向盘游隙处于合理范围内	□	□	□	□
71	多功能转向盘功能正常	□	□	□	□
72	横拉杆及各拉杆球头正常	□	□	□	□
73	转向机/差速器工作正常	□	□	□	□
74	转向节正常	□	□	□	□
75	助力转向液位正常，无渗漏	□	□	□	□
76	随动转向、弯道辅助照明功能正常	□	□	□	□
6	制动系统（77~81）	是	否	已修复	不适用
77	真空助力器及总泵工作正常，无泄漏	□	□	□	□
78	制动液、离合器液位正常，品质良好	□	□	□	□
79	驻车制动拉索工作正常	□	□	□	□
80	制动软管及其他制动管路正常	□	□	□	□
81	前、后制动片，制动盘（鼓）磨损正常	□	□	□	□
7	电气设备（82~100）	是	否	已修复	不适用
82	发电机工作正常	□	□	□	□
83	蓄电池功能正常	□	□	□	□
84	车载电源（12V/220V）功能正常	□	□	□	□
85	仪表板警告灯（ABS、SRS、低油位报警、车门开启、发动机故障等）正常	□	□	□	□
86	时钟显示正常	□	□	□	□
87	车窗功能正常	□	□	□	□
88	开窗功能正常	□	□	□	□
89	喇叭工作正常	□	□	□	□
90	存储卡读取、免提/手机功能正常	□	□	□	□
91	点烟器功能正常	□	□	□	□
92	后窗加热除霜功能正常	□	□	□	□
93	前、后刮水器功能正常，清洗功能正常	□	□	□	□
94	前照灯清洗器功能正常	□	□	□	□
95	风窗玻璃清洗液位正常	□	□	□	□
96	倒车雷达功能正常	□	□	□	□
97	巡航控制系统功能正常	□	□	□	□
98	娱乐导航装置功能正常	□	□	□	□
99	车辆防盗和警报装置功能正常	□	□	□	□
100	智能泊车辅助系统功能正常	□	□	□	□

217

（续）

8	灯光系统（101~113）	是	否	已修复	不适用
101	近光灯功能正常	□	□	□	□
102	近光灯照明角度正常	□	□	□	□
103	远光灯/变光功能正常	□	□	□	□
104	前、后转向灯功能正常（包括侧转向灯）	□	□	□	□
105	前、后雾灯功能正常	□	□	□	□
106	示宽灯功能正常	□	□	□	□
107	危险警告灯、制动灯功能正常	□	□	□	□
108	牌照灯功能正常	□	□	□	□
109	制动灯功能正常	□	□	□	□
110	倒车灯功能正常	□	□	□	□
111	行李舱灯功能正常	□	□	□	□
112	车辆内部照明功能正常	□	□	□	□
113	仪表板背景照明（包括亮度调节）功能正常	□	□	□	□
9	动态检测（114~133）	是	否	已修复	不适用
114	无任何警告灯亮起	□	□	□	□
115	发动机起动和怠速、加速工作正常	□	□	□	□
116	发动机运行正常	□	□	□	□
117	牵引控制系统功能正常	□	□	□	□
118	变速器功能正常	□	□	□	□
119	离合器功能正常	□	□	□	□
120	转向系统功能正常	□	□	□	□
121	制动系统功能正常（包括 ABS 的运行情况）	□	□	□	□
122	驻车制动系统工作正常	□	□	□	□
123	车辆电气控制系统正常	□	□	□	□
124	空调制冷功能正常	□	□	□	□
125	暖风系统功能正常	□	□	□	□
126	四驱装置功能正常	□	□	□	□
127	行驶平顺，无异常噪声	□	□	□	□
128	发动机转速表工作正常	□	□	□	□
129	车速表工作正常	□	□	□	□
130	车辆里程表、短程里程表工作正常	□	□	□	□
131	燃油表和油耗计工作正常	□	□	□	□
132	四轮定位数据正常	□	□	□	□
133	尾气排放（CO）正常	□	□	□	□

签名　　检查技师：＿＿＿＿＿＿＿＿＿＿　　二手车经理：＿＿＿＿＿＿＿＿＿＿
　　　　检查日期：＿＿＿＿＿＿＿＿＿＿　　审核日期：＿＿＿＿＿＿＿＿＿＿

附录 B 一汽-大众二手车 133 项质量检验表

检查技师备注：

1 _____

2 _____

3 _____

4 _____

5 _____

6 _____

7 _____

8 _____

9 _____

参 考 文 献

[1] 庞昌乐. 二手车评估与交易实务［M］. 2版. 北京：北京理工大学出版社，2012.
[2] 朱凯，付铁军. 汽车鉴定评估与交易实务教程［M］. 北京：北京理工大学出版社，2014.
[3] 姜勇. 汽车车身修复技术［M］. 2版. 北京：电子工业出版社，2016.
[4] 张军. 汽车舒适与安全系统检修［M］. 北京：人民邮电出版社，2009.

二手车鉴定与评估实用手册

实 训 工 单

主 编 韩 东
副主编 徐晓月 赵雪铭

机械工业出版社

目 录

委托人、车辆证件检查工单 ……………………………… 1

VIN 码鉴定检查工单 ……………………………………… 2

车辆合法性鉴定检查工单 ………………………………… 3

不良涂装种类实训工单 …………………………………… 4

再涂装鉴定之经验法实训工单 …………………………… 6

再涂装鉴定之测量实训工单 ……………………………… 8

车身缝隙鉴定实训工单 …………………………………… 10

车身胶线鉴定实训工单 …………………………………… 12

车身玻璃鉴定实训工单 …………………………………… 14

车身螺栓鉴定实训工单 …………………………………… 16

安全带与安全气囊鉴定实训工单 ………………………… 18

泡水车鉴定实训工单 ……………………………………… 20

内部使用功能鉴定实训工单 ……………………………… 21

故障灯鉴定检查工单 ……………………………………… 23

汽车轮胎鉴定实训工单 …………………………………… 25

调表车鉴定实训工单 ……………………………………… 27

二手车重置成本法估价工单 ……………………………… 28

二手车现行市价法估价工单 ……………………………… 29

委托人、车辆证件检查工单

学校名称		任课教师	
班 级		学生姓名	
学习领域	第3章 二手车交易合法性鉴定 任务1：二手车证件检查训练		
学习情境	不清楚汽车的证件内容和作用	学习时间	2学时
工作任务	掌握二手车证件种类并熟练检查证件内容	学习地点	
课前预习	了解二手车相关证件信息		

1. 课程回顾与课程导入。

  教师布置课程任务，给出一份客户委托，并根据委托内容进行思考，现场回答教师提问。

  2. 完成客户信息登记。

车主姓名：_____ 是否本人/有委托证明：_____
厂牌型号：_____ 牌照号码：_____
发动机号：_____ 车辆VIN码：_____
车身颜色：_____ 表征行驶里程：_____ 初次登记日期：_____
生产日期：_____
年审检验合格有效期至：___年___月 交强险截止日期：___年___月
车船税截止日期：_____年_____月
是否查封、抵押车辆：□是 □否 车辆购置税（费）证：□有 □无
机动车登记证书：□有 □无 机动车行驶证：□有 □无
机动车完税证明：□有 □无 是否过户：□有_____次 □无
机动车发票：□有 □无
未接受处理的交通违法记录：□有 □无
使用性质：□公务用车 □家庭用车 □营运用车 □出租车 □其他：_____

课后复习	1. 二手车的证件种类。 2. 检查证件相关内容。
备 注	
实训结果	

VIN 码鉴定检查工单

学校名称		任课教师	
班　级		学生姓名	
学习领域	第 3 章　二手车交易合法性鉴定　任务 2：VIN 码车辆唯一性鉴定训练		
学习情境	对车辆证件真伪缺少认识	学习时间	1 学时
工作任务	掌握车辆唯一性的鉴定内容	学习地点	
课前预习	了解二手车行驶证与登记证的真伪识别方法		

1. 课程回顾与课程导入。

　　教师布置课程任务，按照所给的证件信息填写检测报告，并辨别真伪。

2. 完成证件信息检测报告。

机动车登记证书：□有　□无　　机动车登记证 VIN 码：＿＿＿＿＿＿

机动车行驶证：□有　□无　　机动车行驶证 VIN 码：＿＿＿＿＿＿

机动车行驶证真伪检测（填写防伪标识）：＿＿＿＿＿＿＿＿＿＿＿＿＿

＿＿＿＿＿＿＿＿＿＿＿＿＿＿＿＿＿＿＿＿＿＿＿＿＿＿＿＿＿＿＿＿。

机动车登记证真伪检测（填写防伪标识）：＿＿＿＿＿＿＿＿＿＿＿＿＿

＿＿＿＿＿＿＿＿＿＿＿＿＿＿＿＿＿＿＿＿＿＿＿＿＿＿＿＿＿＿＿＿。

车辆车架号：＿＿＿＿＿＿＿。车架号附件漆面厚度：＿＿＿＿ μm

车辆车架号检测（填写是否有修改、重打等痕迹）：＿＿＿＿＿＿＿＿＿

＿＿＿＿＿＿＿＿＿＿＿＿＿＿＿＿＿＿＿＿＿＿＿＿＿＿＿＿＿＿＿＿。

检测结果分析：＿＿＿＿＿＿＿＿＿＿＿＿＿＿＿＿＿＿＿＿＿＿＿＿＿

＿＿＿＿＿＿＿＿＿＿＿＿＿＿＿＿＿＿＿＿＿＿＿＿＿＿＿＿＿＿＿＿。

课后复习	1. 二手车的证件真伪识别。 2. 车辆车架号鉴定。
备　注	
实训结果	

车辆合法性鉴定检查工单

学校名称		任课教师	
班　　级		学生姓名	
学习领域	第3章　二手车交易合法性鉴定　任务3：二手车非法车辆鉴定训练		
学习情境	不清楚什么是非法车辆及其鉴定方法	学习时间	1学时
工作任务	掌握各种非法车辆的鉴定方法	学习地点	
课前预习	了解二手车相关证件信息及其识伪检查		
	1. 课程回顾与课程导入。 　　教师布置课程任务，按照所给的车辆及证件进行鉴定。 2. 完成客户信息登记。 基本信息： 车主姓名：_____　是否本人/有委托证明：_____ 车辆检查：牌照号码：_____牌照检查是否正常：□是　□否 　　　　　车身颜色：_____轮毂尺寸：_____发动机号：_____ 　　　　　车辆VIN码：_____零部件是否三无、报废产品：_____ 　　　　　车身结构有无改装：_____ 行驶证检查：牌照号码：_____车身颜色：_____发动机号：_____ 　　　　　　车主姓名：_____车辆VIN码：_____ 　　　　　　车身外观与行驶证照片是否一致：□是　□否 登记证检查：牌照号码：_____车身颜色：_____发动机号：_____ 　　　　　　车主姓名：_____车辆VIN码：_____ 　　　　　　车辆信息与登记证所写信息是否一致：□是　□否 　　　　　　车辆是否查封、抵押车辆：□是　□否 　　　　　　车辆登记栏有无改装、改色、变更发动机号、车架号等登记：_____ 证件检查： 机动车发票：□有　□无 机动车保险：□有　□无 机动车是否进口：□是　□否　进口手续是否齐全：□是　□否　是否真实： 　　　　　　　□是　□否			
课后复习	1. 二手车非法车辆种类。 2. 二手车非法车辆鉴定方法。		
备　　注			
实训结果			

不良涂装种类实训工单

学校名称			任课教师	
班　　级			学生姓名	
学习领域	第4章　碰撞事故修复车鉴定　任务1：不良涂装种类识别训练			
学习情境	有经验的评估师通过漆面涂装就能判断出车况，这是怎么做到的呢？		学习时间	2学时
工作任务	通过识别不同种类的不良涂装，由表及里理解原厂涂装和修复涂装的区别		学习地点	
课前预习	观看车辆涂装过程视频或到企业参观学习			

1. 通过观看视频或查找网络资料，总结车身原厂涂装的工艺特点。

2. 通过观看视频或查找网络资料，总结修复涂装的特点。

3. 识别下图所显示的不良涂装种类。

  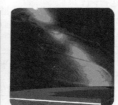 

(续)

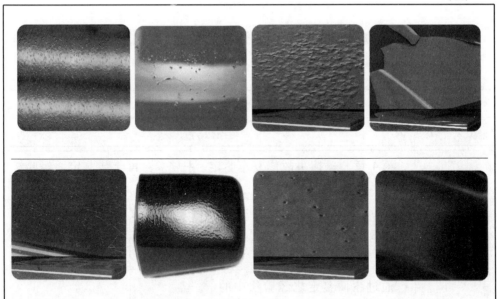

4. 根据实践所得，总结常见不良涂装识别方法或技巧（至少3点）。

总结与课后作业	完成5辆以上不同不良涂装的实车鉴定，判断是哪种不良涂装，并记录在实训结果中。
实训结果（记录区）	
教师评分	

再涂装鉴定之经验法实训工单

学校名称		任课教师	
班　级		学生姓名	

学习领域	第4章　碰撞事故修复车鉴定　任务2：再涂装鉴定之经验法训练		
学习情境	评估师凭借经验，通过"看、摸、敲"就能对漆面情况基本掌握，其中有哪些窍门呢？	学习时间	2学时
工作任务	通过漆面鉴定之经验法中的"看、摸、敲"鉴定车辆的再涂装情况	学习地点	
课前预习	对实车进行漆面再涂装经验法鉴定		

1. 观看微课视频，总结再涂装鉴定之经验法中"看"的要点。

2. 观看微课视频，研讨再涂装鉴定之经验法中"摸"的要点。

3. 观看微课视频，研讨再涂装鉴定之经验法中"敲"的要点。

(续)

4. 按五步六位法对实训车辆进行再涂装经验法鉴定，并对漆面异常做好记录。

位置	"看"	"摸"	"敲"
左前			
正左			
左后			
右后			
正右			
右前			

总结与课后作业	完成5辆以上实车的再涂装经验法鉴定，判断车辆的再涂装情况，并记录在实训结果中。
实训结果（记录区）	
教师评分	

再涂装鉴定之测量实训工单

学校名称		任课教师	
班　级		学生姓名	
学习领域	第4章　碰撞事故修复车鉴定		任务3：再涂装鉴定之测量训练
学习情境	专业的评估师都是拿着仪器进行鉴定并出具报告的，这是为什么？	学习时间	2学时
工作任务	利用漆膜仪，按照奥迪顺时针六点检测法完成对车辆漆面的标准检测	学习地点	
课前预习	奥迪顺时针六点检测法		

1. 漆膜仪应如何正确使用？校零时的注意事项有哪些？

2. 将下图中车身的 84 个检测点按奥迪顺时针六点检测法进行连线。

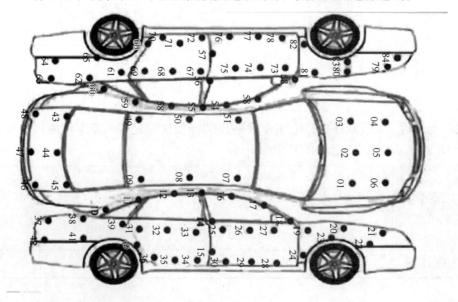

(续)

3. 车身漆面厚度的标准值是多少？一般以哪个位置的数值为依据？若大于标准值，说明什么？若小于标准值，又说明什么？

4. 运用奥迪顺时针六点检测法，对实训车辆进行漆面鉴定。

位置	测量点1	测量点2	测量点3	测量点4	测量点5	测量点6
1-车顶						
2-发动机舱盖						
2-行李舱盖						
3-A柱						
3-B柱						
3-C柱						
4-左前车门						
4-左后车门						
4-右后车门						
4-右前车门						
4-左前翼子板						
4-左后翼子板						
4-右前翼子板						
4-右后翼子板						

总结与课后作业	完成5辆以上实车的顺时针六点检测，将异常数据记录在实训结果中。
实训结果（记录区）	
教师评分	

车身缝隙鉴定实训工单

学校名称		任课教师	
班　　级		学生姓名	

学习领域	第4章　碰撞事故修复车鉴定　任务4：缝隙鉴定训练		
学习情境	通过对车身缝隙的鉴定，辅助还原车辆事故受损情况	学习时间	2学时
工作任务	通过"摸、测、看"3个步骤快速鉴定车身缝隙情况	学习地点	
课前预习	了解汽车车身缝隙的大小		

1. 车身侧部缝隙检查。

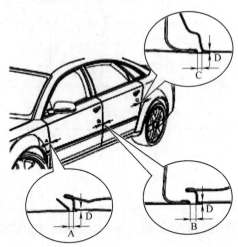

(续)

2. 车身前部缝隙检查。

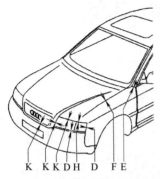

3. 车身后部缝隙检查。

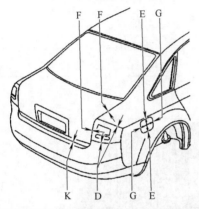

车身左侧部缝隙		车身左前部缝隙		车身左后部缝隙	
A =	mm	D =	mm	D =	mm
B =	mm	E =	mm	E =	mm
C =	mm	F =	mm	F =	mm
D =	mm	H =	mm	G =	mm
		K =	mm	K =	mm

总结与课后作业	完成2辆以上不同车型的车身缝隙鉴定,判断车身是否受损,并记录在实训结果中。
实训结果（记录区）	
教师评分	

车身胶线鉴定实训工单

学校名称		任课教师	
班　　级		学生姓名	
学习领域	第4章　碰撞事故修复车鉴定　任务5：车身胶线鉴定训练		
学习情境	评估师是如何利用胶线进行碰撞事故鉴定的？	学习时间	2学时
工作任务	利用手摸、眼看进行胶线标准检测	学习地点	
课前预习	车身胶线结构及位置		

1. 车身胶线位置。

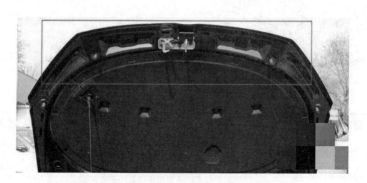

图1　发动机舱盖红色标记

图2　车门黑色标记

(续)

图 3　行李舱黑色标记

图 4　减振器支座黑色标记

2. 对实训车辆中的胶线进行检测并填表。

车辆	发动机舱盖	减振器支座	车门	行李舱
实训车辆 1				
实训车辆 2				

3. 总结胶线鉴定技巧。

总结与课后作业	完成 5 辆以上实车的车身胶线鉴定，将异常情况记录在实训结果中。
实训结果（记录区）	
教师评分	

车身玻璃鉴定实训工单

学校名称		任课教师	
班　　级		学生姓名	
学习领域	第4章　碰撞事故修复车鉴定	任务6：玻璃鉴定训练	
学习情境	通过对车身玻璃的鉴定，辅助还原车辆事故受损情况	学习时间	2学时
工作任务	通过查看日期、型号、种类标志快速鉴定车身玻璃是否更换过	学习地点	
课前预习	了解汽车车身玻璃的种类及使用年限		

1. 识读玻璃标志。

读取并记录实训车辆玻璃标志的含义，如图1所示。

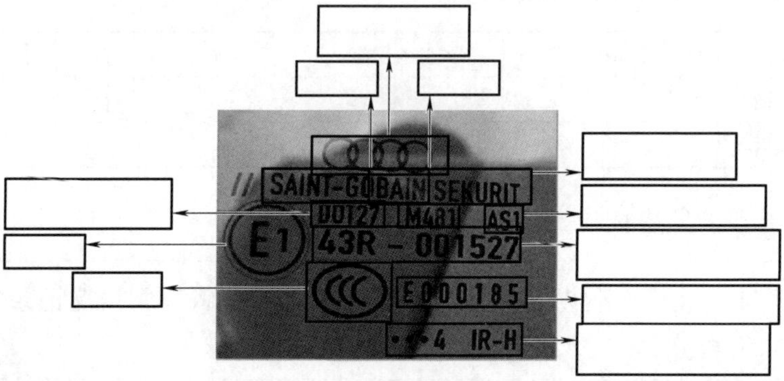

图1　玻璃标志

（续）

2. 完成实训车辆车身玻璃的鉴定并填写表1。

表1 车身玻璃鉴定记录

序号	位置	读日期		做比较（原厂/更换）	看痕迹（有无拆卸）	备注
		日期	车辆出厂日期			
1	前风窗玻璃					
2	左前车门玻璃					
3	左后车门玻璃					
4	左后车门三角玻璃					
5	后风窗玻璃					
6	右后车门三角玻璃					
7	右后车门玻璃					
8	右前车门玻璃					
9	天窗玻璃					
10	其他玻璃					

3. 请观看微课视频，总结车身玻璃快速鉴定的3个步骤。

4. 根据实践所得，总结汽车车身玻璃鉴定的技巧（至少3点）。

总结与课后作业	1. 完成5辆以上不同车型的车身玻璃鉴定，判断是否更换过，并记录在实训结果中。 2. 触类旁通：学习特殊玻璃的识别和鉴定，并做记录。
实训结果（记录区）	
教师评分	

车身螺栓鉴定实训工单

学校名称		任课教师	
班　　级		学生姓名	
学习领域	第4章　碰撞事故修复车鉴定　任务7：螺栓鉴定训练		
学习情境	通过对车身螺栓的鉴定，辅助还原车辆事故受损情况	学习时间	2学时
工作任务	通过看漆面、划痕、标记3个步骤快速鉴定车身螺栓是否拆卸过	学习地点	
课前预习	了解汽车车身螺栓的位置及结构		

1. 车身螺栓。

2. 车身螺栓检查。

检查部位	是否找到螺栓	是否拆卸过	判断依据
前发动机舱盖螺栓			
前发动机舱盖锁扣			
左前翼子板螺栓			
右前翼子板螺栓			
左前照灯螺栓			
右前照灯螺栓			
散热器固定螺栓			
左前车门螺栓			
右前车门螺栓			
左后车门螺栓			
右后车门螺栓			
行李舱盖螺栓			
行李舱锁扣			

(续)

3. 请观看微课视频,总结车身螺栓快速鉴定的要点。

4. 根据实践所得,总结汽车车身螺栓鉴定的技巧(至少3点)。

总结与课后作业	完成2辆以上不同车型的车身螺栓鉴定,判断是否更换受损,并记录在实训结果中。
实训结果 (记录区)	
教师评分	

安全带与安全气囊鉴定实训工单

学校名称		任课教师	
班　　级		学生姓名	
学习领域	第4章　碰撞事故修复车鉴定　任务8：安全带与安全气囊鉴定训练		
学习情境	通过对安全带和安全气囊的鉴定，辅助还原车辆事故受损情况	学习时间	2学时
工作任务	掌握读日期、做比较、看痕迹等鉴定安全带和安全气囊是否更换的方法	学习地点	
课前预习	了解汽车安全带和安全气囊的工作原理		

1. 说明安全带和安全气囊的工作原理。

2. 完成实训车辆安全带的鉴定并填写表1。

表1　安全带鉴定记录

	外观/功能检查		读日期		看痕迹	缺陷描述
序号	位置	是否正常	日期	车辆出厂日期	（有无拆卸）	
1	驾驶人位					
2	左后乘客位					
3	右后乘客位					
4	前排乘客位					
5	其他					

(续)

3. 完成实训车辆安全气囊的鉴定并填写表2。

表2 安全气囊鉴定记录

序号	拆卸痕迹检查		触摸按压（是否正常）	保养检查（有无记录）	读故障诊断仪
	位置	缝隙及外观等	故障指示灯		
1	驾驶人位				
2	左后乘客位				
3	右后乘客位				
4	前排乘客位				
5	其他				

4. 观看微课视频，总结安全带鉴定的3个技巧。

5. 根据实践所得，总结汽车安全气囊鉴定的妙招（至少3点）。

课后作业与总结	1. 完成5辆以上不同车型的安全带和安全气囊鉴定，判断是否更换过，并记录在实训结果中。 2. 总结安全带和安全气囊鉴定的实用方法。
实训结果（记录区）	
教师评分	

泡水车鉴定实训工单

学校名称		任课教师	
班　　级		学生姓名	
学习领域	第 5 章　泡水车鉴定		
学习情境	不知道如何识别车辆是否是泡水车	学习时间	2 学时
工作任务	完成实训工单内容鉴定与填写	学习地点	
课前预习	泡水车的鉴定注意事项，熟悉维修、保险 App 查询软件		

1. 课程回顾与课程导入。
   泡水车鉴定技巧微课视频。
2. 完成客户信息登记。

车主姓名：_____　车辆 VIN 码：_____
内饰是否有生锈痕迹：□有　□无　驾驶舱是否有发霉味道：□有　□无
转向柱是否有生锈痕迹：□有　□无　发动机舱是否有水渍：□有　□无
发动机舱是否有泥沙等泡水痕迹：□有　□无
行李舱备胎是否有生锈痕迹：□有　□无
行李舱工具是否有生锈痕迹：□有　□无
综合分析车辆是否是泡水车：□是　□否
维修、保险记录 App 查询是否有泡水记录：□是　□否
原因：_____
_____
_____
_____
_____

课后复习	维修、保险记录查询 App 的使用。
备　　注	
实训结果	

内部使用功能鉴定实训工单

学校名称		任课教师	
班　　级		学生姓名	
学习领域	第6章　二手车性能鉴定　任务1：内部使用功能鉴定训练		
学习情境	对功能鉴定标准及技巧不清楚	学习时间	2学时
工作任务	完成实训工单内容填写	学习地点	
课前预习	学习车辆的功能使用及检查标准		

1. 课程回顾与课程导入。
   熟悉车辆整车性能检查，并掌握鉴定评价标准。
2. 完成鉴定实训。

车辆信息：
车辆品牌型号：_____　车辆配置：_____
灯光使用鉴定：
转向灯是否正常：□是　□否　　近光灯是否正常：□是　□否
远光灯是否正常：□是　□否　　雾灯是否正常：□是　□否
制动灯是否正常：□是　□否　　其他灯光是否正常：□是　□否
综合描述：_____。
空调使用鉴定：
空调制冷系统是否正常：□是　□否　　分区系统是否正常：□是　□否
空调出风口是否正常：□是　□否　　按钮是否正常：□是　□否
综合描述：_____。
座椅使用鉴定：
前后调整是否正常：□是　□否　　腰部支撑调节是否正常：□是　□否
上下调整是否正常：□是　□否　　座椅记忆是否正常：□是　□否
综合描述：_____。
后视镜使用鉴定：
后视镜折叠是否正常：□是　□否　　后视镜镜片调节是否正常：□是　□否
后视镜加热是否正常：□是　□否
综合描述：_____
使用功能综合总结：_____
_____
_____

（续）

课后复习	1. 整车性能检查项目及标准 2. 五气分析仪的规范使用
备 注	
实训结果	

故障灯鉴定检查工单

学校名称		任课教师	
班　级		学生姓名	
学习领域	第6章：二手车性能鉴定　任务2：故障灯鉴定训练		
学习情境	对车辆故障灯鉴定标准及技巧不清楚	学习时间	2学时
工作任务	完成实训工单内容鉴定与填写	学习地点	
课前预习	学习故障灯的检查标准		

1. 课程回顾与课程导入。
熟悉车辆故障灯检查，并掌握鉴定评价标准。
2. 完成鉴定实训。

指出仪表板上的故障灯有哪些：_____

_____

_____

_____

（续）

指出仪表板上的故障灯有哪些：_____
_____
_____

课后复习	1. 故障灯的种类。 2. 故障灯识别。
备 注	
实训结果	

汽车轮胎鉴定实训工单

学校名称		任课教师	
班　　级		学生姓名	
学习领域	第6章　二手车性能鉴定　任务3：汽车轮胎鉴定训练		
学习情境	通过对汽车轮胎的鉴定，辅助还原车辆事故及日常使用情况	学习时间	2学时
工作任务	通过"看、摸、测、鉴"4个步骤快速鉴定汽车轮胎是否更换过	学习地点	
课前预习	了解汽车轮胎的规格、品牌等		

1. 识读汽车轮胎标识。

　　读取并记录实训车辆轮胎标识的含义，如图1所示。

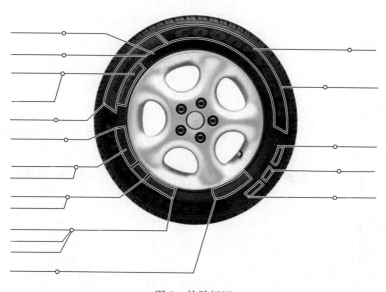

图1　轮胎标识

(续)

2. 完成实训车辆轮胎的鉴定并填写表1。

表1 汽车轮胎鉴定记录

位置	看			摸 磨损情况 (极限/均匀)	测 胎纹深度 /mm	鉴 已使用里程 /km
	日期	磨损/标识	车辆出厂日期			
左前车轮						
左后车轮						
右后车轮						
右前车轮						
备胎						
其他						

3. 观看微课视频,总结汽车轮胎快速鉴定的4个步骤。

4. 根据实践所得,总结汽车轮胎鉴定的技巧(至少3点)。

总结与课后作业	1. 完成5辆以上不同车型的汽车轮胎鉴定,判断轮胎使用时间及更换与否,并做记录。 2. 触类旁通:学习多种不同轮胎的识别和鉴定,并做记录。
实训结果 (记录区)	
教师评分	

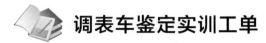

调表车鉴定实训工单

学校名称		任课教师	
班　　级		学生姓名	
学习领域	第 6 章　二手车性能鉴定　任务 4：调表车鉴定训练		
学习情境	不知道如何识别车辆是否调表	学习时间	2 学时
工作任务	完成实训工单内容的填写	学习地点	
课前预习	调表车鉴定的注意事项，熟悉维修保养 App 查询软件		

　　1. 课程回顾与课程导入。
六方面鉴定调表车技巧。
　　2. 完成客户信息登记。
车主姓名：_____　车辆 VIN 码：_____仪表显示里程：_____km
车辆登记日期：_____
内饰：老化：□有　□无　老化程度：□一般　□严重
转向盘：磨损：□有　□无　磨损程度：□一般　□严重
座椅：磨损：□有　□无　磨损程度：□一般　□严重
变速杆把手：磨损：□有　□无　磨损程度：□一般　□严重
按键：磨损：□有　□无　磨损程度：□一般　□严重
制动盘磨损程度：□一般　□严重　磨损厚度：_____mm
制动片磨损程度：□一般　□严重　磨损厚度：_____mm
轮胎磨损程度：□一般　□严重　磨损厚度：_____mm　轮胎年份：_____
保养记录查询：□有　□无　里程数：_____km
解码器读取变速器里程：_____km
综合分析车辆是否是调表车：□是　　□否
原因：_____
_____
_____
_____
_____

课后复习	1. 轮胎花纹深度尺的使用。 2. 解码器的使用。
备　　注	
实训结果	

二手车重置成本法估价工单

学校名称		任课教师	
班 级		学生姓名	
学习领域	第 7 章　二手车价格评估　任务 1：重置成本法训练		
学习情境	不清楚二手车的价格计算方法	学习时间	2 学时
工作任务	能运用相关软件查询新车价格并计算出二手车现有价值	学习地点	
课前预习	了解新车市场价格		
	1. 课程回顾与课程导入。 　　教师布置课程任务，给出一份客户委托，并根据委托内容进行思考，现场回答教师提问。 　2. 完成客户信息登记。 车主姓名：_____　　评估目的：□交易　□寄售　□抵押　□其他 车辆生产日期：_____　　车辆登记日期：_____ 车辆技术状况：_____ 过户次数：_____车身颜色：_____尾气排放标准：_____ 年审检验合格有效期至：_____年_____月　交强险截止日期：_____年_____月 新车售价：_____购置税：_____保险价格：_____ 重置成本计算过程：			
课后复习	1. 重置成本价格。 2. 成新率计算方法。		
备　注			
实训结果			

二手车现行市价法估价工单

学校名称		任课教师	
班　　级		学生姓名	
学习领域	第7章　二手车价格评估　任务2：现行市价法训练		
学习情境	不清楚二手车的价格计算方法	学习时间	2学时
工作任务	能运用相关软件查询二手车价格并计算出评估车辆的现有价值	学习地点	
课前预习	了解二手车市场价格		

1. 课程回顾与课程导入。
　　教师布置课程任务，给出一份客户委托，并根据委托内容进行思考，现场回答教师提问。
2. 完成客户信息登记。
车主姓名：＿＿＿＿＿＿　　评估目的：□交易　□寄售　□抵押　□其他
车辆生产日期：＿＿＿＿＿＿　　车辆登记日期：＿＿＿＿＿＿
车辆技术状况：＿＿＿＿＿＿＿＿＿＿＿＿＿＿＿＿＿＿＿＿＿＿＿
车辆配置：＿＿＿＿＿＿＿＿＿＿＿＿＿＿＿＿＿＿＿＿＿＿＿＿＿
过户次数：＿＿＿＿车身颜色：＿＿＿＿尾气排放标准：＿＿＿＿
年审检验合格有效期至：＿＿＿年＿＿＿月　交强险截止日期：＿＿＿年＿＿＿月
查询对比二手车交易价格：＿＿＿＿＿＿＿＿
对比二手车配置：＿＿＿＿＿＿＿＿＿＿＿＿＿＿＿＿＿＿＿＿＿
对比车辆技术状况：＿＿＿＿＿＿＿＿＿＿＿＿＿＿＿＿＿＿＿＿
现行市价计算过程：

课后复习	1. 现行市价法。 2. 成新率计算方法。
备　　注	
实训结果	